Reinhard Schulz
Waltraud Roth-Schulz

MIT DEM WOHNMOBIL NACH SÜD-SCHWEDEN

Die Anleitung für einen Erlebnisurlaub

WOMO®
DER WOHNMOBIL-VERLAG
D-98634 Mittelsdorf/Rhön

Bibliografische Information Der Deutschen Bibliothek

Die Deutsche Bibliothek verzeichnet diese Publikation in der Deutschen Nationalbibliografie.
Detaillierte bibliografische Daten sind im Internet über <http://dnb.ddb.de> abrufbar.

Titelbild: Badeplatz Skeppardsgarden bei Haväng (Tour 18)

3. Auflage 2009

Druck:
Fuldaer Verlagsanstalt, 36037 Fulda

Vertrieb:
GeoCenter, 70565 Stuttgart

Herausgeber:
WOMO-Verlag, 98634 Mittelsdorf/Rhön
Position: N 50° 36.696'; E 10° 08.010' (WGS 84)
Fon: 0049 (0) 36946-20691
Fax: 0049 (0) 36946-20692
eMail: verlag@womo.de
Internet: www.womo.de

Autoren-eMail: Schulz@womo.de

ISBN 978-3-86903-543-7

EINLADUNG

„Das hat doch keinen Sinn – wir ziehen wieder aus!“
Eine schweißnasse Gestalt nach der anderen rutscht schlaftrunken aus dem Alkoven, lässt sich huckepack zu den Liegen am Strand tragen.
Beim Verlassen des WOMOs fällt der Blick aufs Thermometer: "Nur" noch 36°C.
Aber morgen wird das Quecksilber die 40°C.-Marke wieder lässig überschreiten.

Sie kennen das?
Dann kommen Sie doch mit uns in den Norden!
Das Wetter?
Im Sommer regnet es in Schweden seltener als in Mailand; und falls wirklich einmal ein Schauer niedergeht – die Sonne holt das spielend wieder ein, denn in Südschweden ist es im Juli 18 Stunden hell.
Aber Sie sollen auch gar keinen Sandstrand-Sonnenanbeter-Urlaub mit uns machen, obwohl es dafür kilometerlange, wunderschöne Strände und über 6000 Seen allein in Südschweden gibt. Da wollen Urwälder durchwandert und jahrtausende alte Felszeichnungen bestaunt werden. Im Fjäll an der norwegischen Grenze halten wir Ausschau nach Rentierherden und besuchen den höchsten Wasserfall Schwedens. Kirchen, Klöster, Schlösser und Burgen sowie liebevoll gepflegte Hembygdsgårdar zeugen von der Verbundenheit der Schweden mit ihrer Kultur. Es gibt so viel zu entdecken – dass Sie am Ende Ihres Urlaubs schon Pläne für den nächsten Schwedenaufenthalt machen werden.

Ihr
Reinhard Schulz

N.B.
In den letzten Jahren hat die Zahl der WOMO-Urlauber in Skandinavien stark zugenommen. Es reicht nicht mehr, wenn wir uns auf das "Allemansrätten" als ein Jedermannsrecht an der Natur berufen – es nimmt uns immer stärker in die Pflicht, diese herrliche Natur aktiv bewahren zu helfen.
Für uns Wohnmobilurlauber bedeutet dies in erster Linie, dass wir uns um absolute Sauberkeit bemühen (Abfall z.B. nicht in jeden Mülleimer stopfen, sondern bei den allgegenwärtigen Återvinningsstationen getrennt recyclen), keinesfalls mit dem WOMO die zugelassenen Straßen verlassen und Wohnmobilansammlungen von mehr als drei Fahrzeugen meiden. Zumal für einen längeren Aufenthalt bietet Schweden herrliche, naturbelassene Campingplätze.

Sehr geehrter Leser, lieber WOMO-Freund!

Reiseführer sind für einen gelungenen Urlaub unverzichtbar – das beweisen Sie mit dem Kauf dieses Büchleins.
Aber aktuelle Informationen altern schnell und ein veralteter Reiseführer macht wenig Freude.
Sie können helfen, Aktualität und Qualität dieses Buches zu verbessern, indem Sie uns nach Ihrer Reise mitteilen, welchen unserer Empfehlungen Sie gefolgt sind (freie Stellplätze, Campingplätze, Wanderungen, Gaststätten usw.) und uns darüber berichten (auch wenn sich gegenüber unseren Beschreibungen nichts geändert hat).
Bitte füllen Sie schon während Ihrer Reise das Info-Blatt am Buchende aus!

Als Dank für Ihre Mühe wird Sie unser Verlag stets über alle Neuerscheinungen informieren.
Außerdem gewähren wir Ihnen bei Buchbestellungen direkt beim Verlag (mit beigefügtem, ausgefülltem Info-Blatt) ein Info-Honorar von 10%.

Zur Beachtung:
Um die freien Übernachtungsplätze auf einen Blick schnell erfassen zu können, haben wir diese im Text nochmals farbig hervorgehoben und, wie auf den Karten, fortlaufend durchnummeriert. Wir nennen dabei wichtige Ausstattungsmerkmale, und geben Ihnen eine kurze Zufahrtsbeschreibung.
"Max. WOMOs" soll andeuten, wie viele WOMOs dieser Platz maximal verträgt und nicht, wie viele auf ihn passen würden (schließlich gibt es auch noch andere Urlauber)!
Übernachtungsplätze mit **B**ademöglichkeit sind mit hellblauer Farbe unterlegt.
Wanderparkplätze sind grün gekennzeichnet.
Picknickplätze erkennen sie an der violetten Farbe.
Auf Schlafplätzchen, denen die gerade genannten Merkmale fehlen - also einfache **S**tellplätze - weist die Farbe gelb hin.
Unsere Wanderungen, die wir Ihnen besonders ans Herz legen möchten, haben wir ebenfalls grün unterlegt.

Jede Tour, jeder Stellplatz ist von uns bereits mehrfach überprüft worden. Wir müssen jedoch betonen, dass inhaltliche Fehler nie ganz auszuschließen sind. Deshalb erfolgen alle Angaben (speziell über freie Übernachtungsmöglichkeiten) ohne jegliche Verpflichtung oder Garantie von Autor oder Verlag. Beide übernehmen keinerlei Verantwortung bzw. Haftung für mögliche Unstimmigkeiten.

INHALT

Anreisewege

18 Touren durch Süd-Schweden

Tipps und Tricks

Zeichenerklärungen für die Tourenkarten

Touren / abseits der Touren

Autobahn	Problemstrecke (s. Text)
4-spurige Straße	Kirche (im Ort), Kloster
Hauptstraße	Burg, Schloss, Ruine
Nebenstraße	Ausgrabungsstätte
Schotterstraße	Sehenswürdigkeit
Wanderweg	Trinkwasser/Dusche
11 Badeplatz (ohne/mit freier Übernachtung)	15 Campingplatz/Strom
S 11 Stellplatz (ohne/mit freier Übernachtung)	E WC Entsorgung/WC/Klo
W P B Wander-, Picknick-, Badeplatz	N 50° 36.382'; E 10° 07.125' GPS-Daten
12 13 14 geeignet für freie Übernachtungen	

Alle freien Übernachtungsplätze sind im Text und auf den Tourenkarten fortlaufend durchnummeriert.

Wir starten Richtung Schweden!

Standen Sie zur Haupturlaubszeit schon einmal auf einer Autobahnbrücke? Haben Sie die Dichte der Verkehrsströme in beiden Richtungen verglichen?
Genau!
Als Schwedenurlauber werden Sie auf der "richtigen" Seite fahren, Staus sind hier unbekannt, die Grenzübergänge sind nicht von Touristen und heimkehrenden Gastarbeitern verstopft. Mautkarten, Vignetten, Passstraßen, schlechte Straßen – diesmal alles Fremdwörter für uns! Endlich können wir für die Anreise ins Urlaubsland mal die eigene, kostenlose Autobahn genießen.

Wie weit ist's nach Süd-Schweden?

Die Antwort erhielten wir in Kämpinge, unserem ersten Badeplatz bei Trelleborg: Ein älteres Ehepaar aus Travemünde hatte genau 20 km auf dem Tageskilometerzähler seines neuen WOMOs und das Pärchen aus Graz, das aus dem Minizelt neben einer Yamaha herausblinzelte, meinte gering-schätzig: „Die 1200 km haben wir in zwei Tagen gemacht!"
Wie fern Sie auch immer vom Fährhafen Ihrer Wahl wohnen – Sie sollten zwei Stunden vor Abfahrt Ihres Schiffes dort sein. Für die Anfahrtsstrecke können Sie etwa mit einem Schnitt von 70-80 km/h (incl. Pausen) rechnen.
Das schaffen Sie nicht an einem Tag?
In Deutschland gilt noch immer: Das Übernachten zum Zwecke der Fahrtunterbrechung (insbesondere bei Übermüdung) ist an Straßen und auf allen Parkplätzen gestattet.
Aber begnügen Sie sich nicht mit einem lärmenden Autobahnparkplatz! Da gibt es z. B. malerische Heidegasthöfe in lauschiger Umgebung, wo Sie bei einem gemütlichen Vesper den ersten Tag ausklingen lassen können – und wir haben noch keinen Wirt getroffen, der nicht einen besonders ruhigen Übernachtungsplatz für uns gewusst hätte.

Fährverbindungen

Die Karte der Fährverbindungen nach Schweden sieht aus wie ein Burda-Schnittmusterbogen, wie soll man sich da ohne Kenntnisse zurechtfinden? Acht Fährhäfen: Saßnitz (auf Rügen), Rostock, Travemünde, Puttgarden und Kiel (D), Grenå, Frederikshavn (DK) und Swinemünde (PL) mit zehn Fährstrecken stehen zur Auswahl. Wir haben die meisten ausprobiert, die Preise, die Fahrzeiten und den Service der Fährlinien

Fährverbindungen nach Schweden

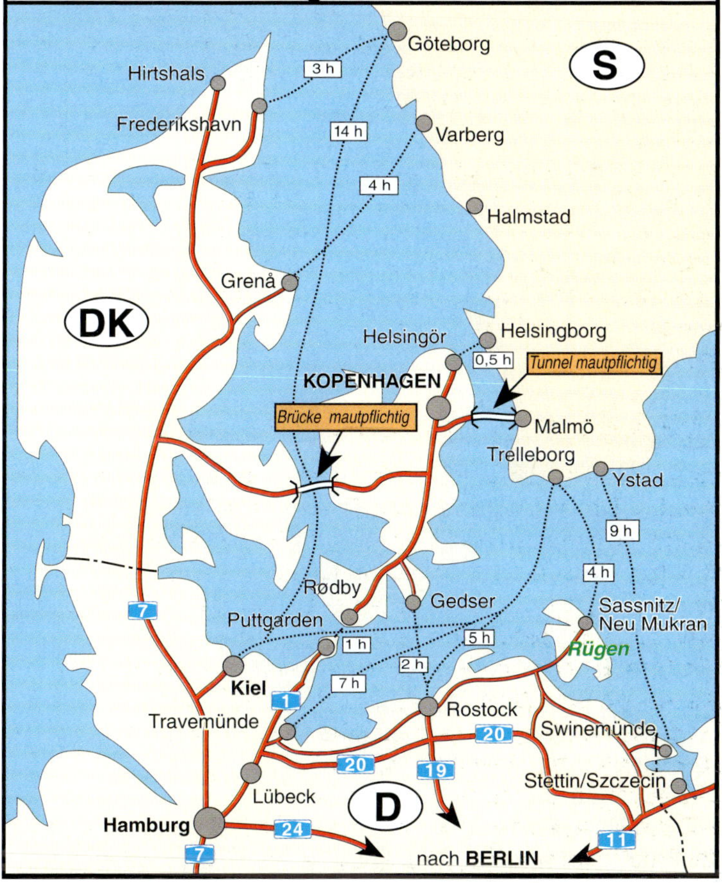

verglichen: Fähre fahren nach Skandinavien ist nicht teuer (verglichen mit den Mittelmeerfähren). Schon ab knapp 150 € kommt man in der **Hoch**saison (Wohnmobil bis 6 m Länge incl. 9 Personen) nach Schweden und wieder zurück!
Saßnitz und Rostock kam wegen der Straßenverbindungen in erster Linie für Ostdeutsche in Frage. Nachdem aber die Ostseeautobahn Lübeck – Rostock – Stettin fertiggestellt ist, sausen auch Westdeutsche schnell zu den kürzesten deutschen Fährverbindungen. Travemünde, Puttgarden und Kiel sind die traditionellen Fährverbindungen der Westdeutschen.
Aufpassen: Die Vogelfluglinie ab Puttgarden besteht nur aus zwei kurzen Fährabschnitten, das 250 km lange "Mittelstück" durch Dänemark muss man selber fahren.
Preislich günstig und kurz sind auch die Fährstrecken ab Grenå und Frederikshavn. Bei ihnen müssen sie jedoch die 200 km - 300 km längere Anfahrt ab Ihrem Heimatort einkalkulieren.

Meist wird man dazu neigen, die Preisunterschiede entscheiden zu lassen! Wir haben deshalb für Sie die günstigsten **Haupt**saisonpreise für ein WOMO bis 6 m Länge incl. 5 Personen (einfach) herausgesucht (zzgl. evtl. Treibstoffzuschlag):

>> Scandlines, Puttgarden-Rødby + Helsingør-Helsingborg (Vogelfluglinie), 3/4 Std. + 1/2 Std.: **92 €.**
>> Scandlines, Rostock-Gedser + Helsingør-Helsingborg (Vogelfluglinie), 2 Std. + 1 Std.: **115 €.**
>> Scandlines, Rostock-Trelleborg, 5 Std.: **159 €.**
>> Scandlines, Saßnitz-Trelleborg, 4 Std.: **129 €.**
>> TT-Line, Travemünde-Trelleborg, 6-7,5 Std.: **110 €.**
>> TT-Line, Rostock-Trelleborg, 3-5,5 Std.: **125 €.**
>> Stena-Line, Kiel - Göteborg (incl. Kabine), 14 Std.: **310 €.**
>> Stena-Line, Frederikshavn - Göteborg, 3 1/4 Std.: **95 €.**
>> Stena-Line, Grenå-Varberg, 4 Std.: **80 €.**
>> Polferries, Unity Line, Swinemünde-Ystad, 9 Std.: **180 €.**

Unser Tipp:

Neueste Fährprospekte anfordern (geht meist auch telefonisch), vergleichen, buchen. Hier die Adressen, wo Sie die Fährprospekte (außer bei Ihrem Reisebüro) erhalten können:

Scandlines: Scandlines Deutschland GmbH
Hochhaus am Fährhafen, D-18119 Rostock
Tel. 01805-1166 88, Fax: 0381-2073 313
www.scandlines.de, buchung@scandlines.de

Scandlines

TT-Line: Mattentwiete 8, 20457 Hamburg
Tel. 040-3601-442, Fax 040/3601-407
www.ttline.com, eMail: info@ttline.com

Stena-Line: Schwedenkai 1, 24103 Kiel
Tel. 0431-9099, Fax: 0431-909200
www.stenaline.de, eMail: info.de@stenaline.com

Unity-Line, Polferries: Reisebüro Darpol,
Kaiser-Friedrich-Straße 19, 10585 Berlin
Tel.: 030-34 20 074, Fax: 030-34 22 472
www.unityline.pl, www.polferries.se

Brücken- und Tunnel-Infos:

Großer Belt: Storebælt, Storebæltsvej 70, DK-4220 Korsor
Tel.: 0045-7015-1015, Fax: 0045-5830-3080
www.storebaelt.dk, eMail: salg@sbf.dk

Öresund: Öresundskonsortiet, Box 4132, S-20312 Malmö
Tel.: 0045-70239040, Fax: 0045-33416580
www.oeresundsbron.com
eMail: kundenservice@oeresundsbron.com

Ein eifriges Studium der Fährprospekte bleibt Ihnen auch aus einem zweiten Grund nicht erspart, denn die meisten Fährlinien haben "billige" und "teure" Tage oder Abfahrtstermine: Bei der TT-Line starten die Sparer morgens um 4.00 Uhr, mit der Scandlines reist man Mo-Do am günstigsten und die Stena-Line preist ihre billigen Nachtabfahrten um 2.00 Uhr und 4.00 Uhr an. Dem WOMO-Fahrer dürfte es nicht schwer werden, sich die Niedrigpreis-Rosine herauszupicken, denn das eigene Hotel braucht nicht wochenweise gebucht zu werden!
Sie mögen keine Fähren?
Da kann Ihnen auch geholfen werden! Der Große Belt ist bereits mit einem gewaltigen Brückenbauwerk überspannt worden und die Brücken-Tunnel-Kombination durch den Öresund ist seit dem 1. 7. 2000 ebenfalls zu befahren ...
Aber auch die Anreise über Polen, das Baltikum und Finnland wäre eine reizvolle Variante!?

Tourenplanung

„Wir haben nur vierzehn Tage Urlaub. Reicht das für Schweden?“ Oder: „Wie lange braucht ‘man’ bis zum Nordkap?“ Eine undankbare Aufgabe, solche Fragen zu beantworten, denn jeder Mensch hat andere Urlaubsbedürfnisse und -wünsche. Probieren wir’s trotzdem!

Der **14-Tage-Urlauber** könnte uns auf den Touren 1 und 2 bis HALMSTAD folgen, dann aber über LJUNGBY nach VÄXJÖ fahren, wo er auf die Tour 16 trifft. Ab dort folgt er wieder unseren Spuren. Diese kleine Südschwedenrundfahrt umfasst 1200 km – eine Woche fahren, eine Woche faulenzen.
Der **3-Wochen-Urlauber**, der auf STOCKHOLM verzichten kann, folgt uns bis Tour 6, verlässt uns bei KARLSTAD, trifft uns aber schon nach 80 km wieder zum Draisinefahren in GULLSPÅNG im Verlauf der Tour 14. Diese große Südschweden-rundfahrt ist 2300 km lang – 11 gemütliche Fahrtage mit Besichtigungen, 10 Tage Ruhe.
Falls es ohne STOCKHOLM nicht "geht", dann stellen Sie ab GULLSPÅNG bzw. ÖREBRO einfach unsere Touren 14 und 13 auf den Kopf. Nach der STOCKHOLM-Besichtigung nehmen Sie die »E4« nach Süden und treffen am Vättern auf die Tour 15. Das Ganze ist 2700 km lang und sieht mehr nach 14 Tagen Fahrt (mit Besichtigungen) und einer Woche Badespaß aus.

Der **4-Wochen-Urlauber** kann uns schon bis auf den Storvätteshågna begleiten (Tour 8); hinter STOCKHOLM nimmt er die Touren 13 a + 14 a bis KALMAR, wo er auf unsere Tour 17 trifft – und der Kilometerzähler zeigt in TRELLEBORG statt der Gesamtstrecke aller 18 Touren von 3900 km "nur" 3300 km. Dafür veranschlagen wir mindestens 14 Fahrtage ohne Stress, knappe zwei Wochen bleiben fürs Faulenzen.
Natürlich kann auch das **Nordkap** in einen 4-Wochen-Urlaub einbezogen werden. Wir schlagen vor, uns bis Tour 6 zu folgen und dann ab KARLSTAD über MALUNG und MORA Richtung SVEG Gas zu geben. Weiter geht's über KIRUNA nach NARVIK und dort weiter auf der »E 6«.
Für die Rückreise empfehlen wir die »E 8« bis zur Ostsee und dann die E 4 bis STOCKHOLM. Je nach kulturellem Interesse und der Zahl der Abstecher in die Tiefen der Bergwerke oder auf die Höhen der Berge rechnen wir mindestens 14 Tagen für diesen 5500 km-Nordkap-"Abstecher". Bedenken Sie aber, dass Sie dann täglich 400 km am Steuer sitzen. Von "Erholung" kann nicht die Rede sein.

Norwegische Taiga, WOMO-Reihe Band 21: Nord-Norwegen

Wer's bequemer möchte, der folgt unseren Spuren zum Nordkap (und nicht nur dorthin) in unseren Büchern "Mit dem Wohnmobil nach Nord-Schweden" bzw. "Mit dem Wohnmobil nach Nord-Norwegen".

Resümee? Die ideale Zeitspanne für einen Schwedenurlaub sind fünf Wochen – aber wer hat die schon? Nehmen Sie sich also nicht zu viel vor, genießen Sie jede Gegend, denn wer einmal in Schweden war, kommt sicher wieder!

Fähr- und Anreisenotizen

KARTE TOUR 1
10 km
N
Förslöv
N. Århult
Västersjö
Rössjö
Tassjö K:A
Hjärnarp
Örkelljunga
Hjälmsjö
Tåstarp
Munka-Ljungby
Ängelholm
Ö. Ljungby
Autogas
Klippan
Perstorp
Astorp
SÖDERASEN
Ljungbyhed
Skäralid
nach Helsingborg
Röstånga
Grüttinge
Trolleholm
Västra Ringsjö
Östra Ringsjö
Landskrona
Marieholm
Trollenäs
Eslöv
Kävlinge
ÖRESUND
Lund
Dalby
Krankesjö
Vombsjö
Malmö
Öresundsbron
Torup
Pudesjö
Yddingesjö
Genarp
Skabersjö
Gas
Svedala
Skivarp
Skanör
Höllviken
Räng
Kämpinge
Trelleborg
Beddinge
Falsterbo
Måkläppen

TOUR 1 (ca. 250 km / 2-3 Tage)

Trelleborg – Kämpinge – Yddingesjö – Torup – Dalby – Lund – Skäralid-Schlucht – Västersjö

Freie Übernachtung:	u.a. Trelleborg (WOMO-Platz), Kämpinge, Yddingesjö, Torup, Skäralid, Västersjö.
Besichtigungen:	Trelleborg, Falsterbo (Måkläppen, Leuchtturm), Trollenäs, Trolleholm, Torup (Schloss), Dalby (Kirche), Lund (Stadtbild, Dom), Tassjö (Kirche).
Baden:	Maglarp, Kämpinge, Yddingesjö, Pudesjö, Västersjö.
Wandern:	Falsterbo, Torup, Skäralid-Schlucht.

Sie kennen KÄMPINGE noch nicht?
Dann rollen Sie einfach hinter uns durch das Riesentor einer Ostseefähre; aber bitte nicht drängeln – auf deutschen Fähren geht es gesittet zu! Die Fahrspuren sind durch "Schildkröten" getrennt, niemand pfercht die Fahrzeuge nach dem Sardinenbüchsenprinzip zusammen.
Ein bequemer Fahrstuhl schwebt mit uns hinauf – Urlaubsbeginn!
Mit besonderer Aufmerksamkeit verfolgen viele Passagiere, wie die Ladetore geschlossen werden, lange bevor über 40.000 PS das schwimmende Hochhaus in Bewegung versetzen.
„Kinder, kommt in die Seeräuberstube vom Deck 7, wir wollen zusammen spielen!“ klingt es deutsch und schwedisch aus den Lautsprechern – und in Sekundenschnelle sind wir kinderlos!
Bequeme Stühle auf den Sonnendecks, Whirlpool, Sauna, Kino, Fitnessraum – und das alles zum Nulltarif: Man bemüht sich um die Kunden. Und dann – Captain’s Dinner!

127 PS & 40.000 PS

Am Eingang zu den Genüssen des "smörgåsbord" entrichten wir einen angemessenen Obolus, dann schlüpfen wir hinein ins Schlaraffenland: Fünfzig Meter kaltes und warmes Buffet wollen vertilgt werden! Wir gehen ans Werk – aber immer, wenn Fortschritte zu beobachten sind, wird aus der Küche "nachgela-

den". Unsere Kinder holen mit zunächst vorsichtiger, dann begeisterter Miene fünfmal Nachtisch und trollen sich gestärkt wieder zur deutsch-schwedischen Kinderstunde. Erstaunlich, wie schnell sie sich auf den zwölf Decks zurechtfinden.
16.58 Uhr! Überpünktlich senkt sich prasselnd das Verladetor an der "Färjeläge" von Trelleborg.
Keine Zollkontrolle mehr – Schweden ist EU-Land, wenn auch noch ohne Euro! Aus dem Gewirr des Hafengeländes schlängeln wir uns nach links auf die »E6/E22« Richtung MALMÖ. Wenn Sie jetzt einen Blick auf den Kilometerstand werfen, finden Sie sich besser zurecht!
Bevor Sie Trelleborg verlassen, noch drei Tipps:
1. Tipp: Rechts der Ausfallstraße flattern die Fahnen einer Jet- und einer Preem-Tankstelle. Die steuern Sie an und beobachten das Tankverhalten der "Eingeweihten": Während man bei Jet immerhin noch wählen kann, ob man Bargeld (20, 50, 100 SKr) oder die Kreditkarte in einen Schlitz des Tankautomaten stecken möchte, bekommt man bei Preem nur Treibstoff gegen Visa (oder ec-Karte) mit Geheimzahl. Sonstiger Service: **0**.
Natürlich gibt es auch noch Tankstellen mit richtigen Menschen. Diese sind meist etwas teurer, locken den Camper aber mit einem Plexiglaskasten, in dem ein sauberer Wasserhahn auf ihn wartet; einen Gully fürs Abwasser findet man ebenfalls.
Der 2. Tipp: Gegenüber liegt zwischen Meer und »E6« **"Trelleborg Väst"** (mit dem Baum-Tisch-Symbol), ein praktischer **Picknickplatz** [**01:** N 55° 22.485'; E 13° 7.207'] mit Toiletten, Tischen und Bänken sowie einer Entsorgungsstation.

Verwunderlich, wie viele WOMO-Urlauber trotz des vorbeiflutenden Verkehrs hier übernachten!
Tipp Nr. 3: Rollt man vor dem Picknickplatz links, so kommt man zum Riesenparkplatz vom **Maxi-Supermarkt**, dem billigsten Supermarkt weit und breit – und er hat sogar sonntags offen.
So, aber jetzt nichts wie an den Strand!
Etwa 3 km rollen wir auf der breiten Europastraße nach Westen, bis eine große Hinweistafel: SKANÖR/FALSTERBO/HÖLLVIKEN uns nach links auf die schmalere Fortsetzung der Küstenstraße schickt.
Schon knapp 3 km nach dieser Abzweigung, 500 m hinter einem Golfplatz, könnten wir ....

Dort, wo eine Weggabelung rechts zur Kirche von MAGLARP deutet, lädt links ein welliges Wiesengelände zum Parken und Übernachten [**02:** N 55° 22.496'; E 13° 3.784'] – und ein Holzsteg zum Sprung in die Fluten ein. Aber die Straße ist uns zu nahe. So tuckern wir langsam weiter, mustern sorgfältig die Uferzone. Im hügeligen Gelände liegen versteckt eine ganze Reihe von II.-Weltkriegs-Bunker, die Schwedens Freiheit verteidigen sollten, davor schwimmen Möwen, Wasserhühner, Enten, Gänse, Schwäne und Kormorane im flachen Wasser.

Haben Sie rechts die fünf riesigen Windmühlen erspäht?
Sie sind nur die ersten von hunderten der modernen Windkraftwerke Schwedens. Ihre gewaltigen Arme scheinen uns nach Westen weiterzuwinken.
Der Weiler SKÅRE wird durchquert und 300 m hinter der Abzweigung nach RÄNG sichten wir eine Kiespiste nach links zu einem weitläufigen **"badplats"** mit Liegewiesen und Trocken-Klo. Dieser schöne Platz [N 55° 23.479'; E 13° 0.024'] war bei unserer letzten Besichtigung leider gesperrt.
1000 m später kann man sich rechts bei einer Übersichtstafel informieren – und wir beschließen, den Badeplatz "Kämpinge-Bukten" zu suchen:
500 m weiter, am Ortsbeginn von KÄMPINGE, notieren wir links ein **Bernsteinmuseum** für die Rückfahrt, biegen 400 m nach dem Ortsschild links in den **Östra Fädriften** und nach weiteren 1400 m schwenken wir nach links in den **Östersjöväg** zum "Kämpinge Strandbad". Dies ist ein Areal, das eher einem Park als einem Parkplatz gleicht, in dem aber auch hunderte von Fahrzeugen hinter dem Dünensandstrand (200 m entfernt) stehen können (von 8 - 15 Uhr 60 SEK Gebühr).

(03) WOMO-Badeplatz: Kämpinge Strandbad

Max. WOMOs: >5.
Position: N 55° 24.225'; E 12° 57.791'.
Ausstattung/Lage: Gaststätte, Liegewiese, Schattenbäume, WC (beim Tennisclub + am Strand), Mülleimer, von 8-15 Uhr 60 SKr Gebühr/Ortsrand.
Zufahrt: siehe Text.

Wir sind fast die einzigen auf dem Parkgelände 200 m hinter dem weißen Sandstrand, der superflach ins Wasser absinkt.

1-2-3-4-5 große Zehen machen vorsichtig kreisende Bewegungen in den schwappenden Wellen, Sekunden später meldet das objektive Thermometer: 17°C.
Wir meinen: Recht ordentlich nach dem kalten, verregneten Frühjahr.
Natürlich gestattet die Temperatur nur kurze Badezeiten, dann hüllen sich fröstelnde Gestalten in wärmende Frotteetücher – um kurz darauf im Schlauchboot, wohlisoliert von der Kälte, das Meer zu erobern.

Eine kleine Informationstafel des schwedischen Naturschutzbundes weist uns auf die Besonderheiten des Strandabschnittes hin: Richtig – weite Flächen sind von struppigen, filzhaarigen Köpfchen bedeckt. Hier hat im Frühjahr ein Meer von blauvioletten Küchenschellen *(Anemone pulsatilla)* geblüht, jetzt müssen wir lange nach einzelnen Nachzüglern suchen.
Der Sommerurlauber kann sich jedoch an den zart rosafarbenen Dolden der Grasnelke *(Armeria maritima)* auf schlankem, schwankendem Stengel erfreuen. Dazwischen leuchten dottergelbe Flächen – der unverwüstliche Mauerpfeffer schmiegt sich dicht an den Boden. Bei näherer Erkundung stellt sich heraus, dass der gesamte Strandbereich bis zum 1500 m westlich liegenden KÄMPINGE Landschaftsschutzgebiet ist.
Auch die Hobby-Geologen werden fündig: Am Strand liegen große und kleine Feuersteinknollen, amorpher Quarz, aus dem unsere Vorfahren ihre Faustkeile und Pfeilspitzen herstellten. Versuchen Sie es doch auch einmal!
Woraus aber bestehen die kleinen "Steinchen", die so goldgelb leuchten? Das könnte doch Bernstein sein!?

Im Laufe des nächsten Morgens frischt eine kräftige Brise auf – das ist der richtige Zeitpunkt für eine kleine Rundfahrt, um weitere Badeplätze zu erkunden!
Wir rollen 1,5 km den Östersjöväg nach Norden, biegen nach links in die »100« Richtung SKANÖR/FALSTERBO ein – als plötzlich vor uns die Straße in die Höhe geht, um ein paar Jachten in den Östra-Kanal einfahren zu lassen. Wir nutzen die Zwangspause, schwenken vor dem Kanal nach links und haben nach 1500 m einen weiteren tollen **Badeplatz** mit wellengeschütztem Supersandstrand entdeckt. Vom großen Parkplatz [**04:** N 55° 23.928'; E 12° 56.706'] (mit Toilette und Außenwasserhahn, von 8 - 15 Uhr 60 SEK Gebühr) hat man einen feinen Blick auf den Kanalbetrieb (am anderen Ufer weitere Parkplätze und ein **Badeplatz** speziell für Behinderte).
Hinweis: Vor der Kanalbrücke steht rechts ein Info-Häuschen, wo man eine gute Karte und Stadtpläne der Region erhält.
1000 m nach der Kanalbrücke geht es links zu **Ljungskogens Strandbad.** Dort steht man direkt hinter den Dünen, die Toilette fehlt natürlich auch nicht [**05:** N 55° 23.477'; E 12° 55.937'].
Die »100« führt uns über einen Kreisel geradewegs nach SKANÖR. Dort geht's rechts zum Zentrum und nach 600 m wieder links, vorbei an einer alten Bockwindmühle, durch eine

Marschlandschaft zum "**Badplats**" mit umfangreichen Parkplatzangebot (mit Toilette) zwischen Rosenbüschen direkt hinter dem feinen, weißen Sandstrand [**06:** N 55° 24.839'; E 12° 49.799'] (von 8 - 15 Uhr 60 SEK Gebühr).

Wie wäre es mit einem Abendspaziergang am **Kap Ule näbbe**, an Schwedens südwestlichster Ecke?

Etwa 6 km fahren wir nach Süden bis zum **Parkplatz** [N 55° 23.053'; E 12° 49.335'] vor dem Golfclub von FALSTERBO (mit WC). Von dort aus schlendern wir zum **Leuchtturm** und dann am Strand entlang bis zur Südspitze. Sehen Sie die flachen Sandstreifen im Süden? Das ist **Måkläppen**, ein Vogelschutzgebiet, wo auch viele Seehunde zu Hause sind.

Beim Verlassen von FALSTERBO halten wir uns rechts, machen einen Stopp beim **Falsterbo Strandbad**. Das Parkplatzangebot ist gewaltig [**07:** N 55° 23.602' E 12° 51.002'], auch eine Gaststätte und Toiletten fehlen nicht.

Können Sie sich noch an die "goldigen Steinchen" von unserem ersten Badeplatz erinnern? Am Ortsende von KÄMPINGE schwenken wir rechts zum einmaligen Bernsteinmuseum von Leif Brost [N 55° 24.035'; E 12° 58.936'], wo es nicht nur Prachtexemplare des versteinerten Baumharzes zu bestaunen gilt. Man kann

dem Besitzer auch bei der Arbeit zuschauen, durch sein umfangreiches Museum schlenden (entdecken Sie die kleine Karte, die die besten Bernsteinfundorte zwischen Trelleborg und Skamör auflistet?) – und natürlich schönen Schmuck kaufen!

Wir fahren 5 km Richtung TRELLEBORG zurück, biegen dann am Wegweiser **Maglarps K:A** nach links. Nach 900 m passieren wir die "neue" Backsteinkirche von MAGLARP mit ruhigem **Parkplatz** [N 55° 22.957'; E 13° 4.145'] davor, dahinter führt das Teersträßchen rechts weiter nach MAGLARP (und nach links ein Schotterweg zu den fünf Windkraftwerken).

Wir überqueren die »E6« und stehen kurz danach vor dem alten, weißgetünchten **Kirchlein** von MAGLARP aus dem XII. Jahrhundert (alte Kirche = gamla kyrka), dessen Inneneinrichtung längst nicht so schlicht ist: Kanzel und Altar sind holzgeschnitzt und farbig ausgeschmückt, darüber wölbt sich ein Kreuzkuppelgewölbe [N 55° 23.316'; E 13° 5.010'].

Wissen Sie, wie man ein solches Gewölbe baut? Nein?

Dann steigen Sie geschwind das steile Treppchen gleich links hinter dem Eingang (dort, wo das Besucherbuch ausliegt) empor. Dort oben kann man durch ein kleines Türchen auf die Ziegelgewölbe krabbeln und die Konstruktion – unverputzt – bestaunen (**Wasser** hinterm Friedhofstor rechts).

Wenig später biegen wir bei der Jet-Tankstelle in TRELLEBORG nach links auf die »108« Richtung LUND.

Skåne!

Bei der Fahrt durch Schwedens südlichste Provinz begreift man schnell, dass sie den Löwenanteil der landwirtschaftlichen Produkte des Landes liefert: Topfeben bis wellig, Weizen rechts, Zuckerrüben links, so weit das Auge reicht. Dazwischen kleine Baumgruppen mit den – bei uns würde man sagen – Aussiedlerhöfen, eine alte Windmühle ...

Nach 20 km überqueren wir die »E65« YSTAD-MALMÖ. Jetzt nimmt die Bewaldung zu, der **Yddingesjö** (See) schimmert dahinter hervor. Genau 2200 m seit der »E65« biegen wir links Richtung SKABERSJÖ/SJÖDIKEN.

1600 m später stehen wir unter Rieseneichen auf einem kleinen, einsamen Parkplatz direkt rechts der Straße. Von hier aus führt ein **Fuß**weg durch den Wald und endet nach 300

Schritten an einem Wiesenfleck mit Schattenbäumen hinter dem Sandstrand des **Yddingesjö**.

(08) WOMO-Badeplatz: Yddingesjö (Foto links)
Max. WOMOs: 2. **Position:** N 55° 32.104'; E 13° 14.643'.
Ausstattung/Lage: Mülleimer, Liegewiese 300 m/außerorts, nahe der Straße!
Zufahrt: Von Trelleborg auf 108 nach Norden. 2200 m nach Kreuzung mit E65 links Richtung SKABERSJÖ/SJÖDIKEN. Nach weiteren 1600 m rechts.

5500 m weiter auf der »108« geht's links nach TORUP. Direkt hinter der Abzweigung liegt der große Parkplatz des **Freibades** vom **Pudesjö**. Dieses gut ausgestattete Badeplätzchen kann man geradezu auf dem Wege "mitnehmen".

(09) WOMO-Badeplatz: Pudesjö
Max. WOMOs: > 5. **Position:** N 55° 34.697'; E 13° 15.097'.
Ausstattung/Lage: Trockenklo, Mülleimer, Telefon, Grillstellen, Schatten- und Sonnenliegewiese, Sprungturm, Rettungsring, Rutschbahn/außerorts, nahe der Hauptstraße!
Zufahrt: Von Trelleborg auf 108 nach Norden. 7700 m nach Kreuzung mit E65 links Richtung Torup. Nach wenigen Metern links Parkplatz.
Sonstiges: Straße(ngeräusche) sehr nahe.

Hinter dem Badeplatz geleitet uns eine junge, ziemlich schmale Feldahornallee zum **Schloss** TORUP mit Picknickplatz rechts.

Sehenswert!
Falls jemand Groschenromane schreiben möchte – hier ist die richtige Kulisse für den Hauslehrer, der heimlich das Edelfräulein verehrt.
Wir umrunden das Backsteinidyll, denn nur ein Teil des Parks ist dem gemeinen Volk zugänglich, sichten wilde Blumen, halbwilde Damhirsche, zahme Pferde und Schafe und beneiden die Schweden um ihren jahrhunderte langen Frieden.

(10) WOMO-Picknickplatz: Schloss Torup
Max. WOMOs: >5. **Position:** N 55° 34.075'; E 13° 12.715'.
Ausstattung/Lage: Kleiner See, Picknickwiese, Tisch & Bank, Grillstelle, Spielplatz, Mülleimer, Café im Jagdpavillon/Ortsrand. **Zufahrt:** Von Trelleborg auf 108 nach Norden. 7700 m nach Kreuzung mit E65 links Richtung Torup.

Zurück durch die schmale Allee, auf der uns (Gottseidank) wieder kein Fahrzeug begegnet, überqueren wir die »108« (links hinter der Kreuzung die Kirche von HYBY mit **Wasserhahn).** Weiter Richtung VISSMARLÖV nehmen wir die kürzeste Strecke nach DALBY.

Sie lieben keine Nebenstraßen?

In diesem Falle haben Sie recht! Es war ein wildes Gegurke – aber die uralte, weiß gekalkte **Steinkirche** DALBYS [N 55° 39.924' E 13° 20.678'] aus dem XI. Jahrhundert lohnt sich – sowohl ihr Äußeres als auch der wohlrestaurierte Innenraum. Besonderes Augenmerk sollte man in der ältesten Steinkirche Nordeuropas der Krypta und dem alten Taufstein schenken. Bei Ihrem Rundgang werden Sie bestens in Ihrer Heimatsprache unterrichtet, wenn Sie links des Eingangs auf das Knöpfchen "Deutsch" drücken.

Bis LUND haben wir jetzt ein Stück Schnellstraße unter den Profilen. Am Ortseingang ziehen wir einen Stadtplan aus dem Info-Kasten und kurven, die Altstadt gegen den Uhrzeigersinn umrundend, bis zum großen Parkplatz [N 55° 42.473' E 13° 11.204'] rechts des Bahnhofs. Von hier aus sind es gerademal 500 Schritte bis zum **Dom.**

Unser Weg in den mächtigen Kirchenbau führt durch ein prächtiges Hauptportal (gegenüber i-Amt). Die Bronzekassetten der Türflügel erzählen die biblische Geschichte. Hinter dem Eingang gleich links thront die berühmte **astronomische Uhr** – wir kommen um 12 Uhr auf sie zurück. Im Geviert reich geschnitztes Chorgestühl, ein dreiflügeliger, ebenfalls geschnitzter und vergoldeter Altar, darüber ein gewaltiges Mosaik mit Christus in Richterpose. Links davon geht es hinab in die Krypta. Besonders riesig wirkt die Figur nicht, die sich an eine der Säulen klammert – soll sie doch den Riesen Flynn darstellen. Aber wer wird denn am Polyglott zweifeln?

Ist es schon mittags?
Sie sollten Ihre Tour so planen, dass Sie rechtzeitig in LUND eintreffen, um das "Horologium mirabile Ludense", die astronomische Uhr, in ihrer 12-Uhr-Funktion bewundern können. Wir sind nicht die Einzigen, die sich jetzt vor dem mittelalterlichen Wunderwerk versammelt haben. Was doch zwei Sternchen in einem Reiseführer ausmachen! Sogar fernöstliche Besucher bringen ihre ebensolchen Kameras in Position!
Da erscheinen im obersten Stockwerk zwei Rittersleut', die (etwas müde) zwölfmal ihre Schwerter aneinander schlagen. Darauf blasen zwei Fanfaren "In dulci jubilo" und die Hl. drei Könige marschieren im Gänsemarsch vorbei.
Die Überraschung kommt jedoch aus ganz anderer Richtung: Mitglieder der Kirchengemeinde LUND setzen das bekannte Kirchenlied im Hauptschiff fort, um die Besucher zum Gottesdienst zu rufen.
Wir wenden uns nach dem Verlassen des Doms nach links, gelangen nach wenigen Schritten auf den **Stortorg**, den "Großen Platz", wo wir die letzten freien Stühle vor dem **Restaurang Stortorget** mit Beschlag belegen. Das Dagens rätt, das Tagesgericht, besteht aus Omelett, Salat, einem Glas Milch, Brötchen mit Butter und einer Tasse Kaffee und kostet 70 SKr. Wir sind zufrieden und versuchen anschließend, unseren geistigen Horizont im **Historischen Museum** – gleich im kleinen Park hinter dem Dom – zu erweitern. Aber nur von Dienstag – Freitag gewährt man Einlass. So ziehen wir 200 m weiter: **Kulturen**, das **Lunder Freiluftmuseum**, freut sich über unseren Besuch (offen: tägl. 11 - 17 Uhr).
Museum?
Historische Gebäude, also Gutshöfe, Kirche, Bauernhöfe, Almhütten, Stadthäuser sind am Ort ihres Verfalls vorsichtig abgerissen und hier wieder aufgebaut und originalgetreu eingerichtet worden. Aber auch Gaststätten und Kinderspielplatz fehlen nicht, und kinderreiche Familien haben es besonders gut, denn der 50-SKr-Eintritt gilt erst ab 19 Jahre.

Wir verabschieden uns von LUND, indem wir südlich des Bahnhofs nach rechts die Unterführung benutzen und 500 m danach am großen Kreisel rechts Richtung LOMMA / N 108 halten, später wird auch KÄVLINGE angezeigt.
Jetzt geht es gemütlich voran. In MARIEHOLM schwenken wir nach rechts auf die N 17, gönnen uns einen kleinen "Schlösserumweg". Der erste Renaissance-Prachtbau (mit spazierenswertem Park) liegt nach 6 km links. Wir folgen dem Wegweiser "Trollennäs Slott", parken links der Straße auf einem **Picknickplatz** mit WC [**11**: N 55° 51.995' E 13° 14.545'] und schlendern durch die Parkanlage mit Café.
6 km weiter sind wir in TROLLEHOLM mit gleichschönem Backsteinschloss. Leider darf der Besucher die

Renaissance-Schloss Trollenäs

Pracht nur von Ferne schauen – dafür gibt es aber einen ruhig gelegenen **Picknickplatz** [**12**: N 55° 54.418' E 13° 15.917'] vor dem Areal.

Renaissance-Schloss Trolleholm

Vor dem Schloss, beim Picknickplatz, schwenken wir links und kehren bei GRÜTTINGE wieder auf die N 108 zurück.

Ab RÖSTÅNGA (am Ortsbeginn links Campingplatz mit Schwimmbad) überqueren wir den Gebirgsrücken **Söderåsen**. In ihn hat der Skärån (Flüsschen) die **Schlucht Skäralid** hineingeschnitten, die wir Ihnen für einen beschaulichen Spaziergang bestens empfehlen dürfen.

Bereits 1 km nach dem Ortsende von RÖSTÅNGA kommen wir zum Picknickplatz [N 56° 0.747' E 13° 16.651'] am Beginn des **Naturschutzgebietes Nackarpsdal** mit Info-Tafeln, Tisch & Bank und **Toilette**.

Die Hinweisschilder **Skäralid**, etwa 4 km nordwestlich von RÖSTÅNGA, sind nicht zu übersehen, das Parkplatzangebot ist reichlich.

(13) WOMO-Wanderparkplätze: Skäralid/Kopparhatt

Max. WOMOs: > 5. **Position:** N 56° 2.367'; E 13° 15.139'.

Ausstattung/Lage: Toilette mit Wasserhahn, Telefon, Gaststätte, Liegewiese, Rundwanderweg, Grillstelle/außerorts.

Zufahrt: Von Röstånga auf 13 noch 4 km Richtung Klippan, P direkt links der 13. Belästigung durch Straßengeräusche möglich. Rechts der Straße Campingplatz.

Sonstiges: Zum Waldparkplatz/Picknickplatz Kopparhatt [N 56° 2.145' E 13° 14.218'] noch 3 km steil bergan.

Wir wandern, vorbei an See und Restaurant mit Liegewiesen, etwa einen Kilometer bachaufwärts, immer in der romantischen Talsohle, dann in einer Spitzkehre rechts steil den "Offarväg" bergan. Geologische Lehrtafeln zeigen uns, wie wir im Expresstempo die Ablagerungen der Erdzeitalter vom Kambrium über Silur, Devon, Perm, Trias, Jura, Kreide usw. bis zur Jetztzeit durchqueren.

Oben angekommen – so gehört es sich auch – wartet der Aussichtspunkt **Kopparhatt** (Kupferhut), den aber nur Wanderer recht genießen können und nicht die Faulen, die gleich mit dem Auto bis hier hin gefahren sind (3 km Teersträßchen ab Parkplatz, Picknickplatz mit Grillstellen und Trockenklo). Andererseits wäre er kein schlechtes Übernachtungsplätzchen!

Zurück am WOMO ist unser Laufbedarf gedeckt. Zufrieden dieseln wir (seit RÖSTÅNGA auf der »13«) weiter über KLIPPAN und O. LJUNGBY (dazwischen links Autogastankstelle "Gasol LPG" bei Bläsinge ängar – siehe "Gas") durch eine Landschaft wie ein Englischer Park: Riesige Solitärbäume, Wiesen, Weiden und kleine Gehölzgruppen – eine liebliche Landschaft; bald sind wir wieder am Meer...!?

Nein! Halt! Die Dauerbrise hatte uns doch vom Meer vertrieben, und jetzt sind wir nur noch 8 km vor ÄNGELHOLM!

Ein Badesee, ja, das wäre besser!

Blinker raus und kurz vor MUNKA-LJUNGBY rechts ab auf die »114« Richtung ÖRKELLJUNGA. Nach 7400 m biegen wir nach links Richtung RÖSSJOHOLM ab. 1800 m weiter machen wir nach rechts einen 600-m-Abstecher, um uns die eigenwillige Kirche von TASSJÖ anzuschauen. Sie besticht nicht nur mit ihren mittelalterlichen Mauern in T-Form, sondern überrascht auch mit einem ruhigen **Stellplatz** [**14:** N 56° 18.443' E 13° 5.382'] unter hohen Eichen mit **Toilette** und einem **Wasserhahn** an der Außenwand.

Nur wenige Meter sind es noch, dann überquert die Fahrstraße die Engstelle zwischen **Rössjö** und **Västersjö**! Bereits hier liegen praktische Bade- und Picknickplätzchen rechts der Straße. Hinter der Landbrücke biegen wir links in ein Schottersträßchen ein (Wegweiser: NEDRE ARHULT). Hier, am Nordufer des **Västersjö**, liegen die malerischen, idyllischen, ruhigen, windstillen, recht kleinen Badeplätzchen, die wir suchen.

(15) WOMO-Badeplätze: Västersjö

no go

Max. WOMOs: Mehrmals 1-2.
Position z. B.: N 56° 19.591'; E 13° 2.661'.
Ausstattung/Lage: keine/außerorts.
Zufahrt: Auf 13 von Ö. Ljungby Richtung Ängelholm. Rechts auf die 114 Richtung Örkelljunga. Nach 7400 m links Richtung Rössjoholm. Nach 2000 m links Richtung Arhult.

Wer es noch etwas komfortabler braucht, der findet an der Nordwestecke des Sees den offiziellen **Badplats** mit Badesteg, Toilette und Mülleimer – steht allerdings auf dem Parkplatz einige Schritte vom Wasser entfernt (Camping verboten).

TOUR 2/2
(Badeseenrunde)
siehe Tourmitte
KARTE TOUR 2/1
LAHOLMSBUKTEN
ÖRESUND
Slöinge
Hagbards Hög
Hagbards Galge
Eftra K:A
Eftra
Asige
Getinge
Långasand
Ugglarp
Steninge
Haverdal
Gullbrandstorp
Halmstad
Nissan
Simlångsdalen
Skedala
Ganggrab
Villshärad
Ringenäs
Frösakull
Tylosand
Trönninge
Eldsberga
Veinge
Skogaby
20:Mellbystrand
19:Skummeslövsstrand
18:Hemmeslövsstrand
Hovs hallar
Laholm
Ysby
Skummeslöv
Hov
Torekov
Båstad
Ö. Karup
Våxtorp
V. Karup
Grevie
Förslöv
17:Ängelsbäck
16:Ranarp
N. Århult
Västersjö
Rössjö
Vejbystrand
Hjärnarp
Tassjö K:A
Ängelholm
Munka-Ljungby
Höganäs
Astorp
Klippan
Helsingborg
Helsingör
10 km
Autogas

TOUR 2 (ca. 410 km / 4-5 Tage)

Ranarp Strand – Ängelsbäck Strand – Hovs hallar – Skummeslövsstrand – Halmstad – Badeseenrunde – Getinge – Asige – Ugglarp – Långasand

(Karte 2/2 der Badeseenrunde siehe Tourmitte)

Freie Übernachtung:	u. a. Ranarp, Ängelsbäck, Hemmeslövsstrand, Skummeslövsstrand, Mellbystrand, Eldsberga, Skedela Ganggrab, viele Badeplätze an der Badeseenrunde.
Besichtigungen:	u. a. Hovs Hallar, Eldsberga, Halmstad (Stadtbild), Skedala (Ganggrab), Hagbards Galge.
Baden:	u.a. Ranarp, Ängelsbäck, Hemmeslövsstrand, Skummeslövsstrand, Mellbystrand, Badeplätze Badeseenrunde, Ugglarp, Långasand.
Wandern:	Hovs hallar, Långhultamyren, Simlångsgården.

Auch wer über die Vogelfluglinie in Schweden einfällt, möchte sogleich ein sicheres Badeplätzchen ansteuern!
Natürlich könnte er uns am **Västersjö** besuchen, indem er bei ÄNGELHOLM von der Autobahn »E6« abfährt, aber sicher drängen die Kinder erst ans Meer. Wir gehen also für unsere "Vogelflieger" auf Suche, die Halbinsel **Bjärehalvön** nördlich von ÄNGELHOLM scheint uns geeignet!
Bei HJÄRNARP unterqueren wir die Autobahn, folgen den Wegweisern TOREKOW und FÖRSLÖV auf der »105« etwa 9 km. Dann ist die Abzweigung "RANARP" nicht zu verfehlen. Dort links – und nach weiteren zwei Kilometern rollt unser WOMO auf einem großen Parkplatz am Strand aus, auf dem etwas verloren zwei VW-Busse herumstehen. Toiletten und Mülleimer – nur ein Ubernachtungsplatz?

(16) WOMO-Badeplatz: Ranarpsstrand/Vistorps Hamn

Max. WOMOs: > 5. **Position:** N 56° 21.186' E 12° 44.495'
Ausstattung/Lage: Trockenklo, Mülleimer, Sandstrand/außerorts.
Direkte Zufahrt: Von Helsingborg auf E 6 nach Norden. Ab AB-Ausfahrt Hjärnarp die 105 9 km bis Ausfahrt Ranarp. In Ranarp links noch 2 km zum Strand.

Rechts und links des Parkplatzes kann man (zu Fuß) weit in malerisches Dünengelände hineinstapfen. Heidekraut, Rosenbüsche, dazwischen versteckte Sandkuhlen – hier wäre

jeder völlig ungestört. Baumschatten, Dusche und Toilette findet man beim nächsten Parkplatz 400 m weiter rechts [**16a:** N 56° 21.338'; E 12° 44.525']. Und der Strand?
Feiner, weißer Sand, einige Tanganschwemmungen. Wer sich nicht scheut, seine Badeklamotten einige Meter weit zu tragen, könnte hier zufrieden sein!
Zurück nach RANARP und 2 km weiter nach Nordwesten (man kann sich auch in Strandnähe weiter nach Norden durchwursteln). Dort zweigt eine Stichstraße zum ÄNGELSBÄCKSTRAND ab.
Haben wir uns verfahren? Nein! Aber dieser Badeplatz ist wirklich mit RANARPSTRAND zu verwechseln: Parkplatz, Dünenlandschaft, feiner Sandstrand, Liegewiese mit Schattenkiefern (und einer Pferdeherde) – Sie haben die Wahl!

(17) WOMO-Badeplatz: Ängelsbäckstrand

Max. WOMOs: 2-3.
Position: N 56° 21.756' E 12° 44.167'
Ausstattung/Lage: Mülleimer, Sandstrand, Liegewiese/Ortsrand.
Direkte Zufahrt: Von Helsingborg auf E 6 nach Norden. Ab AB-Ausfahrt Hjärnarp die 105 9 km bis Ausfahrt Ranarp. In Ranarp links noch 2 km zum Strand.

Wir lassen uns locken von einer geologischen Sehenswürdigkeit ersten Ranges an der Nordspitze der Bjärehalvön: **Hovs hallar** (Strecke: KILLEBÄCKSTORP – GREVIE – V. KARUP – HOV (**Wasserhahn** an der Friedhofsmauer) – Hovs hallar).

Hovs hallar

Wie mit einer Riesenfaust abgebrochen endet das Land, steil ragen rostrote Felstürme empor. Wacholder liefert den passenden, grünen Farbkontrast, dazwischen ranken wilde Rosen, aber auch Seidelbast, Glockenblumen, Jelängerjelieber und Heide-Nelken beteiligen sich am Farbenspiel – wahrlich nicht nur ein Genuss für Hobby-Geologen!

Am großen Wanderparkplatz [N 56° 28.104' E 12° 42.460'] rüstet man sich mit festen Turn- oder Wanderschuhen aus, wählt einen der farbig markierten Rundwege, die sich zum Teil an der steilen Felskante, zum Teil nahe der Brandungszone entlangwinden, in die Ferne schweift der Blick, über die **Laholmsbukt** und die Weite des **Kattegatts**. Dabei entdeckt man: Auch Badefreuden bietet **Hovs hallar** – von den glattgeschliffenen Liegefelsen kann man fein ins kristallklare Wasser hechten oder schnorchelnd die Wasserwelt erforschen.

Unsere Halbinselrundreise führt weiter über KATTVIK, NORRVIKEN (Camping rechts der Straße) und endet in BÅSTAD, wo wir fast im Verkehrsgewühl des beliebten Ferienbades steckenbleiben. Wir werden diese Erfahrung in Schweden noch häufiger machen, dass sich viel Volks an Stellen drängt, die uns gar nichts sagen – und dass wir an wunderschönen Plätzen fast alleine sind. Hoffentlich bleibt das so!

BÅSTAD liegt am Südende der berühmten **Laholmsbukt**, deren fester, breiter Sandstrand mit dem Auto befahren werden kann (und darf). Wir rollen ihn von Süden auf, indem wir nach dem Ortsausgang von BÅSTAD nicht in die **erste** (Hinweisschild: HEMMESLÖVSSTRAND/Riviera), sondern in die **zweite** Abfahrt (kurz vor der Bahnunterführung) links biegen (Hinweisschild: HEMMESLÖVSSTRAND).

Etwa 2,7 km tuckern wir auf einem Vorfahrtssträßchen parallel zum (nicht sichtbaren) Strand, dann schwenkt der Weg nach links. Kurz darauf haben wir das erste **Badeplätzchen** hinter den Dünen erreicht [**18:** N 56° 27.102'; E 12° 54.240']. Camping ist am Strand und in den Dünen verboten.

Die Straße macht einen kleinen Bogen durchs Hinterland – und dann haben wir bereits den soliden, glatten Sand von SKUMMESLÖVSSTRAND unter den Rädern, können irgendwo am kilometerlangen Strand parken und uns in den weiten Dünen dahinter ein Lager- und Picknickplätzchen aussuchen.

Sie haben kleine Kinder dabei?

Dann ist die **Laholmsbukt** genau der richtige Platz für Sie, denn das Wasser ist flach und warm. An manchen Stellen bekommt man müde Beine, bis die Wassertiefe zum Schwimmen ausreicht. Väter und Mütter von Kleinkindern und Surf-ABC-Schützen wissen dies jedoch sehr zu schätzen (Camping verboten).

(19) WOMO-Badeplatz: Skummeslövsstrand

Max. WOMOs: > 5. **Position:** N 56° 27.608' E 12° 54.734'
Ausstattung/Lage: WC mit Waschbecken, Telefon, Mülleimer, Sandstrand/Ortsrand.
Zufahrt: Von der E6 ab AB-Ausfahrt Båstad/Ö. Karup nach Westen, vor Båstad rechts (ausgeschildert) oder von der AB-Ausfahrt Mellby/Laholm nach Westen.

Badeplatz Skummeslövsstrand

Ein reger Autoverkehr hatte sich in früheren Zeiten auf diesem Strand entwickelt, nicht sehr zur Freude der Badegäste. Die Abhilfe war einfach: Jetzt zerlegen Betonbarrieren die Bucht in mehrere Abschnitte, von einem zum nächsten kommt man nur auf Umwegen. In Skummeslövsstrand z. B. kann man nur nach Süden fahren, findet dort aber eine **Dusche** und ein geheiztes Schwimmbad in den Dünen!
Bei unserer Weiterfahrt nach Norden machen wir folglich einen 3,5-km-Umweg durchs Landesinnere, schwenken dann wieder links zum MELLBYSTRAND [**20:** N 56° 29.501' E 12° 56.078'].

Badeplatz Mellbystrand

Wer Bedenken hat, am Strand zu übernachten, kann das 1000 m nördlich beim Schwimmbad tun [**20a:** N 56° 30.009' E 12° 56.621'].
Schon wieder Sehnsucht nach einem schwedischen See? Einfach 500 m nördlich Richtung LAHOLM/E6/24 ins Landesinnere, südöstlich von LAHOLM die »24« nach links verlassen und über YSBY, die »117« überquerend, nach SKOGABY (vorher links Kapelle mit Wasserhahn)! Dahinter aber nicht nach links in den Ort, sondern rechts in die Sackgasse bis zum ruhigen Eichenwald-Badeplatz am **Gatesjö** [**21a:** N 56° 31.770' E 13° 11.641']. Genau 2800 m rollen wir auf der »117« Richtung HALMSTAD, dann testen wir nach links den unbeschilderten, zum Schluss schmalen und steinigen Schotterweg . Er führt uns nicht nur zu dem kleinen See, den uns unsere Karte versprach, sondern auch zu einem total idyllischen Badeplatz

[**21b:** N 56° 32.148' E 13° 8.482'] mit Badesteg, Tisch & Bank im Birkenschatten und Grillstelle.
Weiter auf der »117« Richtung HALMSTADT. Beim Gehöft FLADJE GÅRD folgen wir nach rechts dem Wegweiser nach ELDSBERG, das spitze, grünliche Kupferdach der romanischen Kirche hatten wir schon vorher erspäht. Direkt vor dem Kirchengelände finden wir einen prima Parkplatz [**21:** N 56° 35.820' E 12° 59.733'] – und in bequemer Griffweite einen Wasserhahn mit Drehgriff an langer Stange!

Badeplatz 2 km westlich SKOGABY

Ob das auch Trinkwasser ist? Keine Angst, in Schweden würde sofort ein Warnschild daneben stehen: "Obs! Ej dricksvatten." = "Vorsicht! Kein Trinkwasser". Unbesorgt schließen wir unseren Zapfschlauch an und füllen den Tank.
Das Kircheninnere besticht durch schlichtes Weiß. Die mühsam restaurierten Fresken in der Apsis – Teile des Jüngsten Gerichts sind zu erkennen – beeindrucken weniger als die holzgeschnitzte Kanzel. Unsere Kinder jedoch bestaunen den riesigen Glaslüster.

Jetzt ist es nur noch ein Katzensprung auf der »117« bis HALMSTAD. Wer sich wie wir von Südosten nähert, überquert den **Nissan** und biegt dahinter links in den **Södravägen**. Bereits nach 300 m findet man rechts freie **Stellplätze** [**22:** N 56° 40.177' E 12° 51.333'] – und hat nur wenige Schritte in die Fußgängerzone des Zentrums.

Wir beschränken unsere Stadtbesichtigung auf einen Spaziergang zum **Stortorg**, dessen Mitte vom **Milles-Brunnen** "Europa und der Stier" gekühlt wird. Daneben, wie immer, Obst- und Gemüsebuden und einige mehr oder minder angesäuselte Gestalten, denn der staatliche Schnapsladen (Systembolaget) liegt in Reichweite. Im Hintergrund die imponierende **St. Nicolai-Kirche** mit einem sehenswerten Hochaltar und einer reich verzierten Kanzel. Unser kleiner Bummel durch die gepflegten Anlagen am Nissan-Ufer (mit dem berühmten, alten Segelschulschiff "Najaden") endet am **königlichen Schloss** (erbaut im Stil dänischer Lustschlösser), heute Sitz des Landhauptmannes von Halland, dessen Hauptstadt HALMSTAD ist.

KARTE TOUR 2/2

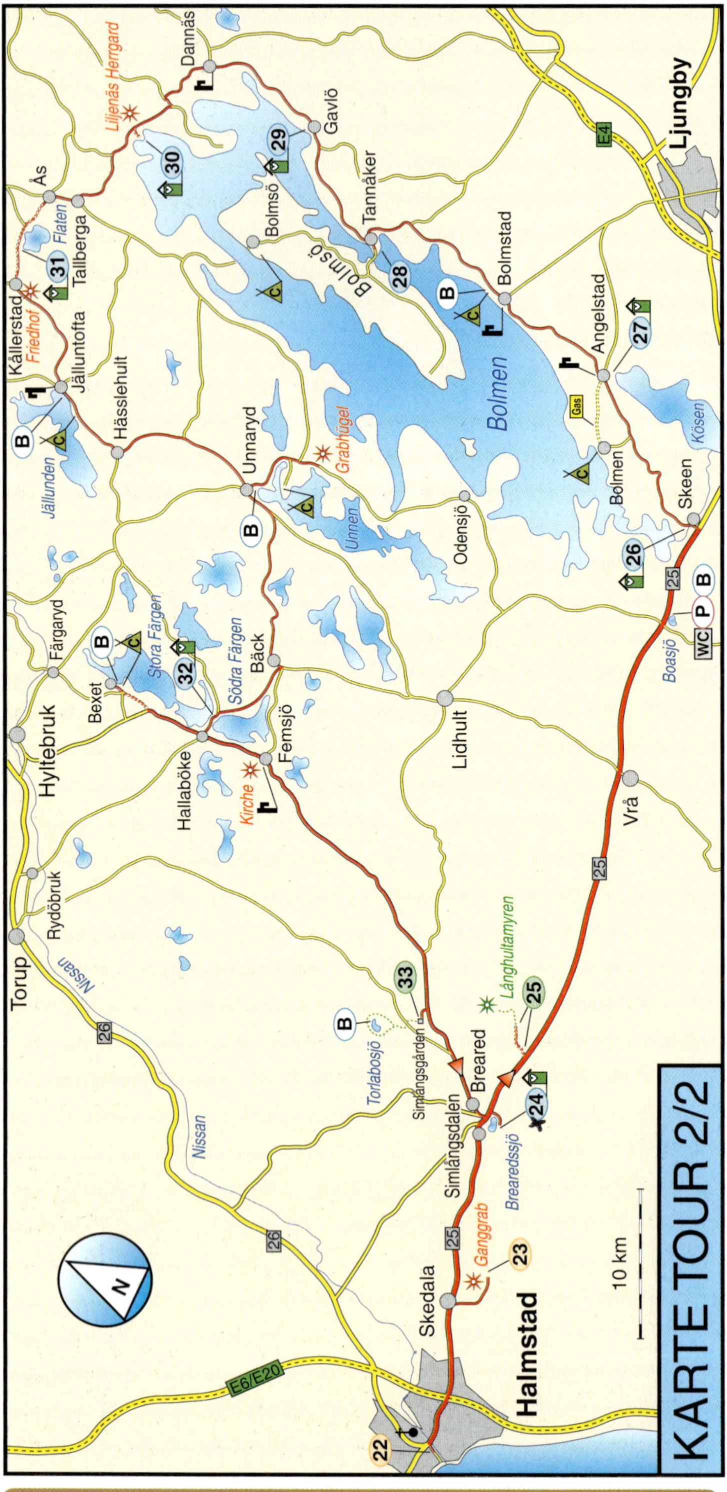

Hat Ihnen der Abstecher an unsere zwei Badeseen gefallen, sind Sie gar süchtig geworden? Dann brauchen wir Sie ja nicht einmal zu der jetzt folgenden Badeseenrunde mit Wandereinlagen zu verführen! Falls sie Ihnen nicht zusagt, brauchen Sie nur zu warten, bis wir nach HALMSTAD zurückgekehrt sind; dann geht's mit Meeresstränden weiter.
Wir verlassen HALMSTAD auf der »25« gen Osten (Wegweiser: SIMLÅNGSDALEN/KALMAR).
Einen ersten Abstecher von der Schnellstraße verdient das **Ganggrab von Tolarp**! 5 km nach der AB-Brücke biegen wir bei SKEDALA rechts Richtung MÄSTOCKA ab. Nach 1400 m schwenken wir links und nach 300 m nochmals links in ein schmales Sträßchen Richtung TOLARP und parken 1200 m später rechts [**23:** N 56° 41.297' E 13° 0.249'].

Ein Trampelpfad führt gegenüber zu dem 4000 Jahre alten Gigantengrab mit einer außergewöhnlichen T-Form.
Die wuchtigen Felsklötze werden unsere Steinzeitvorfahren beim Transport ganz schön ins Schwitzen gebracht haben ...
15 km nach der Autobahnüberquerung haben wir SIMLÅNGSDALEN erreicht. Am Ortsende mündet von links die Straße FEMSJÖ/SIMLÅNGSGÅRDEN ein, auf der wir am Ende unserer Badeseenrunde zurückkehren werden.
600 m später biegen wir (noch vor der Brücke über den Fylleån) rechts und stehen bereits 300 m später auf dem idyllischen **Badeparkplatz** am **Brearedssjö**, umgeben von Kiefernwald. Das Angebot ist komplett, das Wasser hat – typisch für viele Waldseen Schwedens – eine deutliche Jodtinkturfärbung. Sie rührt von (unbedenklichen) Huminsäuren her, die aus den Wald- und Moorböden ausgeschwemmt werden.

(24) WOMO-Badeplatz: Brearedssjö
Max. WOMOs: 1-2.
Position: N 56° 43.057' E 13° 8.503'
Ausstattung/Lage: Sandstrand, Klo, Grillstelle, Tisch & Bank, Schaukel/außerorts.
Zufahrt: Hinter Simlångsdalen (vor der Fylleån-Brücke) rechts noch 300 m. X supi!

Weiter geht's menschenleer zwischen Birken und Kiefern nach Osten, die "Taigastraße" »25« ist nur für uns da!
Der nächste Abstecher gilt einer Pflanze, einer Lilie bzw. tausenden von ihnen: 4000 Meter nach der Fylleån-Brücke schwenken wir links auf den Parkplatz **"Långhultabackarna"**. Noch 1600 m darf man im Sommer auf einem gepflegten Schotterweg bis ins Innere des Gebietes hineinrollen (im Winter verläuft hier eine Loipe).

(25) WOMO-Wanderparkplatz: Långhultamyren

Max. WOMOs: 2-3. **Position:** N 56° 43.535' E 13° 13.133'; 196 m.
Ausstattung/Lage: Wanderwege/außerorts.
Zufahrt: 24 km ab der AB-Ausfahrt Halmstad auf 25 nach Westen, hinter Simlångsdalen den Fylleån-Fluss überqueren, dann nach 4 km links.

Zwischen Birken und Wacholder stellen wir das WOMO ab und marschieren 20 min. auf dem gelb markierten Weg zu den "Myrliljan", ihrem größten Bestand in ganz Halland (der Biologe weiß natürlich, dass die Moorlilie *(Narthecium ossifragum)* im Sumpf wächst – und rüstet sich mit Gummistiefeln aus).
Und dann stehen wir mitten zwischen ihnen: Auf jedem Stengel balanciert ein goldgelber Blütenstand mit vielen 6-blättrigen Blütensternen, die nacheinander von unten nach oben aufblühen.
Zurück am WOMO stellt sich die Frage: Sollen wir hier übernachten, um am frühen Morgen endlich mal das Birkhuhn zu sehen – oder bis zum nächsten Badeplatz weiterfahren?

Am nächsten Morgen (das Birkhuhn haben wir verschlafen) rollen wir eine ganze Weile weiter nach Osten durch die "Taiga", nur ab und an erinnern ein paar Felder und Wiesen mit eingestreuten roten Holzbauernhäusern an die schwedische Wirklichkeit. Auch die bestens ausgebaute Straße dürfte in der russischen Taiga eher selten sein.

Badeplatz Boasjö

Genau 30 km sichten wir keinen einzigen Ort. Der herrlich angelegte Rastplatz am **Boasjö** [N 56° 45.148' E 13° 35.691'](mit Info-Tafeln, Toilette und Badeplatz) ist vermutlich für uns angelegt worden.
5 km später verlassen wir die Hauptstraße, biegen links, fahren über SKEEN Richtung **Bolmen-See**.

Badeplatz am Bolman-Fluss

Einen ersten Badestopp kann man aber bereits nach 900 m links einlegen. Dort geht es zum **Badeplatz** am **Bolman-Fluss** [26: N 56° 45.718' E 13° 40.215']. Nach 200 m (schmalem) Feldweg erreicht man eine prächtige Liegewiese am Waldrand, wo auch das WOMO parken kann. Am Ufer des gestauten Flusses warten Steg, Wasserrutsche, Rettungsring, Schaukel, Tische und Bänke – und ein im Wald verstecktes Trockenklo (Camping verboten). Leider ist das Parkplatzangebot sehr begrenzt, so dass WOMO-Badegäste weiterfahren, wenn die Besucherdichte zu hoch sein sollte!

Dies wird Ihnen leicht fallen, weil Sie noch eine ganze Perlenkette von Badeplätzchen besuchen werden!

Die Weiterfahrt nach ANGELSTAD auf gepflegter, aber bereits mittelstrichloser, schmaler Straße führt am Abstecher nach BOLMEN vorbei (dort Badeplatz [N 56° 48.801' E 13° 41.442'], Campingplatz und Info zur Gasflaschenfüllung).

In ANGELSTAD führt die Hauptstraße nach rechts Richtung LJUNGBY. An dieser Straße liegt nach 700 m rechts der Badeplatz am **Kösen** mit Liegewiesen, umrahmt von Rieseneichen, ausgestattet mit allem schwedischen Badeplatzkomfort - aber recht nahe der Straße!

(27) WOMO-Badeplatz: Angelstad/Kösen

Max. WOMOs: 2-3.

Pos.: N 56° 49.535' E 13° 45.924'

Ausstattung/Lage: Sandstrand, Klo, Grillstelle; Camping verboten/Ortsrand.

Zufahrt: In Angelstad 700 m rechts Richtung Ljungby.

Wir kehren 700 m nach ANGELSTAD zurück und biegen ab nach BOLMSÖ, passieren nach 1400 m die alte Kirche mit separatem Holzcampanile und **Wasserhahn**.

7 km seit ANGELSTADT ist BOLMSTAD erreicht. Am Ortsende geht es wieder rechts nach LJUNGBY, wir halten uns links, auf BOLMSÖ zu. Vorher machen wir einen Abstecher zum BOLMSTAD-Hafen. Dort gibt es eine ganze Reihe von Parkplätzen und an jedem Bootssteg einen **Wasserhahn**.

Badefreuden können wir Ihnen 1500 m weiter Richtung

BOLMSÖ versprechen, wo vor dem Campingplatz "Sjön Bolmen Camping" ein Riesenparkplatz [N 56° 54.162' E 13° 46.871'] auch platzfremden Badegästen zur Verfügung steht.

Ein freies Plätzchen für die Nacht bieten wir Ihnen 8 km später: In TANNÅKER kann man nach links zur Insel **Bolmsö** abzweigen, die über einen Damm zu erreichen ist. Bereits nach 700 m – und noch vor dem Damm – kann man links unterhalb der Straße parken [**28:** N 56° 57.122' E 13° 46.061']; nur wenige Schritte sind es bis zum Sandstrand des kleinen Badeplatzes – aber die Straße ist auch ganz nahe! Kleineren WOMOs können wir deshalb empfehlen, noch über den Damm zu fahren und direkt dahinter rechts zu schwenken. Nach 300 m und 500 m findet man lauschige, gemütliche Plätzchen (ohne Bademöglichkeit) [N 56° 57.245' E 13° 45.422'].

Falls Sie nicht die Insel **Bolmsö** im **Bolmen** erforschen möchten, kehren Sie nach TANNÅKER zurück, die Fahrtrichtung heißt nun FORSHEDA und führt weiter am Ostufer des **Bolmen** entlang.

7500 m später (wir haben gerade die Abzweigung nach VITTARYD passiert), ist bereits der nächste Badeplatz nahe! In GAVLÖ biegen wir links und stehen nach 500 m auf dem einsamen Parkplatz im Hochwald; eine gepflegte Liegewiese mit Schattenbirken führt hinab zum See mit Badesteg, Rettungsboot, usw.

Badeplatz Gavlö

(29) WOMO-Badeplatz: Gavlö

Max. WOMOs: 2-3. **Position:** N 57° 0.397' E 13° 49.984'

Ausstattung/Lage: Trockenklo, Liegewiese, Spielplatz, Picknickplatz/außerorts.

Zufahrt: Von der 25 Halmstad – Ljungby 20 km vor Ljungby links nach Skeen/Bolmsö abbiegen, dann noch knapp 35 km über Angelstad und Tannåker nach Gavlö.

Nach weiteren 7,5 km biegen wir hinter der Kirche von DANNÄS (großer Parkplatz, daneben **Wasserhahn**) links nach ÅS, mal wieder die Hauptstraße verlassend. Wiederum 7 km später sind wir in LILJENÄS mit seinem hübsch angelegten **Herrgård** (vier herrschaftliche, aber etwas herunter-

gekommene Häuser sind um einen kleinen Park gruppiert). 500 m danach geht es links zum nächsten Badeplatz, unserem letzten – und wohl dem schönsten – am **Bolmen**. Auch hier steht man nur wenige Meter von der golfrasengleichen Badeplatzwiese entfernt. Das flache Ufer ist feinsandig, eine Schwimminsel trägt zum Badespaß bei (Camping verboten).

(30) WOMO-Badeplatz: Liljenäs

Max. WOMOs: 3. **Position:** N 57° 4.771' E 13° 45.317'

Ausstattung/Lage: Sandstrand, Trockenklo, Spielplatz, Liegewiese/außerorts.

Zufahrt: Von der 25 Halmstad – Ljungby 20 km vor Ljungby links nach Skeen/Bolmsö abbiegen, dann noch knapp 50 km bis zum Nordufer des Bolmen-Sees.

Badeplatz Liljenäs

Sie haben die Insel **Bolmsö** überquert und per Fähre im Nordwesten verlassen? Dann treffen Sie 5 km westlich von LILJENÄS, in TALLBERGA, wieder mit den Bolmen-Umrundern zusammen. Gemeinsam geht's nach Norden bis ÅS, wo wir bei der Kirche links nach KÅLLERSTAD abbiegen.

Wir erreichen auf einer gut gewalzten Erdpiste nach 2500 m eine Gabelung, halten nach links weiter auf KÅLLERSTAD zu.

Badeplatz Flaten-See

4100 m seitdem wir in ÅS abgebogen waren, beginnt wieder die Teerstraße – und gleichzeitig zeigt nach links ein Schild zum Badeplatz am **Flaten-See**, einem einsamen Idyll. Vom etwas oberhalb, am Waldrand gelegenen Parkplatz sind es hinter der linken Schranke 100 Schritte hinab zur Liegewiese.

ganz OK

(31) WOMO-Badeplatz: Flaten-See See toll! Parken nicht so!

Max. WOMOs: 1-2. **Position:** N 57° 6.020' E 13° 37.420'

Ausstattung/Lage: Trockenklo, Badesteg, Rutschbahn, Sandstrand/außerorts.

Zufahrt: Von der 25 Halmstad – Ljungby 20 km vor Ljungby links nach Skeen/Bolmsö abbiegen, dann noch knapp 60 km bis zum Flaten-See nordwestlich des Bolmen-Sees.

1200 m später rollen wir am Ortsschild von KÅLLERSTAD vorbei und entdecken 600 m weiter, hinter einem großen, roten Schuppen, das hölzerne Hinweisschild zum **Gamla Kyrkogarden** [N 57° 5.746' E 13° 35.848']. Auf diesem alten Friedhof kann man noch alte, handgeschmiedete Grabkreuze aus dem 16. Jh. begucken, die in einigen Regionen Schwedens üblich waren. So individuell sie auch sind, in manchen Elementen gleichen sie sich: Ein Kreis (der wohl den Lebenslauf darstellt und auf dem die Daten des Verblichenen eingeschlagen sind) ist auf ein Kreuz geschmiedet, das von einer Krone überragt wird. An manchen Grabkreuzen baumeln geschmiedete Blätter, die das ewige Leben symbolisieren sollen.

Wir benutzen zur Abwechslung bis UNNARYD eine Hauptstraße! Sie führt zwischen kleinen Seen mit Seerosen entlang, wo man an idyllischen Plätzchen (ohne Badegelegenheit) pickni-cken – oder einfach nur sitzen und philosophieren kann.

JÄLLUNTOFTA liegt am **Jällunden-See**. Um die Kirche des Ortes herum sind viele **Wasserhähne** verteilt. Die Straße führt östlich des Sees weiter – und bereits 200 m nach der Kirche wartet ein Parkplatz [N 57° 3.303' E 13° 31.817'] mit Tisch und Bank, Baumschatten und Badesteg – bis "Jälluntofta-Camping" (sehr idyllisch im Wald am Seeufer) sind es 800 m.

Wald und Seen wechseln sich wieder ab, über HÄSSLEHULT kommen wir nach UNNARYD. Bei der großen Steinkirche mit den vier Uhren auf dem Kirchturm machen wir einen Abstecher nach links Richtung ODENSJÖ.

Bereits am Ende des Kirchhofs kann man rechts zum **Idrottsplats**, dem Sportplatz von UNNARYD abzweigen. Dort findet man nicht nur alles, was das Sportlerherz begehrt (Fußball-, Basketball-, Tennisplatz), sondern auch den **Badeplatz** [N 56° 57.059' E 13° 31.908'; 147 m] am **Unnen-See** mit allen üblichen Einrichtungen.

1500 m weiter könnte man nach rechts zum Campingplatz abbiegen, der auf einer Landzunge sehr schön über dem See thront. Nach 2500 m liegt rechterhand ein langer Parkplatzstreifen am **Unnen** und nach 4500 m biegen wir rechts in die Piste zum steinzeitlichen **Grabfeld Bedjarör** [N 56° 55.912' E 13° 34.463'] ein. Hier sind etwa 80 prähistorische Reste versammelt: Aufrechte Steine, Steinsetzungen, Dolmen und Steinkreise – ein Friedhof aus der Jahrzeitenwende.

Wir rollen weiter Richtung LIDHULT, immer noch auf der Hauptstraße, aber nur noch 2000 m. Dann biegen wir rechts Richtung FEMSJÖ ab. Hinter BÄCK, nach 9 km, gabelt sich wieder die Straße, wir halten uns rechts Richtung RYDÖBRUK/HYLTEBRUK.

Nach weiteren 5 km führt die Straße zwischen dem **Stora Färgen** und dem **Södra Färgen** hindurch. Genau an dieser Engstelle liegt ein großer, prima angelegter Badeplatz mit

Liegewiese unter Birken, und auch der Parkplatz gleich dahinter ist zum Teil schön schattig (Camping verboten).

(32) WOMO-Badeplatz: Färgen-See

Max. WOMOs: 2-3. **Position:** N 56° 55.265' E 13° 20.145'; 145 m.
Ausstattung/Lage: Trockenklo, Badesteg, Rutschbahn, Sandstrand/außerorts.
Zufahrt: Von der 25 Halmstad – Ljungby bei Simlångsdalen links und über Femsjö Richtung Hyltebruk. 5 km hinter Femsjö rechts nur wenige Meter Richtung Bäck.

Badeplatz Färgen-See

Knapp 1000 m später müssten wir an der Stoppstraße bei HALLABÖKE links nach FEMSJÖ fahren. Wir machen aber zunächst einen kurzen Abstecher nach rechts Richtung HYLTEBRUK, weil wir Ihnen den idyllischen, naturbelassenen Campingplatz (mit Badeplatz) von BEXET nicht vorenthalten können.
Die Zufahrt gestaltet sich wie folgt:
3400 m flitzen wir Richtung HYLTEBRUK, dann biegen wir rechts in die gute Erdpiste Richtung FÄRGARYD ein. Nach 2800 m haben wir BEXET erreicht und rollen noch 200 m nach rechts bis zum Sandstrand des **Stora Färgen**. Ein Golfplatzrasen unter großen Birken, das ist der Campingplatz [N 56° 58.179' E 13° 19.373'] – und gleich nebenan können Sie für einen kurzen Badestopp Ihr WOMO parken (oder haben wir Sie diesmal für einen Campingplatz begeistert?).
Zurück an der Abzweigung bei HALLABÖKE sausen wir geradeaus weiter bis FEMSJÖ und parken bei der alten, schindelgedeckten Kirche [N 56° 53.546' E 13° 19.583'] (der Wasserhahn rechts des Eingangs zum Kirchhof ist prima anzufahren).
Das Innere der Kirche ist besonders schön. Die Deckenmalereien stammen von 1749 und sind deutschen Andachtsbüchern entnommen. Sehenswert sind aber auch die Kanzel und die Altartafeln.
Die Kirche wird von der ehemaligen Volksschule, dem ehrwürdigen Pfarrhaus und weiteren alten Gebäuden umringt – insgesamt ein äußerst bemerkenswertes Ensemble.
Haben Sie mitgezählt? Bereits ein gutes Dutzend schöner Badeplätze haben wir mit Ihnen auf unserer Badeseenrunde bequem angefahren – es wird Zeit, dass Sie sich den nächsten Sprung ins Wasser erst mit einer Wanderung verdienen müssen.
Folglich legen wir einen höheren Gang ein und düsen genau

18,5 km Richtung SIMLÅNGSDALEN, bis wir nach rechts dem Wegweiser "**Simlångsgården**" folgen.
Wenige Meter später stehen wir auf einem großen Wanderparkplatz, umgeben von Wiesen (nachts geringe Gebühr).
Eine Infotafel mit fünf verschiedenen Rundwanderwegen (3 - 13 km Länge), eine Toilette und eine Wanderherberge mit Café (12.30 und 17 Uhr gibt's auch etwas zu futtern) vervollständigen das Angebot.

(33) WOMO-Wanderparkplatz: Simlångsgården

Max. WOMOs: >5. **Position:** N 56° 46.033' E 13° 11.002'; 85 m.
Ausstattung/Lage: WC; Dusche, Restaurant, Rundwanderwege, 200 m entfernt Badeplatz am Gyltigesjö; Übernachtungsgebühr 30 SKr, mit Strom 80 SKr/bei Einzelgebäude.
Zufahrt: Von der 25 Halmstad – Ljungby bei Simlångsdalen links 6 km Richtung Femsjö.

Wir entscheiden uns für den roten Wanderweg (8,4 km), weil er am Waldsee **Torlabosjö** vorbeiführt und dürfen Ihnen schon jetzt verraten: Ihre Kinder würden die Wanderung am liebsten gegen Nachmittag antreten, denn dann könnte man vor der Raststuga am See grillen und in der Wildnis übernachten!
Die kleine Wanderung bietet ein volles Programm schwedischer Natur: Dunkler Tann, lichtdurchflutete Birkenhaine, Heidekrautmoor und Wollgrassumpf, von der Eiszeit rundgeschliffene Riesenfelsblöcke – und als Höhepunkt die Raststuga über dem Seerosensee mit Grillstelle.
Der schönste Badeplatz liegt nicht direkt unterhalb, sondern ein Viertelstündchen weiter am Wanderweg, an der Nordostecke des **Torlabosjö** bei einigen glattgewaschenen Liegefelsen.
Die reine Wanderzeit beträgt +/- 2 Stunden. Zurück beim WOMO kann man sich entweder im Café erholen oder am nur 200 m entfernten Badeplatz vom **Gyltigesjö** erfrischen.

Eine Seenkette leitet uns die letzten 6 km zurück zur Schnellstraße »25« bei SIMLÅNGSDALEN. Dort biegen wir rechts ein, kehren nach HALMSTAD zurück – die versprochenen Badeplätze am Meer erwarten Sie schon!
Um aus dem Zentrum HALMSTADS direkt an die Küste zu kommen, sucht man sich den Wegweiser TYLÖSAND. Die von uns gefundenen Badeplätze sind sommers heillos überfüllt! Die besten seien (von Süden nach Norden) trotzdem genannt: TYLOSAND [N 56° 39.180' E 12° 44.120'], FRÖSAKULL [N 56° 39.863' E 12° 43.875'], RINGENÄS [N 56° 40.850' E 12° 42.754'] VIKEN [N 56° 41.762' E 12° 41.440'] und HAVERDAL [N 56° 43.152' E 12° 40.204'].
Folglich können Sie sich eine Menge Frust ersparen, wenn Sie

mit uns auf der Autobahn »E6/E20« zwanzig Kilometer nach Nordwesten düsen – und einen Kulturabstecher der besonderen Art können Sie sozusagen "by the way" mitnehmen.
Wir rollen von der AB-Abfahrt GETINGE nach rechts bis zur Kirche des Ortes, die Landstraße HALMSTAD - FALKENBERG überquerend (vor der Kirche beim Friedhof großer Parkplatz, **Wasserhahn** hinter der Thujahecke). Vom Ortsende von GETINGE sind es 6 km bis ASIGE, dort rollen wir geradeaus weiter Richtung ABILD/ÅRSTAD. Wo ist der Ort der schändlichen Tat?

Hinter der Kreuzung stehen einzelne Bautasteine im Feld – das kann es nicht sein! Da, 900 m weiter auf ÅRSTAD zu, das gesuchte Hinkelstein-Zwillingspaar – eine Hinrichtungsstätte!
Lebhaft können wir uns vorstellen, wie man die zwei schlanken Bautasteine mittels eines Querbalkens in einen Galgen verwandeln konnte: **Hagbards Galge** [N 56° 52.979' E 12° 44.259']! Die Sage berichtet, dass Hagbard, ein norwegischer Wikingerprinz, zu Königstöchterlein Signe in unerlaubter Liebe entbrannte. Wie üblich, erwischte man ihn, als er sich in Frauenkleidern in ihr Gemach schlich. Den Rest überlassen wir Ihrer finsteren Fantasie ...
Bautasteine sind meist schlanke, unbehauene Gedenksteine auf bronzezeitlichen Grabstätten. Wir entdecken jedoch am Fuß eines der Steinpaare deutlich ringförmige Verzierungen – ein Sonnensymbol?
500 m nördlich kommen wir an eine Kreuzung, an der wir links weiter auf ÅRSTAD zuhalten. 1700 m später parken wir schon wieder an **Särestads Gravfält** [N 56° 53.927' E 12° 43.099'].
Die Historie wäre wohl etwas zu stark strapaziert, wenn man das Grab des armen Hagbard hier vermuten würde. Aber dekorativ genug ist der wuchtige Grabhügel (**Hagbards hög**) rechts der Straße.
Links der Straße kann man über etwa 40 Grabstelen, ein kleines Ganggrab und eine große Dreieckssäule seinen Forscherblick schweifen lassen.
1200 m nach **Hagbards hög** biegen wir in BLIXTORP links Richtung SLÖINGE, queren nördlich vom Ort die Autobahn, rollen über EFTRA nach UGGLARP, wobei wir am Ortsbeginn links ein kleines Auto- und Flugzeugmuseum entdecken [N 56°

49.248' E 12° 37.806']. 300 m später biegen wir rechts zum Strand (dem Campingwegweiser folgend).
Was sind wir doch naiv! Direkt am weiten Sandstrand ist einer der großen Badeplätze [N 56° 49.116' E 12° 36.667'] speziell für Wohnwagen eingerichtet worden!? Erst bei näherem Studium entdecken wir, dass ein "Bösewicht" das Schild mit der Zeitbeschränkung 6-22 Uhr einfach herumgedreht hat. Hält man sich vor dem Strand halbrechts, so kommt man zum gut gefüllten Campingplatz (warum wohl!?).
Rollt man vor ihm vorbei und kurvt zwischen den Ferienhausreihen weiter nach Norden, so landet man schließlich am Nachbarstrand **Långasand**.
Beide Zufahrten enden bei einem großen, geschotterten Badeparkplatz [N 56° 50.013' E 12° 35.655'] (kurz vorher Restaurant und Einkaufsladen), der durch einen flachen Dünenstreifen vom Wasser getrennt ist. Ein Gartenarchitekt könnte sich hier Ideen holen: Rasenflächen, warme Sandkuhlen, umrandet von niedrigen Rosenbüschen, die in den Farben weiß, rosa und rot wetteifern, Kiefern und Wacholder, dazwischen wilde Stiefmütterchen, Grasnelken, weißes Leimkraut, blaue Sandglöckchen – und davor natürlich ein breiter Riviera-Sandstrand – was will der Camper mehr? Richtig – einen **Wasserhahn**!
Der befindet sich an der Außenseite des Toilettenhäuschens am Parkplatz. Und was erblickt des Urlaubers erfreutes Auge, wenn er nach erfolgreichen Ausprobieren des Nässespenders sein Auge erhebt? Eine **Dusche** direkt darüber!

Badeplatz Långasand

Lässt er sein Auge weiter schweifen, dann sieht er natürlich auch das "Wohnwagenschild" mit der Zeitbegrenzung 6-22 Uhr!
Sie möchten unbedingt am Wasser stehen? Dann wünschen wir Ihnen einen Campingbus, der unter der 2,10 m-Schranke durchpasst. Mit ihm können Sie bis auf den Strand und auf diesem noch etwa 500 m nach Norden fahren. Dort steht man unmittelbar vor der Grenze zum **Naturreservat Vesslunda**, das für einen Strandspaziergang genau das richtige ist.

TOUR 3 (ca. 190 km / 2-3 Tage)

Långasand – Falkenberg – Varberg – Tjolöholm – Onsala – Lerkil – Vallda – Göteborg – Delsjö

Freie Übernachtung: Falkenberg, Varberg, Tjolöholm, Smarholmen, Lerkil, Delsjö.

Besichtigungen: Falkenberg (Stadtbild), Varberg (Burg, Museum), Tjolöholm (Schloss), Onsala (Kirche), Göteborg (Stadtbild).

Baden: Varberg (Getterön), Tjolöholm, Smarholmen, Lerkil, Vallda Sandö, Stora Delsjö.

KARTE TOUR 3

Von **Långasand** rollen wir auf direktem Weg landeinwärts, biegen an der Vorfahrtsstraße links nach FALKENBERG. Nach 2 km parken wir bereits wieder vor der alten Steinbrücke von BOBERG, auf dem bequemen Parkplatz [N 56° 52.100' E 12° 36.599'] vor dem **Hembygdsgård**, dem Freilichtmuseum. Ein altes Farmgebäude aus dem frühen 18. Jh. wurde an

Ort und Stelle restauriert – soweit es etwas zu restaurieren gab, denn die alten Eichenstämme werden sicher noch einige Jahrhunderte durchhalten!

In FALKENBERG (links in die 150 einbiegen, am ersten Kreisel rechts) wollen wir eigentlich nur einkaufen und tanken. Aber neben der **Tullbron**, der alten Zollbrücke über den **Ätran** (FALKENBERG hat drei Straßenbrücken über den Ätran, die Tullbron ist die mittlere), müssen wir erst zwei Angler bewundern, die mit elegantem Schwung immer wieder ihre Lachsköder in die schäumenden Stromschnellen schleudern. Wir drü-cken den Lachsen die Daumen – es hilft! Dann freuen wir uns über geschickte **Stellplätze** nahe des Zentrums (gleich hinter der Tullbron links noch 600 m, beim Museum am Fluss [**34:** 56° 53.965 E 12° 29.747]) und bummeln doch eine ganze Weile durch das alte Viertel um die **St. Laurentius-Kirche** mit den engen Gassen, die von liebevoll mit Blumen geschmückten Fachwerkhäuschen flankiert sind.
Wieder geht es auf die »E6/E20«, die immer noch durch Felder und Wiesen zieht. Nur dort, wo rundgeschliffene Felskuppen aus dem Boden ragen, beleben Fichten- und Birkenwäldchen die Monotonie (Rastplatz "Himle" mit WC und Entsorgung).
Wir verlassen die »E6/E20« an der Ausfahrt 54 (VARBERG-Centrum), rollen geradewegs nach Westen Richtung Zentrum und entdecken auch bald das Blumenkohlsymbol (das Apple-Fans als Befehlstaste kennen, in Schweden aber Sehenswürdigkeiten anzeigt) mit der Aufschrift **"Fästningen"**.
Der Blumenkohl führt uns 500 m nach der Bahnüberquerung links zum Zentrum (geradeaus geht's nach GETTERÖN). Wir halten nun direkt auf einige "rostrote Reihenhäuser" am Horizont zu, die auf einer Kuppe zu stehen scheinen. Es ist die gesuchte **Festung** aus dem 13. Jahrhundert, und unterhalb, im Hafengelände, sichten wir als erstes eine Vielzahl kostenloser Parkplätze. Bei weiterer Umschau entde-

Kallbadhuset mit Badeplatz

cken wir (versteckt hinter einem Hafengebäude) einen kleinen **Sandstrand** [N 57° 6.503' E 12° 14.517'] mit Kinderspielplatz. Etwas "außerhalb", weil auf Pfählen im Hafenbecken stehend, wartet ein gelungener Jugendstilbau darauf, von Ihnen fotografiert zu werden – das **Kallbadhus**. Das Service-Angebot wird vervollständigt durch Toiletten, Duschen, Wasserhähne und Waschmaschinen (mit Münzautomat).

Ein kleiner Spaziergang, und wir haben die Mauern der Festung "erobert", stehen vor dem **Museum** (offen: 10-19 Uhr).

Kinder lassen sich ja nicht gerne in Museen schleppen, aber als sie von einer gepfählten Moorleiche hörten, bekamen ihre Augen dieses lüsterne Glitzern der Sensationsgierigen, und sie stürmten uns voran. Sie sind wirklich sehenswert, die Überreste eines vermutlich Ermordeten, die durch die Einwirkung der Huminsäuren seit dem 14. Jahrhundert bestens erhalten geblieben sind. Die komplette Kleidung gibt einen Einblick in die Mode des Mittelalters, die man bisher nur von Gemälden und Holzstichen kannte. Außerdem zeigen sie, dass Dracula historische Wurzeln auch im Volksglauben der Schweden hat:
Um das "Umgehen" der Seele nach der ungesühnten Tat zu verhindern, durchbohrte man die Leiche mit drei Pfählen! Aber nicht nur der **Bockstenman** ist etwas Besonderes, auch die "unglaubliche Geschichte" von der Knopfkugel, durch die Karl XII. von Schweden (der Held von Narwa 1700) zu Tode kam.
Hier spielt der Aberglauben an "gefeite Menschen" – und Kriegshelden mussten ja gefeit sein – die Hauptrolle. Nur durch eine magische Waffe konnten sie ins Jenseits befördert werden. In diesem Falle soll es ein kugelförmiger Knopf gewesen sein, den der Mörder vom königlichen Gewand stahl. Alles sei wissenschaftlich untermauert, versichert man dem schaudernden Betrachter...
Ja, das waren die Publikumsrenner! Aber das Varberger Museum bietet viel mehr. In liebevoller Kleinarbeit wurde alles gesammelt, was vom Leben in früherer Zeit vorzeigenswert ist: Gerätschaften für die Jagd, den Fischfang, Milch- und Viehwirtschaft, Bienenzucht usw. In jedem Raum finden Sie ein Kästchen, in dem Informationsblätter auch auf deutsch erschöpfende Auskunft geben. Und wenn Sie dann immer noch nicht genug haben, können Sie an einem geführten Rundgang durch die restliche Festung teilnehmen, die durch Kerker und Kasematten führt. (10-17 Uhr).

Ein Rundgang durch das Burgareal, ein Blick auf das Mastgewirr im Hafen – wir wenden den Bug unseres Schiffes und dampfen zur Bahnüberführung zurück.
Wer sich länger in VARBERG aufhalten möchte, der sollte dort links zur Halbinsel Getterön abzweigen, wo nicht nur "Getteröns Camping" auf ihn wartet,

Sandbaderund von Varberg-Getterön

sondern am Ende der Straße ein Riesenbadeparkplatz neben einem schönen Sandstrandrund.

(35) WOMO-Badeplatz: Varberg/Getterön
Max. WOMOs: >5. **Position:** N 57° 7.232'; E 12° 12.158'
Ausstattung/Lage: Sandstrand, WC, Kinderspielplatz, Gaststätte/Ortsrand.
Zufahrt: siehe Text. **Hinweis:** Offizielle Maximalparkzeit 8 Std.

Am nächsten Morgen nutzen wir die »E6/E20« bis zur nächsten Ausfahrt 56 (BUA/VEDDIGE), unterqueren sie Richtung BUA und biegen nach 400 m rechts zur Felskluft **Borrås Skåra**. Nach 3,5 km parken wir rechts im Wald [**35a:** N57° 15.882'; E 12° 14.370'] und stapfen 4 min. steil hinauf zu der 10 m tiefen Klamm mit dem dekorativen "Steinstöpsel", der es seit ewigen Zeiten nicht schafft, den Besuchern auf die Mütze zu fallen.

In BUA stößt man direkt auf den Fischereihafen (**Wasser**schlauch am linken vorderen Eck), Badeplatzpiktogramme zeigen nach links und rechts. Wendet man sich links, so kommt man nach 800 m bei dem ersten Platz zu Füßen eines hölzernen Leuchtturmzwerges, zu dem Einsiedler-WOMOs noch ein Stück hinrumpeln können [**35b:** N57° 14.381'; E 12° 6.118'].

Der Sandstrand-Platz rechts des Hafens [**35c:** N57° 14.681'; E 12° 7.239'] hat uns noch besser gefallen mit seiner Rosenbüschen-Heidekraut-Umgebung.

Was halten Sie zur Abwechslung von einem Schlossbesuch? Dann folgen Sie uns zurück bis VÄRÖBACKA und dort links Richtung KUNGSBACKA über FRILLESÅS und ÅSA zurück ans Meer, werfen einen Blick auf die blassgelben Mauern der Kirche von ÖLMEVALLA und biegen 4 km darauf scharf links: Ein (fast) englisches Schloss erwartet Sie dort – **Tjolöholm**.

Die Eigentümerin (die Stadt Kungsbacka) versteht, ihren Besitz zu vermarkten! Biegt man nach etwa 2,8 km rechts in den Schlossbereich ein, kann man gleich den Geldbeutel öffnen: Parkgebühr gestaffelt, 24 Std. 100 SKr, Eintritt für die (empfehlenswerte) Schlossführung (11- 16 Uhr), Eintritt für das Wagenmuseum [**36:** N57° 24.117'; E 12° 6.150'].
Hinter dem Schloss allerdings reicht eine prächtige Golfrasen-Liegewiese bis zum **Badestrand**, wo Sie kostenlos Ihre Hüllen fallen lassen können.

Schwenkt man nicht rechts zum Schlossparkplatz, sondern fährt geradeaus weiter (Vogelturmbesucher dürfen das!), so findet man nach 600 m einen malerischen **Picknickplatz** [N 57° 23.890'; E 12° 6.587'] im Schatten riesiger Felsblöcke und eine kleine Hinweistafel, die Ihnen die Spazierwege auf der kleinen wunderschönen Halbinsel genau erklärt. Kinder und Vogelkundler werden natürlich sofort auf den Vogelbeobachtungsturm klettern.

Nachdem wir das Schloss umwandert – es wirkt mit seinen vielen Schornsteinen wirklich "sehr britisch" – und den Schlossherren um den einmaligen Blick von seinem Wohnzimmer auf die Schären des Kungsbackafjords beneidet haben, schwingen wir uns wieder in die Sitze – ein Seeräuber erwartet uns! Wir kehren auf der Stichstraße zur Abzweigung zurück, halten links Richtung GÖTEBORG und entern die »E6/E20«, um sie bei der nächsten Abfahrt 59 (KUNGSBACKA/ONSALA) gleich wieder zu verlassen.

Sechs lohnende Kilometer führen bis zum Dörfchen ONSALA und seiner originellen **Kirche** (Wasserhahn hinter dem Eingangstor links). Schon von außen fällt sie durch ihre "Brettertürme" aus dem Rahmen, im Inneren staunen wir zur ebenfalls bretterverschalten Tonnendecke hinauf, die meisterlich über und über mit Bibelszenen bemalt ist, von ihr herab hängen Nachbildungen alter Segelschiffe. Wer hat diese Pracht bezahlt?

Die Antwort erhalten wir, nachdem wir die steile Stiege links des Altars zur **Gruft** der Gatenhjelms hinabgestiegen sind: Auch ein blutrünstiger Korsar wird im Alter friedlicher, denkt ans Jenseits, stiftet der Kirche dies und jenes! Und da im Tode alle gleich sind, warum soll man da dem Wohltäter ONSALAS nebst Gemahlin nicht ein Plätzchen für ihre **Marmorsarkophage** einrichten ...

Aber nicht nur Seeräuber fanden die **Halbinsel Onsala** idyl-

lisch. Wir erleiden einen Schiffbruch nach dem anderen bei der Suche nach einem schönen Badeplätzchen – alles ist fest in schwedischer Ferienhausbesitzerhand. Die drei Ausnahmen finden Sie in dieser Reihenfolge:
2,5 km nach der Kirche von ONSALA biegen Sie nicht links nach GOTTSKÄR, sondern rechts. Nach weiteren 7 km kommt der erste Abstecher nach **Smarholmen**. Der dortige **Schärenbadeplatz** ist sehr malerisch und auch gut besucht – weshalb auch eine (bescheidene) Parkgebühr verlangt wird. Unsere Nachfrage ergibt: Man darf hier auch über Nacht parken – aber nicht campen (lassen Sie also den Grill in der Kiste!).

(037) WOMO-Badeplatz: Smarholmen

Max. WOMOs: 3-4.
Pos.: N 57° 25.877'; E 11° 55.180'
Ausstattung: Kiosk, Klo.
Zufahrt: Von Varberg auf der E 6 nach Norden, AB-Abfahrt 59 (Onsala) raus, über Onsala nach Rydet, 7 km später links nach Smarholmen.

Der nächste Abstecher führt uns ebenfalls links zum Jachthafen von LERKIL. Der Parkplatz vor dem Hafenbecken rechts liegt direkt hinter der schönen **Schärenbadebucht**. Er ist meist überfüllt und kostet von Mai - Oktober 75 SKr Gebühr!
Parkt man hinter dem Hafenbecken auf dem großen, leeren und ruhigen Schotterplatz, so ist man zwar enttäuscht, wenn man ins Wasser schaut. Spaziert man jedoch am Beginn des Parkplatzes rechts über den Schärenrücken (wobei man sich an den glattgeschliffenen Felsen und den darauf Sonnenbadenden erfreuen kann), so hat man schnell die o. a. Badebucht erreicht.

(038) WOMO-Badeplatz: Lerkil

Max. WOMOs: > 5.
Pos.: N 57° 27.367'; E 11° 54.908'
Ausstattung: Klo (am Badeplatz). Wasserhahn im Hafen.
Zufahrt: Von Varberg auf der E 6 nach Norden, AB-Abfahrt 59 (Onsala) raus, über Onsala nach Rydet, 9 km später links nach Lerkil.

Von LERKIL rollen wir nur ein kurzes Stück ins Landesinnere zurück, dort nehmen wir die erste Abzweigung nach links Richtung SANDÖ.
SANDÖ mit seinem **Schärenbadeplatz** liegt besonders male-

risch am Rande des **Naturschutzgebietes Vallda Sandö**. Dort steht man mit dem WOMO auf einer riesigen, saftiggrünen **Parkplatzwiese** [N 57° 29.294'; E 11° 55.821'] und marschiert nur wenige Schritte hinein in die Schärenlandschaft aus Wacholderbüschen und grünen Grasmulden zwischen glatten Felsbuckeln. Davor warten kleine Badebuchten. Aber auch die Wanderwege erfreuen sich großer Beliebtheit.

Von 9-17 Uhr darf man hier parken (zeitweise Gebühr), wandern oder baden, Übernachtungen sind verboten!

Bestens erfrischt (und mit der Badeplatzsuche durchaus zufrieden) können wir nun GÖTEBORG unsicher machen!

Wir nähern uns der zweitgrößten Stadt Schwedens von Süden auf der »158« und folgen nach links den Schildern "Centrum" (an dieser Stelle "Järnbrottsmotet" Prem-Tankstelle mit **Autogas** [N57° 38.861'; E 11° 55.941']).

Unmittelbar vor dem **Götaälv**, der GÖTEBORG halbiert, werden wir durch einen Tunnel und unter der riesigen **Alvsborgsbron** hindurch und Götaälv-aufwärts geleitet. Dann werden die Hafenanlegestellen passiert (jetzt Richtung "Centrum Nord") und durch den langen **Göta-Tunnel**. Direkt dahinter biegen wir rechts (Wegweiser: Hisingen/Centrum Nord/Centralstation). Schwenkt man vor der Centralstation (Hauptbahnhof) links, so findet man dort meist freie Parkplätze [N 57° 42.676'; E 11° 58.412'], weil sie recht teuer sind.

Nach 400 Schritten gen Süden sind wir auf dem **Drottningtorget**. Dort marschieren wir rechts zum zentralen Platz GÖTEBORGS, dem **Gustav-Adolf-Torg** und bis zur **Kristinenkirche (Deutsche Kirche)** gleich dahinter.

Biegt man bei der **Deutschen Kirche** links über den Hamn-Kanal, so spa-

Gustav-Adolf-Torg

ziert man auf der **Korsgata**, die belebte Fußgängerzone querend, direkt auf den **Dom** (Domkyrka) zu, einen klassizistischen Bau mit recht kühl wirkendem Innenraum.
Durch die **Kungsgata** und (nach links) die **Östra Hamngata** kommen wir zum bereits erwähnten **Gustav-Adolf-Torg** mit dem Denkmal des schwedischen Königs Gustav II. Adolf, der 1632 in der Schlacht bei Lützen fiel. Umgeben wird der riesige Platz von so bedeutenden Gebäuden wie dem Rathaus, dem Stadthaus und der Börse.
Nach Norden können Sie jetzt mit wenigen Schritten zum WOMO zurückschlendern, allerdings haben Sie nur einen Hauch GÖTEBORGS erlebt. Für einen längeren Aufenthalt haben wir einen kostenlosen Parkplatz für Sie: Wendet man sich nicht links (Centralstation), sondern rechts Richtung Hisingen, so gelangt man über die **Götaälvbron**, entlang der Straßenbahnschienen, nach 1200 m rechts zum Supereinkaufszentrum **Backaplan** [N 57° 43.420'; E 11° 57.123']. Dort kann man von 8-23 Uhr kostenlos parken und von der Station A "Hjalmar Brantingsplatsen" fährt die Straßenbahnlinie 5 Richtung "Torp" direkt ins Zentrum (an der Station "Brunnsparken" aussteigen!).

Wo aber sollen wir unser nun doch recht müdes Haupt betten? Dafür haben wir gleich drei Empfehlungen, die nahe beieinander liegen: Folgen Sie uns Richtung E20/STOCKHOLM bis zum Verkehrskreuz Munkebäcksmotet, wo wir die Abfahrt 76 in die Munkebäcksgatan nehmen, die wir 2,3 km nach Süden rollen bis zur Abzweigung nach links in die Olbersgatan zum Kärralund-**Campingplatz** [N57° 42.306'; E 12° 1.791']. Die Straßenbahnlinie 5 ins Zentrum ist nur 500 m entfernt. Rollt man links am Camping vorbei, so kommt man nach weiteren 500 m zu **Skatås Motioncentral** mit einem riesigen Parkplatz [**39:** N57° 42.306'; E 12° 1.791'] im **Delsjön-Freizeitgebiet**, zu dem (natürlich) auch ein Badesee gehört. Dessen Parkplatz findet man, wenn man die Munkebäcksgatan erst an der nächsten Straße nach links verlässt (Töpelsgatan). Nach 1,7 km haben wir den Waldparkplatz erreicht (20 SKr/Tag, nachts frei), zu dem man ganze 3 min. zum **Stora Delsjö** marschiert.

(39a) WOMO-Badeplatz: Stora Delsjö

Max. WOMOs: > 5. **Position:** N 57° 41.489'; E 12° 2.032'
Ausstattung: WC, Grillstellen, Schaukel, Mülleimer, Liegewiese, Café.
Zufahrt: Von Göteborg-Centralstation 4 km Richtung E 20/Stockholm bis Ausfahrt Nr. 76 Munkebäcksmotet, auf Munkebäcksgatan 2,8 km bis zur Töpelsgatan, dort links 1,7 km.

TOUR 4 (270 km / 3-4 Tage)

Göteborg – Bohus-Festung – Svartedalen – Tjörn – Orust – Lysekil – Brastad – Bovallstrand

Freie Übernachtung:	Bohus, Romesjö, Ålevatten, Hövik, Askerön, Nösund, Ellös, Lysekil, Ramsvik, Brastad, Nordens Ark, Röd, Bovallstrand.
Besichtigungen:	Bohus-Festung, Råssö-NSG, Dragsmarks Klosterruine, Bokenäs (Kirche), Lysekil-NSG, Brastad (Felszeichnungen), Nordens Ark (Tierpark).
Baden:	Romersjö, Ålevatten, Stenungsön, Hövik, Askerön, Råssö, Nösund, Ellös, Kärr, Lysekil, Ramsvik, Röd, Bovallstrand.
Wandern:	Svartedalen, Råssö-NSG, Lysekil-NSG, Nordens Ark.

KARTE TOUR 4

Am nächsten Morgen fahren wir auf dem Delsjövägen (der Fortsetzung der Munkebäcksgatan) nach Südwesten bis zur Auffahrt "Örgrytemotet" in die »E6« Richtung OSLO, brausen nach 2,5 km durch den **Tingstadstunnel**, der den **Götaälv** unterquert, nach Norden.

Im breiten Tal des **Götaälv** geht es zügig voran, die riesige Betonbrücke **Angeredsbron**, die Fluss und Autobahn überspannt, zieht weit über uns dahin – dann droht uns bereits eine der gewaltigsten Festungen Skandinaviens an: **Bohusfästning**.

Zu Beginn des 14. Jahrhunderts erbaut, trug sie zunächst den Namen **Nyclaborg**, denn auf einer Insel des **Nordreälv** aufragend, genau dort, wo er sich in den **Götaälv** ergießt, riegelt sie wie ein Schlüssel den Eingang zu beiden Tälern ab.

Wir verlassen die Autobahn bei der Abfahrt 84 KARLSTAD/ KUNGÄLV S, überqueren die erste Hälfte des Flusses und finden gleich hinter der Brücke rechts am Ufer einen feinen **Picknickplatz** [N 57° 51.653' E 11° 59.889'], der sich bestens fürs zweite Frühstück eignet – und zu diesem haben wir auch gleich Gelegenheit, denn die schwedischen Spätaufsteher haben die Besichtigungszeit auf 10-20 Uhr festgelegt. Wir umrunden wie zornige Angreifer den Festungswall und können uns davon überzeugen, dass ohne schweres Gerät an ein Eindringen nicht zu denken ist.

Wie gesagt: Zweites Frühstück – aber auch für einen längeren Aufenthalt gibt es ein (gebührenpflichtiges) Plätzchen am Fluss [**40:** 57° 51.827' E 11° 59.931'] mit allem Komfort!

Durch KUNGÄLV setzen wir unseren Weg nach Norden fort, schwenken kurz vor der E6 rechts Richtung DISERÖD. Nach dem hektischen GÖTEBORG ist die stille Natur erholsam.

1,5 km hinter DISERÖD halten wir uns links (Wegweiser: Svartedalen/Jysegården) und nach weiteren 1,8 km nochmals links nach DYRÖD in einen Erdweg, der uns nach 800 m zu einem langgestreckten Parkplatz am Waldrand führt. Der reizvolle Badeplatz ist 300 Meter entfernt.

(41) WOMO-Badeplatz: Dyröd/Romesjö

Max. WOMOs: 2-3.
Position: N 57° 56.242' E 12° 0.218'
Ausstattung/Lage: rotgelber Sandstrand, Badesteg, Tisch & Bank, Schaukel, Klo, Grillstelle; Wanderweg Bohusleden/außerorts.
Zufahrt: siehe Text.

2,5 km weiter westlich verlassen wir die Richtung JÖRLANDA nach rechts (Wegweiser: Anvik), eine Erdstraße nimmt uns auf und führt uns nach wenigen Metern ins traumhafte **Naturreservat Svartedalen**. Traumhaft nicht nur wegen seiner herrlichen Natur – es fehlt auch nicht an Wanderwegen, Picknickplätzen und Bademöglichkeiten!

Der Reihe nach (**42a - 42c**):

Wanderparkplatz nach 1,3 km [N 57° 58.288' E 12° 1.126']

Picknickplatz nach 2,2 km am Mörtevatten [N 57° 58.729' E 12° 0.946']

Picknickplatz nach 3,7 km am Klarevatten [N 57° 59.330' E 12° 0.988']

Badeplatz nach 6,4 km am Ålevatten [**43:** N 58° 0.372' E 11° 59.006']

Dieser letzte Platz hat es uns besonders angetan! Es liegt etwas versteckt links unterhalb des Weges am See (wer nicht wenden möchte, fährt am besten rückwärts hinein). Wir suchen uns ein Panoramaplätzchen und genießen in totaler Einsamkeit und Ruhe, die nur durch das Plätschern springender Fische unterbrochen wird, einen farbenprächtigen Sonnenuntergang.

Die Naturstraße führt zwischen Ålevatten und Håltesjö hindurch, bedeckt sich beim Weiler ANVIK wieder mit Asphalt, führt uns 8 km nach Westen, wo wir die E6 an der Anschlussstelle TJÖRN/ORUST/STENUNGSUND überqueren (hier Rastplatz Spekeröd mit "Latrin-Entsorgung").

Nur noch ein kleines Stück auf der 160 nach Norden, dann schwenken wir am Ortsbeginn von STENUNGSSUND nach links auf die beiden Inseln **Tjörn** und **Orust** zu (wer seine Gasflasche füllen möchte, hält sich rechts, der Bahnlinie folgend noch 2,2 km, überquert dann die Bahn und fährt dahinter links in den Kraftverksvägen zu Air Liquid [N 58° 4.965' E 11° 49.883']).

Die **Insel Tjörn** ist mit einer gewaltigen Brückenkonstruktion ans Festland angeflanscht, der **Tjörnbron**. Es gibt zwei Stellen, von denen aus man die Meisterkonstruktion bestaunen kann:

Zur ersten biegen wir unmittelbar vor dem zentralen Teil der Brücke ab – der Wegweiser weist uns nach links zum **Badeplatz Stenungsbaden** [N 58° 3.605' E 11° 47.969']. Feine Sandbereiche sind eingeschmiegt zwischen glatte Schärenbuckel – und auf der Liegewiese kann man zwischen Sonnenbraten und Kiefernbaumschatten wählen oder einen ersten geruhsamen Blick auf die gewaltige Brückenkonstruktion werfen.Der Badeplatz ist komplett ausgestattet, das Über-

nachten jedoch nicht erlaubt.
Weit über dem Meeresspiegel gleiten wir dann hinüber zur **Insel Tjörn**, sichten links bereits den beliebten Aussichtspunkt. Man muss zunächst hinabkurven und wieder hinaufturnen zum linken Ende der **Tjörnbron**, bis man sich an der Synthese aus Eleganz und Gigantismus ergötzen kann. Praktischer eingestellte Naturen nutzen die Toilette am Parkplatzrand [N 58° 3.537' E 11° 46.530'], um ihr Campingklo zu entleeren.
Unsere Blicke schweifen über die malerische Schärenlandschaft, treffen auf einen Campingplatz: Tjörnbrons-Camping kostet pro Tag und Stellplatz 200 SKr, pro Person 50 SKr, also runde 30 € für die ganze Familie und ist damit ein typisches Preisbeispiel für einen schwedischen Campingplatz der "gehobenen Klasse" (dies ist ein Beispiel, keine Empfehlung!).
Zurück vom Aussichtspunkt überqueren wir die Hauptstraße »160« Richtung RÖNNÄNG. Nach 2700 m verlassen wir die »169« links ab nach HÖVIKSNÄS und nach nochmals 2500 m, auf denen wir dem immer schmaler werdenden Teerband zum "Badplats" gefolgt sind, stehen wir auf einem **Badeparkplatz** oberhalb der gepflegten Anlage mit Schärenbuckeln, Liegewiese und Schattenbirken (Parkdauer max. 8 Std.).

(44) WOMO-Badeplatz: Höviksnäs
Max. WOMOs: 1-2.
Position: N 58° 1.799' E 11° 45.826'
Ausstattung/Lage: Klo, Liegewiese/Ortsrand.
Zufahrt: Hinter der Tjörnbrücke links Richtung Rönnäng, nach 2700 m links nach Höviksnäs.
Sonst.: max. Parkzeit 8 Std.

Wir kehren zur »160« zurück, biegen links ein. Nur ein kurzes Stückchen haben wir noch die **Tjörn-Insel** unter den Reifen, dann sausen wir bereits über die **Brücke**, die den **Skåpesund** überspannt und sind auf **Orust** (hinter der Brücke links **Picknickplatz** mit Tischen und Bänken, Aussicht und Toilette).
Auch **Orust** ist eine große Schäreninsel, umringt von tausenden kleinerer und winziger bis hinab zu den typischen Walfischbuckeln, die vor der Küste zu schlafen scheinen.
Nur 800 m nach der **Skåpesundbrücke** biegt ein Sträßchen zu der kleinen **Schäreninsel Lilla Askerön** ab (Wegweiser: Askeröana) und bereits 1500 m später haben wir einen **Schärenbadeplatz** par excellence erreicht, denn dort gibt es weiter nichts als Steinklöße, die aus dem Wasser ragen wie Schildkrötenbuckel.

Die kleinen Parkplätze 1-3 liegen direkt neben der Straße, und damit sie auf dem Weg zum Badeplatz nicht von einem der glatten Schildkrötenbuckel verfrüht ins Wasser rutschen, hat man extra einen Steg mit Geländer darauf montiert. Am malerischen Badeplatz gibt's Baumschatten unter Kiefern, einen kleinen Sandstrand – und natürlich viele glatte Buckel zum Aalen und Sonnenbaden.

(45) WOMO-Badeplatz: Askerön

Max. WOMOs: 1-2.
Position: N 58° 5.690' E 11° 43.925'
Ausstattung/Lage: Klo/außerorts, Camping verboten.
Zufahrt: 800 m hinter der Skåpesundbrücke rechts und noch 1500 m zum Badeplatz.

Aber auch auf Orust selbst kennen wir ein gemütliches, kleines Badeplätzchen in der Schärenlandschaft!
Nach weiteren 3,5 km auf der »160« biegen wir in VAREKIL nach links Richtung MOLLÖSUND auf die »178« ab, beim nächsten Schild, nach gut 4 km, geht's nochmals links nach RÅSSÖ, das sich bereits mit dem Badesymbol ankündigt.

Schärenbadeplatz Rassö

Vorbei an einem kleinen Jachthafen rollen wir bis zum Ende der Fahrstraße, wo der **Badeparkplatz** direkt oberhalb der Schärenküste liegt. Ruhiger steht man, wenn man kurz vorher ein (sehr) schmales Sträßchen rechts hinab zum Parkplatz [N 58° 6.576' E 11° 39.059'] des **Naturreservats** kurvt, der abseits zwischen Viehweiden und Felsklößen dahinschlummert und den Besuchern des Naturschutzgebietes vorbehalten ist – aber nur tagsüber aufgesucht werden darf.
Zum **Badeplatz** führt ein Pfad, wohl 150 Schritte werden es sein: Rundgeschliffene Liegefelsen, ein Badesteg und golfstromerwärmtes Wasser sorgen für reichlichen Badespaß.
Dürfen wir Ihnen RÅSSÖ für einen Badestopp empfehlen?
Wir kehren zur »178« zurück,rauschen auf ihr nach Nordwesten, verlassen sie Richtung MOLLÖSUND.

Haben Sie das Blumenkohlsymbol gesehen? Bereits nach 100 m kann man das WOMO auf einem kleinen Parkplatz [N 58° 7.068' E 11° 31.896'] abstellen und 3 min. durch eine reizende Weide-Moränen-Landschaft zum 5000 Jahre alten **Ganggrab von Lunden** spazieren.

In NÖSUND stoßen wir aufs Meer und finden 100 m weiter rechts den **Badeparkplatz** [**46:** N 58° 6.342' E 11° 30.383'], von dem aus ein 1-min.-Fußweg über einen Eichenwaldschärenbuckel zum Badeplatzidyll führt.

Hinter HÄLLEVIKSSTRAND machen wir einen Stopp bei der einmaligen, roten **Holzkirche** und 6 km weiter einen Abstecher nach STOCKEN, wo uns der Schärencampingplatz gut gefallen hat. Erst in ELLÖS finden wir wieder einen schönen **Badeplatz** links des Hafens mit zwei Parkplätzen [**47:** N 58° 10.926' E 11° 27.944'], WC und Kinderspielplatz.

Jetzt ist Schäreninselhopping angesagt! Die Inselchen **Malö** und **Flatön** sind durch kostenlose (!) Fähren mit der Halbinsel **Bokenäs** verbunden, wo wir nur einen Stopp bei der **Klosterruine Dragsmark** [N 58° 15.116' E 11° 33.097'] einlegen, bevor wir auf die 161 stoßen, wo sich zunächst ein Abstecher nach rechts zum Friedhof hinter der alten Kirche (**Gamla Kyrka**) von BOKENÄS [N 58° 17.514' E 11° 34.569'] empfiehlt.

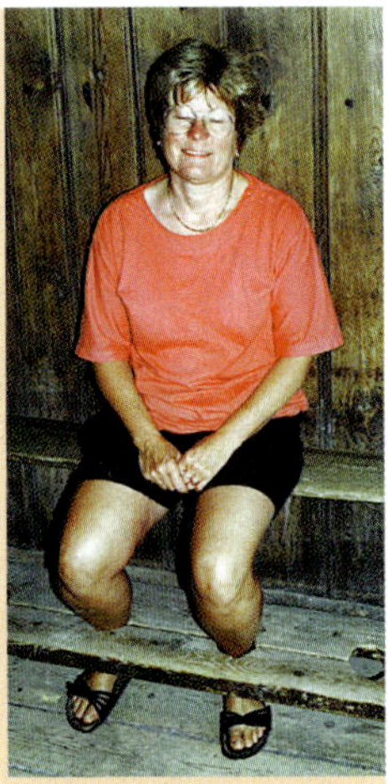

Dort kann man dreierlei anstellen: Erstens **Wasser fassen**, gleich hinter der Friedhofstür links. Zweitens die Kirche besichtigen. Kaum haben wir einen Blick auf die schön bemalte Holztonnendekke geworfen, eilt ein älterer Herr herbei, schüttelt uns freundlich die Hand, ein schwedischer Erläuterungsschwall ergießt sich über uns. Wir bemühen uns, ein paar der uns vertrauten Vokabeln herauszuhören. Jetzt werden wir auf die Empore geschleppt – und festgeschlossen an ein Armes-Sünder-Bänkchen, das statt Kniestütze mit hölzernen Fußfesseln ausgestattet. Hier musste der Tunichtgut – mit dem Rücken zur Gemeinde – sein Strafe absitzen und dabei erbauliche Predigten anhören. Wie schade, dass es keine Berichte über Erfolg oder Misserfolg dieses Strafvollzugs gibt .... Last not least studieren wir die Hinweistafel neben dem Friedhofstor, suchen dann den Boden direkt **hinter** der rechten Friedhofsmauer ab, etwa in Verlängerung der Kirchenapsis. Knapp fünf Meter hinter dem Mäuerchen (das leicht zu überklettern ist) entdecken wir schließlich eine flache Felsplatte mit zehn herausgemeißelten, walnussgroßen Schälchen – die ersten, bescheidenen Felsritzungen! Bald werden wir ihnen wieder begegnen, neben riesigen, aufregenden Felsbildern. Ihre Bedeutung oder Verwendung ist jedoch völlig unklar.

Nur noch 2,5 Kilometer sind es bis zum **Fähranleger** nach LYSEKIL. Eine lange Schlange hat sich bereits angestaut, aber auf die schwimmenden Plattformen passen immerhin etwa

fünfzig Einheiten, und beim zweiten Mal, nach knapp zwanzig Minuten, sind auch wir dabei. Nur zehn Minuten dauert die kostenlose **Gullmarnfjord-Überquerung**, dann sind wir im Nu im "Centrum" des Badeorts LYSEKIL, wo uns rechterhand ein grünes i-Schild geradezu auffordert, einen Gratis-Stadtplan abzuholen. Er ist uns sehr nützlich, nur mit seiner Hilfe finden wir schnell zu unserem Besichtigungsziel:
An der nächsten Querstraße, beim Hotel "Lysekil", biegen wir nach rechts, queren die Lysekil-Halbinsel nach Westen, an der Kirche vorbei, bis zum Norra-Hamn. Vor dessen Beginn halten wir uns links (Verkstadsgatan) und brausen dann steil links hinauf bis zu einem kleinen **Wanderparkplatz** [N 58° 16.440' E 11° 25.229'].

Aussteigen, eines der typischsten Naturschutzgebiete Bohusläns liegt direkt vor unserer Nase: **Stångehuvud**!
Das geologische Wunder LYSEKILS besteht aus rostbraunen Felsgebilden, die wie frisch gebackene und zimtbestreute Hefeklöße die Halbinselspitze bedecken.

Wanderwege durchziehen die steinerne Süßspeise. Es ist ganz gleich, welchen Sie benutzen, jeder ist einzigartig (halten Sie sich sofort rechts, finden Sie zusätzlich einen tollen Schörenbadeplatz!). Aber lassen Sie Ihre Blicke nicht nur in die Weite schweifen, die Gewalten der schiebenden Eispanzer haben hier ganz eigenartige Naturphänomene geschaffen. Sehen Sie die ringförmigen Eisengeländer (rechts des Wanderweges, der geradeaus nach unten führt)? Dort finden Sie die **Jättegrytor**, die Gletschermühlen. Ein besonders harter Felsbrocken wurde von der Gewalt der Eismassen immer weiter in den steinernen Untergrund hineingebohrt, ein absolut kreisrundes Brunnenloch entstand.
Wie wär's mit einem Hafenbummel in LYSEKIL? Es schäumt und sprudelt von Urlaubern über, das kleine Städtchen. Kein Wunder, dass die Großstädte ausgestorben sind! Bohuslän ist der Schweden bevorzugtes Küstengebiet. Wer etwas auf sich hält, hat hier seine Stuga, sein Ferienhäuschen – in falunrot mit weißen Kanten. Warum? Bohuslän hat die meisten Sonnenstunden in Schweden, der Golfstrom führt laues Wasser durchs Skagerrak bis zur Küste, und im Hinterland gibt's allerlei zu besichtigen. Da müssen wir natürlich auch für uns ein idyllisches Plätscherplätzchen finden!

Wir verlassen LYSEKIL am Norra Hamn nach Norden. Nach 200 m liegen links der Straße, direkt am Wasser, praktische **Stellplätze** [**48:** N 58° 16.721' E 11° 25.550'] für Stadtbummel und mehr!
Wir passieren die Abzweigung zur Fähre und biegen 1700 m später, in LYSE, nach links Richtung SKALHAMN/LYSE K:A. Das Sträßchen führt genau zwischen der Kirche von LYSE und dem Friedhof mit einer Kirchenruine (und einem **Wasserhahn** am Eingang) hindurch. 1 km vor SKALHAMN gabelt sich die Straße noch einmal und wir halten uns nach links (Wegweiser: RAMSVIK 1 km).

Dort finden wir zwischen den Schären einen kleinen Familiensandstrand mit Dusche, Wasserhahn und Toiletten – empfehlenswert [**49:** N 58° 18.671' E 11° 54.536']. Allerdings ist bei schönem Wetter der Andrang der Badegäste groß (ob man wohl deshalb ein Camping-Verbotsschild aufgestellt hat?).
Auch schon in der Bronzezeit fühlten sich die Menschen hier wohl: In BRASTAD, etwa 15 km nördlich LYSEKIL, biegen wir nicht rechts Richtung BRASTAD K:A, sondern überqueren die Bahnlinie erst einen knappen Kilometer weiter nördlich bei einem unbeschrankten Bahnübergang (an der Stelle, wo es links nach SANDVIK geht). Jetzt immer geradeaus, nicht rechts abbiegen, dann können Sie es nicht verfehlen!

Nach 1,4 km liegen links die ersten, prächtigen Felsbilder, weitere Felsplatten mit **Hällristningar** folgen nach nochmals 600 m.

Sie können die Kriegerfiguren, Schiffe, Jagdtiere, Haustiere, Kampf- und Alltagsszenen nicht deuten? Ist es Ihnen ein Trost, dass auch die Wissenschaftler durchaus geteilter Meinung sind, ob es sich um religiöse, beschwörende Kultmalereien oder einfach um Spielerei handelt – bronzezeitliche Graffiti? Aber BRASTAD ist für uns nur der Einstieg, die Vorspeise sozusagen – und für ein gemütliches Picknick eignen sich die schattigen Parkplätze [N 58° 23.895' E 11° 29.341'] an der Birkenallee allemal!
Zu unserem Übernachtungsplätzchenvorschlag kommen Sie, wenn Sie an der nächsten Kreuzung links schwenken und nach 350 m rechts in die

Zufahrt zu einem stillgelegten Steinbruch mit See [**50:** N 58° 23.895' E 11° 29.341'] einbiegen. Die zwei rostigen Anker dürfen Sie sicher als Souvenir mitnehmen - wenn Sie können ...

In HALLINDEN biegen wir links in die »171« Richtung KUNGSHAMN/SMÖGEN, an der nächsten Gabelung (nach 4 km) folgen wir ihr nach links Richtung KUNGSHAMN.
Den großen Parkplatz von "Nordens Ark" kann man nicht übersehen! Der weitläufige Tierpark mit einer Fülle interessanter Tierarten ist von 10 - 17 (19) Uhr geöffnet, danach liegt der Parkplatz [**51:** N 58° 26.606' E 11° 26.319'] ruhig.

Die Stiftung Nordens Ark ist eine private, nicht gewinnorientierte Stiftung mit dem Ziel, gefährdeten Tierarten eine neue Zukunft zu ermöglichen. Dazu dienen Aufzucht- und Wiedereingliederungsprogramme .... die in Zusammenarbeit mit Umwelt- und Tierschutzorganisationen, Tierparks und Behörden stattfinden. Auszug aus: www.nordensark.se

Wir können Ihnen 2000 m weiter auch einen ruhigen **Badeplatz** empfehlen! Man biegt links nach RÖD und steht 1300 m weiter auf dem Waldparkplatz [**52:** N 58° 25.651' E 11° 25.547'] 50 Schritte oberhalb des Badeplatzes mit Komplettausstattung.
Schwenkt man nicht links nach RÖD, sondern rechts Richtung BOVALLSTRAND, so passiert man nach 3 km die Kirche von TOSSENE mit ruhigen Parkplätzen [N 58° 26.746' E 11° 22.475'].
Vor BOVALLSTRAND stoßen wir auf die »174«, sind kurz darauf in dem kleinen Fischerort, wo wir nach links den Wegweisern "Centrum" und "Badplats" folgen. Am Hafen führt uns das Badeplatzzeichen nach links bis zu einem abseits gelegenen Parkplatz, von dem aus sind es 100 Schritte zur "Badinrättning", einer tollen Badeanlage, die mehrere Schärenbuckel miteinander verbindet. Eine wunderschöne "Strandpromenad" führt an der Küste mit den steilen Schärenfelsen entlang.

(53) WOMO-Badeplatz: Bovallstrand

Max. WOMOs: 1-2. **Position:** N 58° 28.519' E 11° 18.985'
Ausstattung/Lage: Badeanlage, WC, Wasserhahn an der Außenwand/Ortsrand. Im Hafen (200 m) parken frei, dort Dusche und Waschmaschine gegen Gebühr.

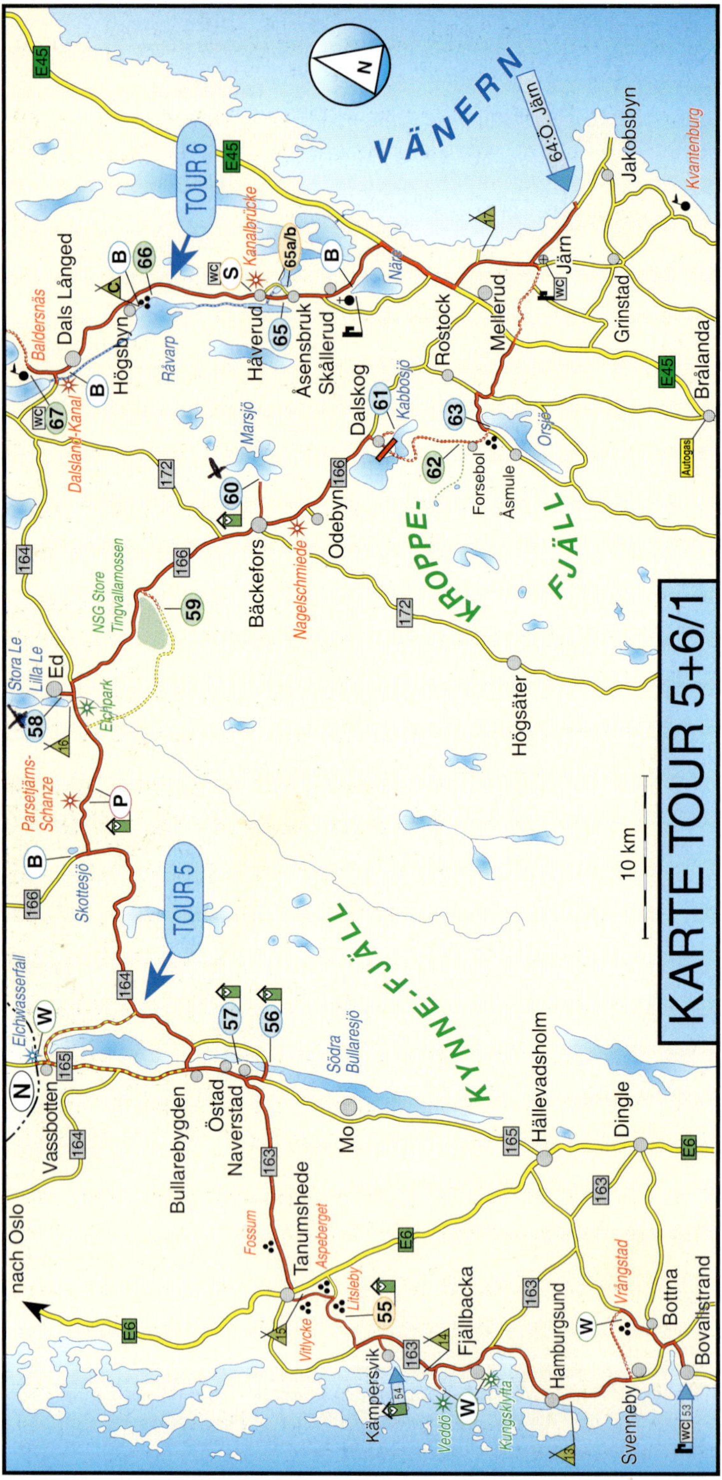
KARTE TOUR 5+6/1
VÄNERN
TOUR 5
TOUR 6
KYNNE-FJÄLL
KROPPE-FJÄLL
10 km
nach Oslo
64:Ö. Järn
Vassbotten
Elchwasserfall
Bullarebygden
Östad
Naverstad
Tanumshede
Fossum
Aspeberget
Litsleby
Vitlycke
Kämpersvik
Fjällbacka
Veddö
Kungsklyfta
Hamburgsund
Svenneby
Bovallstrand
Bottna
Vrångstad
Dingle
Hällevadsholm
Mo
Södra Bullaresjö
Skottesjö
Parsetjärns-Schanze
Elchpark
Ed
Stora Le
Lilla Le
NSG Store Tingvallamossen
Bäckefors
Nagelschmiede
Odebyn
Marsjö
Högsäter
Dalskog
Kabbosjö
Forsebol
Åsmule
Orsjö
Dalsland-Kanal
Baldersnäs
Dals Långed
Högsbyn
Råvarp
Håverud
Kanalbrücke
Åsensbruk
Skållerud
Nära
Rostock
Mellerud
Järn
Grinstad
Brålanda
Jakobsbyn
Kvantenburg
Autogas
E6
E45
163
164
165
166
172

TOUR 5 (150 km / 2-3 Tage)

Vrångstad – Fjällbacka – Kämpersvik – Litsleby – Tanum – Ed – Bäckefors – Dalskog – Kabbosjö

Freie Übernachtung:	Kämpersvik, Litsleby, Bullaresjö (2x), Ed, Marsjö, Kabbosjö.
Besichtigungen:	Vrångstad (Dolmen), Steinritzungen (Litsleby, Aspeberget, Vitlycke, Fossum), Elchwasserfall, Parsetjärns-Schanze, Nagelschmiede, Dalskog (Kirche).
Baden:	N. Eyde, Bullaresjö, Skottesjö, Lilla Le, Marsjö, Kabbosjö.
Wandern:	Veddö-NSG, Steinritzungen, Store Tingvallamossen.

Ein zartes Klopfen unterbricht unseren Morgenschlummer – es tröpfelt! Unser erster Regen in Schweden. Wie schön, dass Besichtigungen auf dem Programm stehen und kein Badetag! 3 km plätschern wir auf der 174 links Richtung DINGLE, dann schwenken wir links gen HAMBURGSUND.
An der nächsten Gabelung, nach 1000 m, leicht erkennbar an einer "Konsthallen", weist ein Schild rechts nach BOTTNA. Dieser Straße folgen wir 2,5 km geradeaus und finden links der Straße, direkt neben den vorgeschichtlichen Grabstätten von **Vrångstad**, gute Parkmöglichkeit [N 58° 30.866' E 11° 22.393'] und eine Übersichtskarte der vier Fundstellen.

Die zwei **Domarringar** (Richterringe) und den 12 Minuten entfernten **Dolmen** mit Hinkelsteinumrandung wollen wir besichtigen. Es wird ein lauschiger Spaziergang durch Wald (mit Zecken!) und Wiese, kein menschliches Geräusch stört die Stille. Der **jungsteinzeitliche Dolmen**, der folglich schon über 5000 Jahre auf seiner steinernen Grabplatte hat, ist von neun Hinkelsteinen umgeben wie von Wächtern für einen bedeutenden Toten....

Hinter dem Parkplatz führt eine Schotterstraße direkt nach SVENNEBY, wo wir wieder bei der **Kirche** aus dem XII. Jahrh. auf die Küstenstraße stoßen und uns nach Norden wenden. Auch der Nieselregen kann uns nicht davon abhalten, einige Stichstraßen zur Küste nach Stelllätzchen abzusuchen: **Mager!**
2,5 km nördlich FJÄLLBACKA (im Ortskern, links vom Hafen, müssen Sie allerdings die **Kungsklyfta** [N 58° 35.879' E 11° 16.912'] durchsteigen), wir sind inzwischen auf der 163, könn-

ten wir uns erneut die Füße vertreten: Die Stichstraße zum Naturreservat von **Veddö** endet für Wanderer nach 600 m bei einem schönen **Wanderparkplatz** [N 58° 37.402' E 11° 16.498'] mit Tisch & Bank und einem Rundwanderweg zu sage und schreibe fünf Badeplätzen!
Knapp 4 km weiter wartet in (Nomen est omen) KÄMPERSVIK ein schönes **Badeplätzchen** auf uns. Vorbei an einem großen Kinderspielplatz erreichen wir den Hafen, wenden uns nach links, stoppen beim Anliegerschild, fragen Anwohner um Erlaubnis und landen beim schönen Schärenbadeplatz.

(54) WOMO-Badeplatz: Kämpersvik

Max. WOMOs: 2-3. **Position:** N 58° 38.610' E 11° 16.736'
Ausstattung/Lage: Trockenklo, Sprungturm, Badesteg, Mülleimer, Liegewiese/Ortsrand. **Zufahrt:** Von Fjällbacka auf der 163 6,5 km nach Norden, dann links.

Aber jetzt aufpassen!
2,2 km nach der Abzweigung KÄMPERSVIK biegen wir rechts in das Seitensträßchen Richtung TEGNEBY (erst geradeaus, vor der Bahnlinie links und sie dann überqueren). Nun sind es nur noch 600 m bis zum roten **Superkrieger**, der dominierenden Gestalt der **Felsritzungen** von LITSLEBY: Eine riesige, schräge Felsplatte am Rande des Hochwaldes, über und über mit rot ausgemalten Schiffen, Tieren und Menschengestalten bedeckt. Während jedoch alle Gestalten, wie in einem Puzzlespiel, ordentlich nebeneinander gruppiert sind, wurde eine speerschwingende Riesenfigur, brutal das Darunterliegende auslöschend, darüber postiert – ein neuer Gott?
Übrigens: Der **Parkplatz** (mit Klo) [55: N 58° 41.341' E 11° 19.479] liegt ruhig, ist eben – übernachtungsgeeignet!
800 m weiter östlich mündet unser Sträßchen auf eine Vorfahrtsstraße. Kaum sind wir links eingebogen und haben uns wieder gemütlich zurechtgesetzt, taucht rechts der Parkplatz bei den **Felsrit-**

zungen von ASPEBERGET [N 58° 41.741' E 11° 20.250'] auf. Hier werden von einem Cowboy schöne, fette, plastische Rindviecher auf die Weide getrieben, ein Pfeil-und-Bogen-Indianer schleicht sich an – ein bronzezeitlicher Western?

Nach weiteren 600 m ist unser vorläufiges Ziel erreicht: Links die **Felsritzungen** von VITLYCKE, rechts das Felszeichnungsinstitut [N 58° 42.025' E 11° 20.456'] mit **Museum** (geöffnet ab 10 Uhr) mit Diaschau (auch mit deutschem Ton vorhanden), plastischen Deutungen der Felsritzungen und vor allem einem originalgetreuen Nachbau eines bronzezeitlichen Hauses mit kompletter Einrichtung. Eine Karte der Umgebung macht deutlich, wo sich während der Bronzezeit die Meeresküste befand. Da seit der Eiszeit der Festlandssockel, seiner Eislast entledigt, Jahr für Jahr millimeterweise emporsteigt, ist das Meer immer weiter zurückgewichen. Die Felszeichnungen von VITLYCKE entstanden direkt an der Meeresküste, durch die Vielfalt der dargestellten Schiffstypen fühlen wir uns in einen Hafen versetzt.
Aber auch die kleinen Näpfchen, die wir zwischen den Brennnesseln beim Friedhof von BOKENÄS fanden, entdecken wir hier wieder – als lange Perlenschnur, die die Felsplatte wie eine Briefmarkenperforation durchzieht. Auch eine "in flagranti-Szene" mit darauffolgendem Totschlag lässt sich finden: Am oberen Rand der Felsplatte ein Liebespaar, der gehörnte Ehemann naht mit erhobener Axt ...

Nur noch 1,5 Kilometer sind es bis TANUMSHEDE. Wir biegen hinter der Kirche rechts und nach 50 m wieder links auf die »163« Richtung BULLAREBYGDEN/ED und halten ein letztes Mal 3 km weiter bei den Schiffen, Tänzern und Axtschwingern von FOSSUM [N 58° 43.415' E 11° 23.057'].

Wir rauschen verdauend davon nach Nordosten, durch dichte Fichten- und Birkenwälder auf Dalsland zu. Die weite Rundumsicht, die uns in Bohuslän erfreute, ist damit allerdings auf das schmale Straßenband zusammengeschrumpft, bis ein einsames Gehöft, rot mit weißen Fenstern und Kanten, Feldern und Weiden den Wald zurückdrängt oder einer der vielen Seen und Tümpel wie ein großes, klares Auge zwischen den Bäumen herausschaut.

Bei NAVERSTAD blinzelt die Sonne wieder zwischen den Wolken, und als wir hier auf die »165« stoßen, überlegen wir, ob wir nach rechts oder links biegen sollen, um am **Bullaresjö** einen **Badeplatz** zu finden. Das (erfreuliche) Ergebnis unserer Suche vornweg: Beide Wege führen zum Ziel!
Fährt man 3 km nach rechts und dann links Richtung SUNDSHULT, so überquert die Straße den See an einer schmalen Stelle. Gleich hinter der Brücke wartet rechts ein netter **Badeplatz** mit Sandstrand vor einem schattigen Birkenwäldchen.

(56) WOMO-Badeplatz: Bullaresjö-Süd

Max. WOMOs: 2-3. **Position:** N 58° 44.443' E 11° 34.473'
Ausstattung/Lage: Badesteg, Sprungturm, Klo, Liegewiese, Tisch & Bank; Camping verboten/Ortsrand. **Zufahrt:** Von Tanumshede auf der 163 nach Osten, bis sie auf die 165 stößt. Auf dieser 3 km nach Süden und dann links Richtung Sundshult bis zum See.

Biegt man an der Einmündung in die »165« links, darf man nur 200 Meter auf der »165« fahren, dann geht es wieder rechts ab nach ÖSTAD. 500 m später, in ÖSTAD, weist uns der Wegweiser **Badplats** rechts steil hinab bis zu einem ausgesprochen idyllischen, ruhigen Sandstrand mit einigen Schattenbirken.

(57) WOMO-Badeplatz: Östad/Bullaresjö-Nord

Max. WOMOs: 2-3.
Position: N 58° 46.393' E 11° 34.098'
Ausstattung/Lage: Sandstrand, Klo, Tisch & Bank, Liegewiese, Grillstelle/ Ortsrand; Camping verboten.
Zufahrt: siehe Text.

Bei BULLAREBYGDEN wechseln wir auf die »164«, halten aber immer weiter auf ED zu.

TIPP: Wenn Sie auf der 165 bleiben, finden Sie 9,5 km nördlich je einen Wanderparkplatz [N 58° 53.150' E 11° 31.978'] + [N 58° 53.137' E 11° 32.406'] beim 46 m hohen Elchwasserfall (Älgafallet), der die schwedisch-norwegische Grenze markiert.

19 km weiter im Osten zweigt die »166« nach Norwegen ab, dessen Grenze hier ebenfalls nur 10 km entfernt ist. So weit müssen Sie aber nicht fahren, um zum nächsten **Badeplatz** zu kommen! Bereits nach 800 m auf der »166« liegt er bequem rechts am **Skottesjö** [N 58° 52.706' E 11° 45.850'].

3,7 km nach der Abzweigung zum **Skottesjö-Badeplatz** können wir einen Blick in unsere jüngere Vergangenheit werfen: Die **Parsetjärns-Schanze** aus dem zweiten Weltkrieg war eine Verteidigungsstellung, die die Schweden errichteten, nachdem Deutschland Norwegen überfallen hatte. Direkt beim Baum/Tisch-Symbol mit der Aufschrift Parsetjärns-Schanze nach rechts auf einen schönen Picknickplatz abbiegen. Nun können Sie zwischen Schützen- und Splittergräben, PAK-Stellungen und Maschinengewehrständen herumkrauchen.
Sie wurden nie gebraucht – glückliches Schweden!

Genau 1800 m nach dem Parkplatz der Parsetjärns-Schanze liegt rechts, unterhalb der Straße, völlig versteckt, ein schönes Plätzchen am See. Es besitzt keinerlei Ausstattung, ist aber sehr idyllisch [N 58° 52.494' E 11° 51.436'].
Westlich ED liegt links der Straße (und direkt am See) der **Campingplatz Gröne Backe** und ihm gegenüber der erste Elchpark unserer Tour [N 58° 53.915' E 11° 56.203']. Biegt man kurz darauf links zum Zentrum von ED ab, so stößt man nach 1300 m direkt auf den herrlich angelegten Badeplatz des Ortes – sehr weitläufig und mit viel Platz auch für parkende WOMOs.

(58) WOMO-Badeplatz: Ed/Lilla Le
Max. WOMOs: >5. **Position:** N 58° 54.593' E 11° 56.130'
AusstattungLage: Tisch & Bank, Klo, Mülleimer, Liegewiese; Zelten verboten/im Ort.
Zufahrt: siehe Text.
Hinweis: Vor der Kirche rechts beim Stallbacken ebenfalls großer Parkplatz.

Kurz hinter ED verabschiedet sich die 164 wieder, wir halten auf der 166 nach Südosten auf MELLERUD zu.

Eine Weile begleitet uns rechts das Hochmoor **Store Tingvallamossen**, erkennbar an den verkümmerten, verkrüppelten Kiefern und Birken, die aus dem nährstoffarmen Boden mit Sauergräsern und Heidekrautpolstern herausragen.
Nach 7,2 km kann man nach rechts (Wegweiser: Böle) auf einer Erdbahn ins NSG fahren. Nach 1800 m findet man links einen kleinen **Wanderparkplatz** [**59:** N 58° 51.008' E 12° 3.422'], von dem aus ein 7-min. kurzer, aber steiler Pfad zur Aussichtsbank auf dem **Furukullen** führt.
Den **Badeplatz** von BÄCKEFORS findet man wie folgt:
Von der »166« nimmt man die erste Abzweigung links Richtung Zentrum, überquert die Bahnlinie, macht einen Schlenker nach rechts, einen zweiten nach links und rollt die Gamla Bruksgata noch 2500 m nach Osten, am Heimat-/Freilichtmuseum vorbei, bis zum Parkplatz am **Marsjö**!

(60) WOMO-Badeplatz: Bäckefors/Marsjö
Max. WOMOs: 1-2. **Position:** N 58° 48.482' E 12° 11.967'
Ausstattung: Klo, Mülleimer, Liegewiese; Camping verboten.
Zufahrt: Von Ed auf der 166 17 km nach Südosten. Durch Bäckefors nach Osten, vorbei am Heimatmuseum bis zum Marsjö. zum Baden toll, Parkplatz klein
Hinweis: Bessere Parkplätze beim Freilichtmuseum. und im Schatten!

Wollten Sie nicht schon immer mal Nägel mit Köpfen machen?
Wie das geht? Schauen Sie einfach mit uns Meister Mabäckers über die Schulter! 2,5 km südlich BÄCKEFORS liegt direkt rechts neben der Straße seine rote Werkhalle [N 58° 47.170' E 12° 10.940'] mit großem, schwarzem Tor (noch 200 m vor der Abzweigung ÖDEBYN). Schmiedemeister Mabäckers beherrscht noch die mittelalterliche Kunst der Nagelherstellung. Aber Sie müssen Glück haben, denn handgeschmiedete Nägel werden nur noch selten verlangt: Das Schmiedefeuer wird fauchend angepustet, eiserne Vierkantstäbe beginnen darin in weißer Glut zu erstrahlen, dann setzt sich der mechanische Schmiedehammer ungestüm pochend in Bewegung. Die glühenden Stäbe darunter halten, drehen, drehen, geschwind, präzise, das Auge kann kaum folgen. Dünne Stäbchen entstehen, werden abgetrennt und durch gezielte Schläge mit Köpfen gekrönt.
Der Künstler führt uns geschmeichelt in sein "Atelier", wo Schmiedewerk für recht unterschiedliche Geschmacksrichtungen angeboten wird. Unsere Wahl fällt auf einen soliden Leuchter für fünf Kerzen, der aus riesigen Nägeln entstanden ist und uns sicher dereinst überleben wird.

So, jetzt sind wir wieder erholungsreif! Genau 8 km weiter schwenken wir rechts nach DALSKOG, bewundern 100 m hinter dem Bahnübergang den einmaligen, schiefergedeckten **Campanile** der Kirche und holpern an ihr links vorbei, genau 1400 m nach Süden, zum Badeplatz am **Kabbosjö**.

(61) WOMO-Badeplatz: Dalskog/Kabbosjö
Max. WOMOs: 2. **Position:** N 58° 44.047' E 12° 17.458'
AusstattungLage: Schwimmsteg, Tisch & Bank, Klo, Liegewiese/außerorts.
Zufahrt: Von der 166 rechts nach DALSKOG anzweigen, vor der Kirche links und noch 1400 m nach Süden zum Kabbosjö.

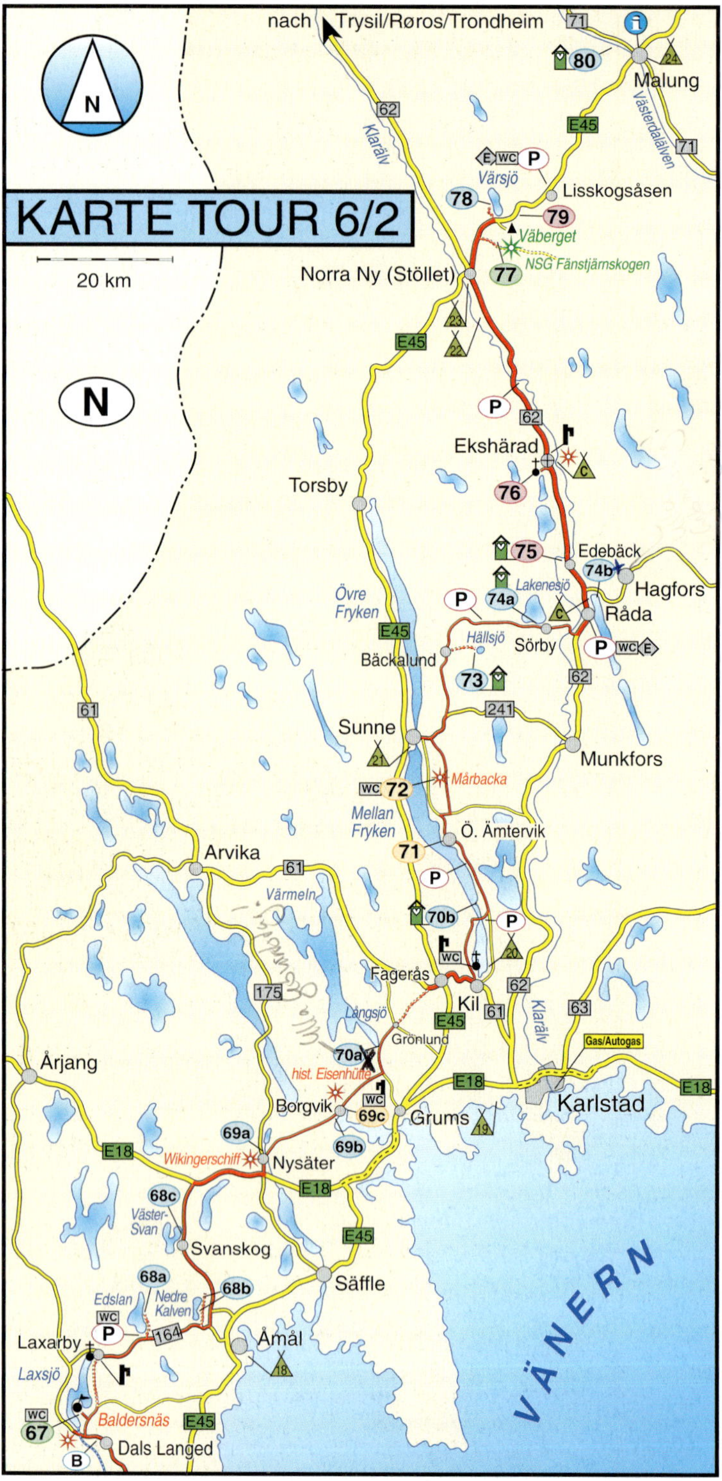
KARTE TOUR 6/2
20 km
N
nach Trysil/Røros/Trondheim
Malung
Västerdalälven
Klarälv
Värsjö
Lisskogsåsen
Väberget
NSG Fänstjärnskogen
Norra Ny (Stöllet)
Torsby
Ekshärad
Edebäck
Hagfors
Lakenesjö
Råda
Övre Fryken
Hällsjö
Sörby
Bäckalund
Sunne
Munkfors
Mårbacka
Mellan Fryken
Ö. Ämtervik
Arvika
Värmeln
Fagerås
Kil
Långsjö
Grönlund
hist. Eisenhütte
Borgvik
Grums
Karlstad
Gas/Autogas
Årjang
Wikingerschiff
Nysäter
Väster-Svan
Svanskog
Säffle
Edslan
Nedre Kalven
Laxarby
Åmål
Laxsjö
Baldersnäs
Dals Langed
VÄNERN

TOUR 6 (380 km / 3-4 Tage)

Kroppefjäll – Orsjö – Ö. Järn – Håverud – Baldersnäs – Borgvik – Fryken-Seen – Mårbacka – Hällsjö – Ekshärad – Fänstjärnskogen – Värsjö

Freie Übernachtung:	u.a. Forsebol, Orsjö, Håverud, Högsbyn, Baldersnäs, Nedre Kalven, Mårbacka, Hällsjö, Lakenesjö, Edebäck, Värsjö.
Besichtigungen:	Järn (Kirche), Kroppefjäll, Håverud (Schleuse), Högsbyn (Felsritzungen), Dalslandkanal, Baldersnäs (Park), Mårbacka (Selma Lagerlöf), Ekshärad (Stabkirche, Kirche, Friedhof).
Baden:	Ö. Järn, Orsjö, Näre, Högsbyn, Dals Långed, Edslan, Nedre Kalven, Mellan Fryken, Storjangen, Lakenesjö, Värsjö.
Wandern:	Kroppefjäll (Karl XII Väg), Högsbyn, NSG Fänstjärnskogen.

Genug gebadet? Ausgeruht? Dann voran, der Urwald ruft!
Ja, ein richtiger, unberührter, geheimnisvoller Wildniswald mit malerischen, verträumten Seen wartet auf uns – und zur Belohnung gibt's wieder feine Badeplätze.
Zurück an der Kirche von DALSKOG wenden wir uns links Richtung FORSEBOL. Nach 800 m hört der Asphalt auf, der Urwald beginnt! Wir passieren die Reste eines Schiefersteinbruchs (ob hier wohl die Platten für den Dalskog-Campanile her stammen?).
Nach 3 km queren wir die Engstelle zwischen dem **Kabbosjö** und dem **Teåkersjö**, wir schwenken links, auf FORSEBOL zu. Die gut unterhaltene Fahrbahn kurvt zwischen einzelnen Wiesen und Feldern bei kleinen Weilern hindurch, ist aber meist flankiert von unberührtem Wald.
Nach genau 9 km haben wir zwischen den paar Häusern von FORSEBOL ganze 200 m Asphalt unter den Rädern.
Jetzt heißt es aufzupassen, denn nach weiteren 200 m wartet rechts ein Wanderparkplätzchen, nur erkennbar an dem Wegweiser **Karl XII Väg**, der auf ein verfallenes Holztreppchen weist, das wohl einen Weidezaun überqueren helfen sollte.

(62) WOMO-Wanderparkplatz: Kroppefjäll / Karl XII Väg
Max. WOMOs: 3-4. **Position:** N 58° 41.662' E 12° 17.369'; 116 m.
Ausstattung: Wanderwegweiser, Mülleimer.
Zufahrt: Von der »166« rechts nach Dalskog und 9 km auf Naturbahn bis Forsebol. 200 m später rechts parken.

Man parkt, schnürt die Wanderstiefel (Gummistiefel wären auch nicht schlecht) und wirft Rucksack – und was sonst noch den modernen Wandersfreund ziert – über. Zunächst stapfen wir über eine Weide, eine

Holzbrücke, eine frisch gemähte Wiese und dann, nach zehn Minuten, lassen wir die Zivilisation hinter uns. Natur pur!
Das **Kroppefjäll** ist ein mooriges Urwaldgebiet, das wir jedem ruhesuchenden Naturfreund wärmstens empfehlen können. Ganz nebenbei bietet es einen vollständigen Überblick über die Flora nährstoffarmer Flachmoore: Kiefern, Fichten, Birken und Vogelbeerbäume bilden lichte Waldbestände, in denen das Unterholz üppig wuchert: Wacholder, Farne, Heidel- und Preiselbeerbüsche. Für die gelben Farbtupfer sorgen die Rachen des Wiesenwachtelweizens und das Aufrechte Fingerkraut, aus dem dunklen Tann leuchten hellgrüne Torfmoorwiesen, während die gewaltigen Felsbrocken wie die Palette eines Kunstmalers von verschiedenfarbigen Flechten bekleckert sind. Stets in Eile trippeln Ameisenzüge den Wanderpfad entlang, schleppen Baumaterial zu ihren Wohnkegeln. Nur das Auge des Kundigen erkennt das Gefleckte Knabenkraut und das fleischfressende Große Fettkraut.

Immer wieder überqueren wir Tümpel und Wasserlachen – trockenen Fußes, denn überall sind sorgfältig halbierte Baumstämme, mit der Flachseite nach oben auf Querhölzer genagelt, darüber gelegt.
Nach eineinviertel Stunden stolpern wir fast am **Ljusa Tjärn**, einem verwunschenen Waldsee links des Pfades, vorbei, obwohl ein Hinweisschild bei der ersten Rastbank fast über dem Weg hängt – ein Traum! Hier kriege ich meine Familie nicht mehr weiter, sie lagert, genießt und gestattet mir großzügig, den Rest alleine zu wandern. Der "Rest" sind noch knapp zwei Kilometer oder eine halbe Stunde bis zum größeren **Hästskotjärn**, der sich mit weißen Seerosen und gelben Teichrosen herausgeputzt hat. An seinem Ufer Bänke und Grillplatz, dahinter, halb im Wald versteckt, die **Karolingerstuga**, eine Selbstversorgerhütte mit Übernachtungsmöglichkeit. Keine Menschenseele weit und breit, aber eine vollständig ausgestattete, unverschlossene Hütte mit Möbeln, Ofen mit Holzvorrat, Küchengeräten, peinlich sauber – wie würde das bei uns nach kurzer Zeit aussehen?

Es ist kein Nachteil, dass wir den gleichen Weg wieder zurückkehren müssen, er bietet aus der anderen Richtung völlig neue Aspekte: Felsformen, verwachsene Baumstämme, neue Blütenpflanzen werden entdeckt.

Und jetzt – Badezeit! Wie würden sich die befreiten Bergstiefelfüße freuen, wenn sie nackt über eine Liegewiese sausen und in den kühlen Fluten versinken dürften...
1200 m südlich unseres Wanderparkplatzes stoßen wir auf die Asphaltstraße, schwenken links. Ein letzter Panoramablick über die Urwaldlandschaft gefällig? Dann halten Sie nach weiteren 1000 m

links. Dort wartet **Borekulle** auf uns! Die Reste der alten **Fluchtburg**, zu der sich ein nur 100 m kurzer Fußweg von der Straße aus hinaufwindet, sind kaum zu erkennen – aber die Aussicht! Der Blick reicht über eine Synthese aus Wäldern, Wiesen und Seen bis hinüber zum Vänern, man fühlt sich wie in einem Segelflugzeug, schwebt mit den Blicken darüber hinweg.
Aber jetzt kommt die Belohnung! Nach 300 m biegen wir links Richtung DALS ROSTOCK, notieren nach 1800 m eine Piste, die nach links zu einem Cross-Gelände führt und schwenken nach genau 2000 m rechts in das Stichsträßchen, das steil hinab führt zu dem gepflegten Badeparkplatz am **Orsjö**. Unsere Blicke schweifen über die sanft zum Strand abfallende Liegewiese, den Kinderspielplatz mit Seilbahn, die im Wasser schwimmende Plattform mit den Sprungbrettern, während das WOMO auf dem leicht schrägen Asphaltparkplatz ausrollt.

(63) WOMO-Badeplatz: Orsjö

Max. WOMOs: 2-3. **Position:** N 58° 41.321' E 12° 19.088'
AusstattungLage: Schwimmsteg, Tisch & Bank, Klo, Kinderspielplatz, Liegewiese/ außerorts, Camping verboten.
Zufahrt: siehe Text. **Ausweichplatz:** Zur Hauptstraße hoch, dort links und nach 200 m rechts zum Crossgelände mit großem Parkplatz [**63a:** N 58° 41.564' E 12° 19.280'].

Jetzt ist der größte See Schwedens an der Reihe!
Die Zufahrt zu unserem Badeplätzchen an seinem flachen Sandufer ist nicht ganz einfach, bitte genau aufpassen: Oberhalb des Badesees biegen wir an der Vorfahrtsstraße rechts, nach 1200 m wieder rechts Richtung BRÅLANDA, aber nach weiteren 800 m links Richtung MELLERUD und jetzt immer nach Ost-Süd-Ost (km 0). Nach 800 m unterqueren wir die Bahnlinie, queren nach 4,2 km vorsichtig die E45 Richtung JÄRN (jetzt Schotterbahn), überqueren bei km 6,4 die Bahnlinie, rollen bei km 8,2 über eine Kreuzung und haben bei km 9,8 den Schiefercampanile der Kirche von JÄRN vor uns (den Zwillingsbruder kennen Sie aus DALSKOG).
Direkt vor ihm wartet links ein **WC** und ein **Außenwasserhahn** auf Sie für die Ver- und Entsorgung.
Jetzt ist es nicht mehr weit zum See! Vor dem Campanile links und nach 500 m rechts Richtung JAKOBSBYN. 4 km später, in Ö. JÄRN (wenige Schritte, nachdem es rechts nach GRINSTAD abgeht), zeigt das große **Badplats**-Schild nach links, und ein schmales Schotterwegle

führt zur bestens gemähten, von Wald und Weiden umgebenen Park-, Spiel- und Liegewiese (**Achtung!** Bei Nässe sehr rutschig!).
70 Schritte sind es zu den Gestaden das **Vänern**, dessen Wellen gravitätisch den Sandstrand hinaufrollen.

(64) WOMO-Badeplatz: Vänern/Ö. Järn

Max. WOMOs: 2-3. **Position:** N 58° 39.531' E 12° 33.506'
Ausstattung: Sandstrand, Liegewiese, Tisch & Bank, Klo .
Direkte Zufahrt: Von Mellerud auf der 45 nach Norden. Nach 2 km, hinter dem Bahnübergang, nach rechts den Wegweisern Camping Vita Sannar folgen. Am Camping vorbei Richtung Jakobsbyn. Vor Järn links, in Ö. Järn ausgeschildert.

Ein See? Ein Meer!
Es hat über 5000 qkm Fläche, das gegenüberliegende Ufer ist natürlich nicht zu sehen. Aber das interessiert weniger als Bänke und Tische und ein schöner Sandstrand mit flachem Wasser, in das man um die Wette hineinrennen kann ...

Wir verlassen den schönen Badeplatz, biegen an der Asphaltstraße rechts und bei der nächsten Gabelung wieder rechts, werfen einen Blick auf die Steinquader eines bronzezeitlichen Richterringes, die Abzweigung zum Campingplatz Vita sannar und schwenken schließlich in die E45 nach rechts Richtung ÅMAL ein. Nach 2400 m kann man beim **Picknickplatz Linderud** entsorgen ("Latrin" an der Rückseite des Gebäudes).
Nach 5,7 km verlassen wir die E45 nach links Richtung SKALLERUD; sofort umfängt uns wieder schwedischer Urwald, links von uns versteckt sich der **Nären** hinter Bäumen.Nach 4,5 km, direkt hinter dem Ortsschild von SKALLERUD, erspähen wir, umrahmt von stämmigen Birken, den kleinen Parkplatz [N 58° 46.892' E 12° 25.823'] der **Badestelle Kyrkviken**, zu der ein Trampelpfad 150 m zum **Nären** hinabführt (zum Übernachten zu nahe an der Straße).
200 m später passieren wir die **Kirche** von SKÅLLERUD, die malerisch über dem **Näre** (See) liegt. Die Kirche im typisch schwedischen falunrot prunkt mit geschnitzter Kanzel und Altar in barocker Pracht und bietet dem wasserbedürftigen Camper einen **Wasserhahn** am vorderen Friedhofsteil.
Wir rollen durch SKÅLLERUD nach ÅSENSBRUK. Hinter dem Ortsschild bietet sich ein lohnenswerter Umweg zum **Dalslandsmuseum**

[065a: N 58° 48.383' E 12° 26.183'] und zu einer Schleuse [065b: N 58° 48.826' E 12° 26.209'] (jeweils mit akzeptablen Übernachtungsplätzen).
Am Ortsende von ÅSENSBRUK geht es links zum schönen **Badeplatz Sundserud**, wo man parken, baden und in idyllischer Ruhe übernachten kann!

(065) WOMO-Badeplatz: Åsensbruk/Sundserud
Max. WOMOs: 3-4. **Position:** N 58° 48.479' E 12° 24.138'
Ausstattung/Lage: Schaukel, Klo, Badesteg, Inselchen, Liegewiese/außerorts.
Zufahrt: Am Ortsende von Åsensbruk links noch 500 m; Camping verboten.

Nur der Neuling schwenkt nach dem HÅVERUD-Ortsschild, noch vor der neuen Straßenbrücke, rechts in den Parkplatz ein, um von der Straßenbrücke hinabzublicken auf das technische Geschicklichkeitsspiel aus dem Jahre 1868, mit dem es gelang, das reißende Gefälle des **Upperudsälvs** mittels einer **Kanalbrücke** (Akvädukt) auszutricksen, die dann in drei Schleusen zum **Österbosjö** hinabführt. Unsere Straßenbrücke und eine **Eisenbahnhebebrücke** ergänzen das zweckmäßige Durcheinander. Der Kenner nimmt die Abzweigung hinter der Straßenbrücke hinab zum großen **Picknickplatz** [N 58° 49.404' E 12° 24.790'] von HÅVERUD.

Nur wenige Schritte spazieren wir zu den in den Fels gehackten **Schleusenkammern** und dem berühmten **"Akvädukt"**, und wir können aus nächster Nähe dem Absinken oder Aufsteigen der Jachten, Hausboote und Kajaks zuschauen. Weiter geht es Richtung DALS LÅNGED.
Die Straße vergnügt sich wellenschlagend mit Bahnübergängen und Schärenbuckeln, die man einfach überteert hat, erst kurz vor HÖGSBYN beruhigt sich die Asphaltbahn wieder.
Aber nicht genug der Freude! Als wir kurz darauf dem **Hällristning**-Schild links hinab zum **Råvarp** (See) folgen, finden wir neben dem Parkplatz einen gemütlichen Rundweg zu mehreren verstreut liegenden, sehr anschaulich bildhaft erläuterten Felsritzungen (entdecken Sie den Artisten?).

(66) WOMO-Wanderparkplatz: Högsbyn/Råvarp
Max. WOMOs: 2-3.
Position: N 58° 53.631' E 12° 22.885'
Ausstattung/Lage: Toilette, Mülleimer, Liegewiese/außerorts. **Zufahrt:** s. Text.

Sie möchten lieber baden? Nördlich der Felsritzung liegt "Högsbyns-Fritidssenter", wo man kostenlos baden oder kostenpflichtig (21 € incl. Strom) campen kann.
Weiter geht's durch HÖGSBYN und beim nächsten Stopp-Schild wieder links nach DALS LÅNGED, das wir ganz durchqueren (am Ortsende, links der Straße, geschotterter Parkplatz [N 58° 55.973' E 12° 17.522'], darunter schöner **Badeplatz**).

Bald darauf gabelt sich die Straße.
Biegt man nicht rechts zum **Gutshof Baldersnäs**/S. FJÄLL ab, sondern rollt noch 100 m geradeaus weiter, so steht man unverhofft an Schranke und roter Ampel, wenn gerade mal wieder die Straße hochgeklappt ist – hier quert erneut der **Dalslandkanal**.
Wir biegen rechts, brausen ein Stück am **Laxsjö** entlang, da zeigt ein großes Hinweisschild zum herrschaftlichen **Gutshof Baldersnäs**.

Der **Park** von **Baldersnäs**, auf einer Landzunge im **Laxsjö** gelegen, ist von seinem früheren Besitzer, Herrscher über die Eisenhütten der Gegend, mit hunderten von für Schweden exotischen Bäumen bepflanzt worden, künstliche Grotten wurden angelegt – ein Park zum Lustwandeln bei schönem Wetter. Sonst kann man in den Nebengebäuden Kunstgewerbe erstehen oder im Haupthaus herrschaftlich speisen (die Preise sind dem Ambiente angepasst).

Am besten hat es uns in der Schmiede (smedjan) ganz am Beginn des Geländes, noch vor dem PKW-Parkplatz links, gefallen. Hier haben wir bei der Herstellung ausgesprochen geschmackvoller Zier- und Gebrauchsgegenstände zugeschaut. Das Angebot reicht vom schmiedeeisernen Laubblättchen (als Halsschmuck am Lederriemchen) über fast unwiderstehlich schöne Leuchter bis zu den Lebensbäumen, mannshohen Gebilden mit beweglichen Blättern, die hier auf vielen Friedhöfen statt Grabmälern aufgestellt werden und die Unvergänglichkeit symbolisieren sollen. Die Preise allerdings sind, wie soll ich sagen: „Durch den Tourismus beeinflusst!"

Noch vor dem PKW-Parkplatz führt ein Weg nach rechts zum WOMO-Parkplatz am See, wo man völlig ungestört picknicken, wandern, baden und übernachten kann.

(67) WOMO-Wanderparkplatz: Baldersnäs

Max. WOMOs: > 5. **Position:** TN 58° 57.566' E 12° 16.720'
Ausstattung/Lage: Toilette 150 m, Mülleimer, Wanderweg, Bademöglichkeit, Gebühr 50 SKr/außerorts. **Zufahrt:** Von Håverud nach Dals Långed, dann rechts zum Park.

Wir folgen weiter dem schmalen Schottersträßchen am Ostufer des **Laxsjös**, bei der Kirche von LAXARBY (**Wasserhahn** am Friedhofstor, ruhiger Parkplatz [N 59° 1.830' E 12° 19.401']) ist die breite 164 erreicht – rechts geht's, auf ÅMÅL zu.

Am **Picknickplatz** [N 59° 3.477' E 12° 26.984'] am **Edslan** kann man nicht ahnen, dass es 200 m später links nach STRAND geht; bereits nach 2 km haben wir den schönen **Badeplatz** am See (Foto) erreicht [**68a:** N 59° 4.483' E 12° 27.050'].

Auch der **Nedre Kalven-See** (Wegweiser: Hanefors/Yttre Hedane) ist badeplatzverdächtig.

Wirklich rollen wir am Ostufer des Sees an einer ganzen Reihe von lauschigen Badeplätzchen vorbei – und wer sich nach 2400 m in die schmale Holperpiste (?) zum See hineinwagt, der findet einsame Natur pur [N 59° 5.725' E 12° 35.834'].

800 m weiter liegt der offizielle **Badeplatz Sandviken** [**68b:** N 59° 6.212' E 12° 36.165'].

Nur noch 1000 m bleiben wir auf der 164. Wir schwenken links, unser nächstes Ziel ist SVANSKOG. 1000 m hinter dem Ort Richtung KARLSTAD liegt der komfortabel ausgestattete **Badeplatz** (Foto) am **Västersvan** [**68c:** N 59° 6.212' E 12° 36.165'].

7 km nördlich schwenken wir für 12 km rechts in die E18 nach KARLSTAD ein, dann geht es links in die 175 bis NYSÄTER, wo man am Ortsende Richtung BORGVIK direkt vor dem Byälven links zum Badeplatz [**69a:** N 59° 17.176' E 12° 46.970'] beim Vikingercenter holpern kann. Dort liegt auch der Nachbau eines 17-m-Wikingerschiffes am Ufer (wie wäre es mit einem Trip à la Erik der Rote nach Grönland?).

In BORGVIK gibt es viel zu tun! 1,5 km südlich des Ortes, versteckt hinter dem Sportplatz, liegt ein kleines Badeplatzidyll an einer Ausbuchtung des Vänern [**69b:** N 59° 20.228' E 12° 56.968']. Im Ort wird man äußerst freundlich am Gästehafen begrüßt. Ohne Service kann man dort kostenlos übernachten.

50 m weiter geht es links zu den Überresten der einst größten **Eisenhütte** Dalsland. Allein der Hochofen für sich ist schon beeindruckend ...

Biegt man nicht links, sondern rechts und nach 100 m nochmals rechts, so kommt man zu einem schönen **Stellplatz** (Foto) direkt am Wasser [**69c:** N 59° 20.804' E 12° 57.459'].

Weiter geht's nach Nordosten erst Richtung GRUMS, nach 9 km weiter Richtung GRÖNLUND. Bald sichten wir den **Långsjö**, dessen großen Badeplatz man beim besten Willen nicht übersehen kann [**70a:** N 59° 24.945' E 13° 4.868'].

An der Kreuzung von GRÖNLAND (weit und breit ist kein Haus zu sehen), haben wir wieder eine (bequeme) Naturstraße für Sie ausgewählt, in die Sie Richtung SKALLERUD einschwenken (hier haben wir viele Pilze, auch Pfifferlinge, gefunden).

Wieder Urwald bis zur 61, die uns bis KIL (ohne ie) begleitet, wo wir unsere Tour nach Norden Richtung Ö. ÄMTERVIK fortsetzen.

An der Kirche von ST. KIL [N 59° 31.664' E 13° 18.894'] (mit WC) kann man bequem parken und **Wasser** zapfen – und dann besuchen wir der Reihe nach die **Fryken-Seen**.

Als erstes rollen wir am Westufer des **Nedre Fryken** nach Norden – er zeigt sich recht abweisend.

Aber dort, wo der **Mellan Fryken** in den **Nedre Fryken** mündet, überspannt eine vielbogige Brücke die Landenge und wir können dahinter rechts zu einem kurzen Stopp auf einen kleinen **Picknickplatz** kurven [N 59° 36.737' E 13° 18.901']. Dann setzen wir am Ostufer des **Mellan Fryken** unsere Nordfahrt fort, rollen nach 2500 m auf der rechten Seeseite links hinab nach HAGUDDEN.

800 m Stichsträßchen führen uns mitten hinein in ein Kiefern-Birkenwäldchen auf einer sandigen Nase, die in den See hineinragt. Hier kann sich jeder sein Lieblingsplätzchen aussuchen – und es gibt viele davon! Natürlich auch einen Sandstrand, Grillstellen – und was sonst zu einem schwedischen Badeplatz gehört.

(70b) WOMO-Badeplatz: Mellan Fryken/Hagudden

Max. WOMOs: 2-3. **Position:** N 59° 38.053' E 13° 18.640'
Ausstattung/Lage: Sandstrand, Grillstelle, Klo, Liegewiese; Camp. verboten/Ortsrand.
Zufahrt: Von Kil nach Norden, zunächst westlich des Nedre Fryken, dann 2500 m östlich des Mellan Fryken nach Hagudden.

Weiter geht es nach Norden. Nach 8 km rollen wir unmittelbar am Ufer des **Mellan Fryken** entlang, sichten 1000 m später einen Picknickplatz mit Tisch & Bank, Blockhütte und Bademöglichkeit [N 59° 41.705'

E 13° 14.507']. Zur Not wäre er auch ein Platz für die Nacht – aber wir haben besseres!

Wir durchqueren eine liebliche Landschaft aus Wald und Wiesen, weidenden Pferdeherden und herrschaftlichen Gutshöfen. In einem der bescheidensten, in **Mårbacka**, wurde Selma Lagerlöf geboren, die berühmte, schwedische Schriftstellerin und Nobelpreisträgerin. Jedes Kind kennt sie als Autorin von "Die wunderbare Reise des kleinen Nils Holgersson mit den Wildgänsen".
Für einen Schweden ist es eine Selbstverständlichkeit, einmal das Grab und den Geburtsort dieser bewunderten Frau zu besuchen, der auch zu ihrer Wirkungsstätte wurde, wo sie 1940 starb. Sie selbst hatte in ihrem Testament bestimmt, dass Mårbacka als Familienbesitz und Gedenkstätte erhalten werden sollte. Jedes Jahr pilgern 50.000 Menschen nach Mårbakka, das in allen Räumen noch so erhalten ist, wie es die Schriftstellerin 1940 verließ ....

Zunächst machen wir einen Stopp in Ö. ÄMTERVIK, wo wir neben dem Friedhof nicht nur einen großen, ruhigen **Parkplatz** [**71:** N 59° 43.991' E 13° 11.883'] finden, sondern nach kurzem Suchen auch das **Familiengrab der Lagerlöfs** ...
7 km weiter sind wir in **Mårbacka**. Der große, sehr gepflegte Parkplatz [**72:** N 59° 46.804' E 13° 14.081'] ist als ruhiger Übernachtungsplatz bestens geeignet (wir haben nachgefragt), bevor die Gedenkstätte (13.5. - 5.9. von 10-17 Uhr, deutsche Führung um 14 Uhr) ihre Pforten öffnet – und "Nils Holgersson" darf in keinem Urlaubergepäck fehlen ....

Selma Lagerlöfs Bibliothek und Arbeitszimmer

Weiter ziehen wir nach Norden. An der Hauptstraße, der 241, biegen wir nicht links nach SUNNE, sondern schlagen einen Haken nach rechts Richtung MUNKFORS, verlassen die 241 nach 4500 m nach links nach BÄCKALUND. Dort können wir am Ortsende einen Abstecher nach rechts Richtung ARNSTORP empfehlen. Die landestypische Erdbahn gabelt sich nach 2,8 km. Links geht's nach ARNSTORP, wir schwenken rechts zum Waldbadeplatz am **Hällsjö**, wo wir nach weiteren 600 m rechts auf dem Parkplatz ausrollen und das äußerst ansprechende Gelände inspizieren.

(73) WOMO-Badeplatz: Hällsjö
Max. WOMOs: 2-3.
Position: N 59° 57.205' E 13° 17.583'
Ausstattung/Lage: Sandstrand, Tisch & Bank, Grillstelle, Klo, Liegewiese/außerorts. **Zufahrt:** Am nördlichen Ortsrand von Bäckalund 2,8 km rechts Richtung Arnstorp.

Nördlich BÄCKALUND verlässt die Straße die Nordrichtung, wendet sich nach Osten. Wir streifen dreimal kurz das Ufer des **Storjangen**, beim dritten Mal mit Picknickplätzchen.

Ohne dass wir es merkten, hatte sich die Landschaft verändert: Jetzt dominieren zwischen den Birken die Fichtenwälder, endlos grün und urwalddicht.

7 km weiter träumt der **Lakenesjö** vor sich hin. Erst nach einer Weile – die Straße verlief oberhalb des Sees – erreichen wir das Ufer und entdecken 400 m vor SÖRBY (wo es rechts nach RIKET geht) den nicht ausgeschilderten **Badeplatz**.

(74a) WOMO-Badeplatz: Lakenesjö

Max. WOMOs: 1-2. **Position:** N 59° 58.034' E 13° 28.487'
Ausstattung/Lage: Klo, Grill, Tisch & Bank, Sandstrand, Wiese/Ortsrand; Camp. verboten.
Zufahrten: Entweder von Mårbacka über Bäck nach Sörby, 400 m vorher links. Oder von der »62« nördlich Munkfors bei Myren 5 km nach Westen, 400 m hinter Sörby rechts.

4 km hinter SÖRBY überqueren wir den **Klarälv** und treffen bei MYREN auf die Schnellstraße »62«, die uns neben dem breiten Fluss flugs nach Norden tragen soll.

Wir eilen durch das weite, etwas eintönige Tal des **Klarälv**, Rastplätze fliegen vorbei, ein besonders schöner nach 5 km rechts am **Rådasjö**, 1200 m später der **Camping Rådastrand** im Kiefernwald am See.

3,5 km danach kann man nach rechts einen Miniabstecher nach UDDEHOLM machen, denn dessen **Badeplatz** [**74b:** N 60° 1.410' E 13° 36.761'] liegt fern der Hauptstraße ruhig am **Rådasjö** (man braucht nur dem Fischsymbol zu folgen).

Hinter EDEBÄCK überquert die »62« den **Klarälv**. Biegt man unmittelbar vor der Brücke links, so findet man einen ersten **Picknickplatz** 200 m flussaufwärts und einen zweiten, noch schöneren, nach 700 m rechts [**75:** N 60° 3.759' E 13° 32.449']. Spätestens in EKSHÄRAD sollten Sie sich wieder die Füße vertreten! Zunächst geht es links hinauf zu einem Ensemble mit einer neuen (!) **Stabkirche** nebst alten Gebäuden und ruhigem Wiesenplatz [**76:** N 60° 9.535' E 13° 30.371'].

1500 m später schwenken wir hinter **Friedhof** und **Kirche** rechts auf den Parkplatz [N 60° 10.372' E 13° 29.847'] des Hembygdsgarden (**Wasserhahn** gegenüber des Parkplatzes hinter der Kirchhofsmauer).

Über dreihundert der **schmiedeeisernen Lebensbäume**, deren Blätter im Winde schwingen, stehen hier, keiner gleicht dem anderen, aber alle zusammen geben dem Friedhof etwas Leichtes, Lebendiges: Keine drückende Schwere steinerner Grabsteine, keine marmorne Kälte.

Die Kirche ist ganz aus Holz, rote Wand- und schwarze Dachschindeln bedecken sie wie ein Schuppentier. Nehmen Sie sich die Zeit, drücken Sie im Hauptgang auf die Taste "deutsch" und eine freundliche Stimme begleitet Sie beim Rundgang, erklärt Ihnen die Entstehungsgeschichte, zeigt Ihnen die Kirchenschätze.

Weiter geht es nach Norden. Hinter FASTNÄS überqueren wir wieder den Fluss, auf dem gemächlich einzelne Baumstämme und ganze Flöße vorbei ziehen, bepackt mit Zelt und Gepäck – sicher eine Methode, völlig auszuspannen.

Nördlich STÖLLET biegen wir rechts auf die E45 nach MALUNG; Einsamkeit umgibt uns. Das nächste Verkehrszeichen weist nach 4,5 km rechts zu einem Naturreservat – das ist genau das richtige!

Nach 2,8 km schwenken wir links in den **Wanderparkplatz** [**77:** N 60° 26.642' E 13° 20.060'] "Fänstjärnskogen" mit Tisch & Bank und Feuerstelle ein – Gummistiefel an, Heidelbeerrechen raus, Abmarsch!

Wir genießen eine 2-stündige Moor-Urwald-Wanderung, der Pfad ist bestens mit orangerot gestrichenen Stangen markiert (spätestens beim Punkt 14 des Naturstiegs mit der Bezeichnung "Mål" sollte man Richtung STÖLLET zurückkehren!).

Jetzt haben wir uns einen gemütlichen Badeplatz zur Erfrischung verdient!

Nach weiteren 2,8 km auf der E45 (50 m vor der Abzweigung zur Gaststätte "Väbergstuga") biegen wir links in einen geschotterten, zerfurchten Erdweg zu einigen alten Fischerkähnen am Seeufer. Dort, nach 900 m, liegt das idyllische Plätzchen mit den sandigen Bade-stellen zwischen Kiefern und Birken auf einer winzigen Halbinsel – viel zu schade nur für eine Nacht!

(78) WOMO-Badeplatz: Värsjö

Max. WOMOs: 1-2.

Position: N 60° 29.189' E 13° 18.582'

Ausstattung/Lage: Grillstelle, Liegewiese/außerorts.

Zufahrt: Von Ekshärad auf der »62« nach Norden, dann rechts auf der »45« Richtung Malung. Nach 7,3 km links (50 m vor der Abzweigung zur Väbergstuga).

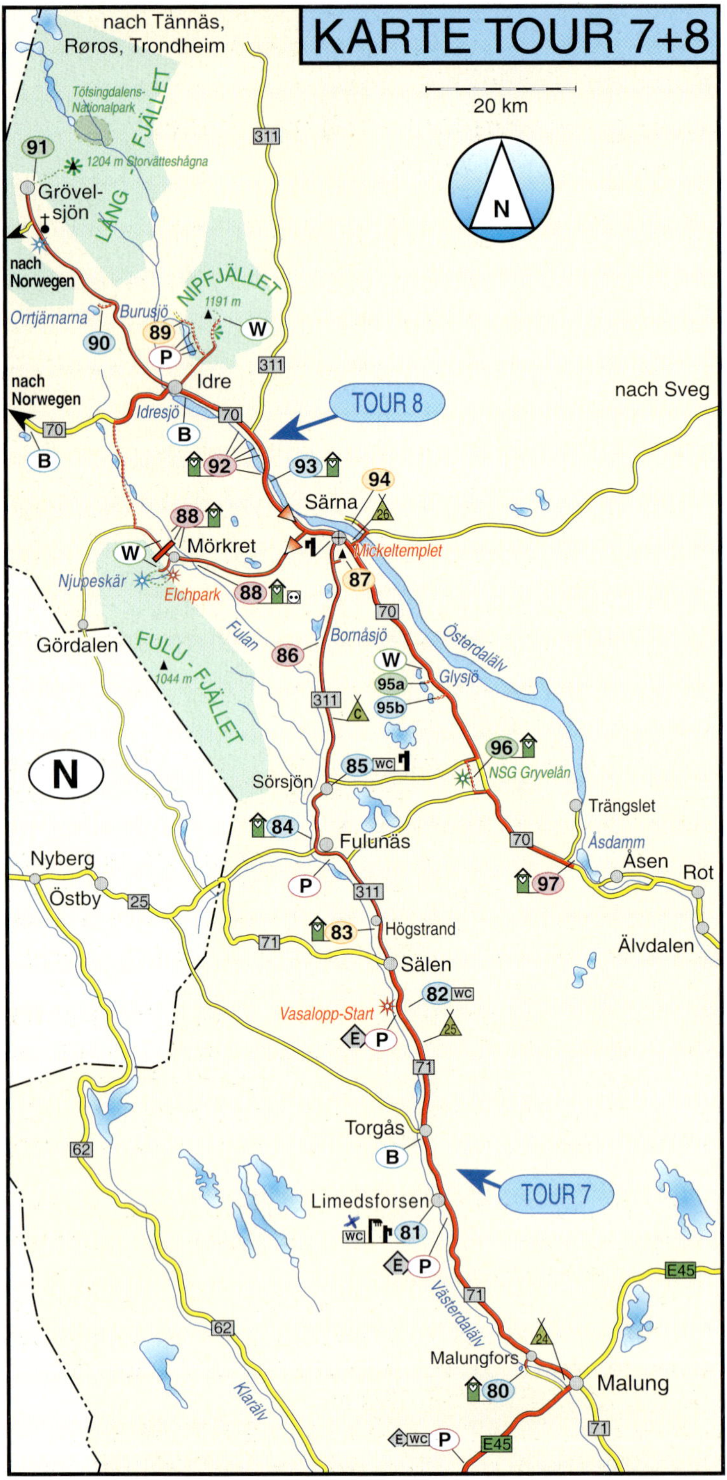
KARTE TOUR 7+8
20 km
N
nach Tännäs, Røros, Trondheim
Töfsingdalens-Nationalpark
1204 m Storvätteshågna
LÅNG-FJÄLLET
NIPFJÄLLET
1191 m
Grövel-sjön
nach Norwegen
Orrtjärnarna
Burusjö
Idre
Idresjö
TOUR 8
nach Sveg
Särna
Mickeltemplet
Mörkret
Njupeskär
Elchpark
Fulan
Bornåsjö
Österdalälv
Glysjö
Gördalen
FULU-FJÄLLET
1044 m
NSG Gryvelån
Sörsjön
Trängslet
Åsdamm
Åsen
Rot
Fulunäs
Nyberg
Östby
Högstrand
Sälen
Älvdalen
Vasalopp-Start
Torgås
TOUR 7
Limedsforsen
Västerdalälv
Malungfors
Malung
Klarälv

TOUR 7 (220 km / 2-3 Tage)

Malung – Malungfors – Sälen – Fulunäs – Särna – Mörkret – Njupeskär

Freie Übernachtung:	u.a. Malungsfors, Limedsforsen, Hässjö, südl. Sälen (am Vasalopp-Start), Fulunäs, Bornåsjö, Mörkret (am Fulan).
Besichtigungen:	Mickeltemplet, Särna (Kirche), Njupeskär, Elchpark.
Baden:	Malungsfors, Limedsforsen, Fulunäs.
Wandern:	Um den Njupeskär, den höchsten Wasserfall Schwedens.

„Was, schon wieder weiter? Wir wollen noch baden!“
Den ganzen Morgen hatten unsere Kinder, nachdem sie, wie auch immer, einen der alten Kähne flott gemacht hatten, wilde Seeräuberschlachten geschlagen. Anschließend wurde eine Straßensperre errichtet, um unsere Badehalbinsel besser gegen Angriffe von der Landseite her verteidigen zu können.
Wir "Alten" genossen die Ruhe, den Blick auf die alten, in ihrem Verfall so romantischen Fischerhütten, ab und zu eine Schwimmrunde und sammelten Nachtisch im umliegenden Heidelbeerurwald ....
Nur widerwillig trotten die drei triefenden Gestalten herbei, hocken sich in den Badetüchern muffig auf die Polster.

Wie gut, dass wir den **Värsjö** gefunden hatten! An der Strecke bis MALUNG gibt es keinen weiteren Badeplatz und nur noch zwei Übernachtungsmöglichkeiten.
Das erste Plätzchen ist 5,1 km hinter der Gaststättenabzweigung, rechts bei einem kleinen See [N 60° 28.965' E 13° 24.101'], ein weiteres 2 km später ebenfalls rechts hinter der Brücke über ein Bächlein [**79:** N 60° 29.882' E 13° 25.165'] – versteckt hinter Bäumen, von der Straße nicht einsehbar.
Noch gute 30 km tuckern wir, wie üblich Ausschau haltend, über LISSKOGSÅSEN (dort Picknickplatz mit Gaststätte und WC) auf MALUNG zu. Der dichte Waldbestand wird wieder lockerer, zwischen Fichten und einzelnen Birkengruppen ziehen sich weite Grasmoorflächen mit vielen schwarz glänzenden Tümpeln dahin.
Kurz vor MALUNG, links, am Ufer des **Gipsjö**, ist ein schönes Badeplätzchen der Straßenverbreiterung zum Opfer gefallen. Da gilt es, Ersatz zu suchen!
In MALUNG überqueren wir den Västerdalälv, wechseln von der 45 auf die 71, beehren Konsum und Tankstelle, brausen rechts des **Västerdalälv** nach Norden (am Ortsende von MALUNG **Bullsjöns-Camping** am Fluss).
Der "Ersatzbadeplatz" ist eine Perle! Nach 10 km waren wir nach links durch MALUNGFORS gerollt, hatten Richtung

V FORS erneut den **Västerdalälv** überquert. 400 m nach der Brücke liegt sie rechts der Straße, die Perle.

(80) WOMO-Badeplatz: Malungsfors/ V Fors

Max. WOMOs: 2-3. **Position:** N 60° 43.605' E 13° 32.950'

Ausstattung/Lage: Sandstrand, Tisch & Bank, Klo, Liegewiese, Rutschbahn/Ortsrand.

Zufahrt: Von der »71« links durch Malungsfors über den Fluss, dann 400 m rechts.

Haben Sie Appetit auf ein zweites Frühstück? Etwa 33 km nördlich MALUNG wartet der gemütliche **Parkplatz Limedsfors** links, direkt über dem Fluss [N 60° 53.969' E 13° 23.178']. Toiletten sind eine Selbstverständlichkeit für diesen Platz – eine **Entsorgungsstation** (Latrin) aber eine Seltenheit an Landstraßen! Die gemütlichen Plätzchen an der Hangkante zum Fluss unterhalb des geteerten Hauptplatzes eignen sich sicher auch für eine Übernachtung.

Für die Nacht wäre Ihnen das zu laut!?

Dann biegen Sie bitte 600 m nördlich des Rastplatzes links nach LIMEDSFORSEN ab und überqueren den **Västerdalälv**. Nach weiteren 1000 m haben Sie nicht nur den gewünschten ruhigen **Parkplatz** erreicht, sondern finden dahinter ein **Freibad** im gestauten **Äran** (einem Nebenfluss des Västerdalälv) mit einem separaten, **geheizten Schwimmbecken**.

Tische, Bänke und ein Kinderspielplatz runden das Freizeitangebot ab.

(81) WOMO-Badeplatz: Limedsforsen/Äran

Max. WOMOs: 2-3. **Position:** N 60° 54.287' E 13° 22.087'; 365 m.

Ausstattung/Lage: Geheiztes Schwimmbad (kostenlos), WC, Dusche, Wasserhahn, Sauna, Tisch & Bank, überdachte Grillhütte, Kinderspielplatz, Volleyballfeld/Ortsrand.

Zufahrt: Auf der »71« von Malung 34 km nach Norden, dann links nach Limedsforsen.

Im Tal des Västerdalälv geht es keineswegs einsam zu! Immer wieder beleben kleine Gebäudegruppen, aber auch alleinstehende, offensichtlich uralte Bauernhäuser das Bild. Bauernhäuser? In dieser Menge? Alt und trotzdem ausgezeichnet erhalten?

Wir halten und gehen schnüffeln: Keine Viehzucht, keine Ackergeräte, dafür gepflegter Golfrasen, bequeme Gartenmöbel! Und viele der "alten"

Gebäude haben noch keine zehn Jahre auf dem Buckel, sind Repliken historischer Gebäude – Altehrwürdiges von der Stange.
Wir haben eine Tradition der Schweden entlarvt, geradezu eine tiefe Sehnsucht, die Umwelt, die Lebensgewohnheiten der Altvorderen nicht nur im Museum zu konservieren, sondern nach ihnen zu leben, wenigstens in den Ferien.

Wir suchen das Ufer des **Västerdalälv** nach einem Plätzchen für die Mittagsrast ab. Das erste lässt nicht lange auf sich warten: 2400 m nach der Abzweigung ÅNÄSET, 800 m vor dem Ortsschild von TORGÅS, sieht man links unten am Wasser das falunrote Umkleidehäuschen [N 60° 57.957' E 13° 20.577']. Ruschbahn, Schwimmsteg und Liegewiese fehlen auch nicht.
Wir nähern uns SÄLEN, seit 1519 kennt jedermann in Schweden diesen Ort bzw. BERGA, 5 km südlich!

Es war im Dezember 1519. Der Adlige Gustav Eriksson Vasa ist auf der Flucht vor dem Dänenkönig Christian II., der Schweden unterjocht hat. Seine Eltern und viele opponierende Adlige waren bei dem sog. Stockholmer Blutbad ermordet worden. In MORA versucht er vergeblich, die Bevölkerung zum Aufruhr zu ermuntern. Enttäuscht flieht er auf Skiern Richtung Norwegen. Da besinnen sich die Einwohner und schicken ihm die zwei besten Skiläufer, Lars und Engelbrecht hinterher, die ihn südlich von SÄLEN einholen und zur Rückkehr überreden. Gustav Vasa gewinnt den Kampf und wird 1523 zum König von Schweden gekrönt. Seit 1922 findet zur Erinnerung an diesen historischen Lauf Vasalöppet statt (wir kommen in MORA in Tour 9 darauf zurück).

Der Picknickplatz "Vasaloppsstarten" [N 61° 6.612' E 13° 17.739'] liegt direkt links der Straße, viel ruhiger ist es am **Schwimmbadparkplatz** [**82:** N 61° 6.981' E 13° 17.667'] von Tjärnheden (mit WC), nur 500 m nach dem Vasalauf-Startgelände rechts.
6,5 km nördlich von SÄLEN suchen Sie am besten den linken Straßenrand ab. 2200 m nach dem Ortsendeschild von OSANDEN, dort, wo Sie die staubige Abfahrt entdecken, ist das weitläufige Wiesengelände von HÖGSTRAND hinter Büschen und Bäumen versteckt. Viele WOMOs können sich direkt am Fluss idyllisch einparken und das Panorama genießen (falls Sie die Zufahrt verpasst haben, müssen Sie vom Ortsschild von HÖGSTRAND 1900 m zurückfahren).

(83) WOMO-Stellplatz: Högstrand

Max. WOMOs: >5. **Position:** N 61° 12.755' E 13° 13.318'; 351 m.
Ausstattung/Lage: Liegewiesen/außerorts.
Zufahrt: Auf der »71/311« von Malung nach Norden bis Sälen. 6,5 km hinter Sälen und 2200 m nach dem Ortsendeschild von Osanden links der Straße am Fluss.

Einen ganz besonderen Charakter hat der nächste Platz, nur 200 m hinter dem Ortsschild von FULUNÄS:
Neben dem **Picknickplatz** [N 61° 18.258' E 13° 4.829'] wartet eine Schutzhütte mit Grillstelle und einem Vorrat an Birkenstämmchen; Säge und Axt hängen griffbereit daneben an einer Kette. Soll das Steak nicht viel besser schmecken, wenn man

es sich im Schweiße seines Angesichts verdient hat??
700 m später zweigt eine Straße nach links über den Fluss ab, sie führt nach HAMAR in Norwegen (dessen Grenze hier nur noch 15 km entfernt ist). Wir bleiben auf der »311«, können aber bereits 500 m hinter der HAMAR-Abzweigung auch nach links in ein weitläufiges Bade- und Picknickgelände am Fluss abbiegen. Es ist etwas weiter von der Straße entfernt – aber nicht nur deshalb ein besonders empfehlenswertes Plätzchen: Wer Gesellschaft liebt, stellt sich zu den Wohnwagen auf dem großen Schotterplatz; wer es einsamer mag, sucht sich eine Ausbuchtung im Baum- und Buschbereich oberhalb, wo man auch eine Raststuga mit Grillstelle und Toiletten findet.

(84) WOMO-Bade- und Picknickplatz: Fulunäs
Max. WOMOs: >5. **Position:** N 61° 18.812' E 13° 4.093'; 371 m.
Ausstattung/Lage: Klo, überdachte Grillstelle, Liegewiesen/außerorts.
Zufahrt: Auf der »71/311« von Malung über Sälen bis Fulunäs, dahinter links am Fluss.

Nun geht es durch schier endlosen Kiefernwald. Die Stämme glänzen, als hätten sie kupferne Schuppen. Nur die Füße der Bäume, die machen einen recht ungewaschenen Eindruck, so als wären sie im schwarzen Moor herumgestiefelt.
SÖRSJÖN heißt ein winziger Weiler nach knapp 11 km, wo man rechterhand am See einen komplett ausgestatteten **Bade- und Picknickplatz** findet, WC und Außenwasserhahn machen ihn besonders interessant [85: N 61° 24.340' E 13° 4.946']. Leider liegt er nur von der Straße nicht blickgeschützt.
Mitten in der Wildnis, oberhalb des **Bornåsjö**, liegt links der Straße ein angekündigter Parkplatz. Wenn man aber die Schotterstraße 200 m vorher hinabholpert, steht man auf einem riesigen Gelände mit urig-alter Raststuga direkt am See, abseits der Straße. Wer in der Wildnis fern jeder zivilisatorischen Ablenkung total ausspannen möchte, der ist hier richtig!

(86) WOMO-Bade- und Picknickplatz: Bornåsjö
Max. WOMOs: >5. **Position:** N 61° 33.704' E 13° 5.263'; 452 m.
Ausstattung/Lage: Grillstuga, Bademöglichkeit, Liegewiesen/außerorts.
Zufahrt: Auf der »71/311« von Malung nach Norden. 18 km nach Sörsjön links zum See.

Sie haben immer noch nicht Mittag gegessen? Wie wäre es dann mit den berühmten zwei Fliegen mit einer Patsche?
Nein, nicht als Gericht! Aber wenn Sie 13 km nach dem **Bornåsjö** und kurz vor SÄRNA zum **Mickeltemplet** hinaufkurven, können Sie vom hölzernen **Aussichtsturm**, mit Karte und Kompass bewaffnet, die Ziele Ihrer kommenden Bergabenteuer bestimmen – hinter Glasscheiben windgeschützt:

Mickeltemplet, Aussichtsturm

Im Südwesten das **Fulufjäll** und im Nordwesten die teils schneebedeckten Gipfel des **Nipfjälls** und des **Långfjälls** mit dem höchsten Berg Dalarnas, dem **Storvätteshågna**.
Die Gaststätte daneben ist sommers meist geschlossen – um so ruhiger ist der Parkplatz [**87:** N 61° 40.169' E 13° 8.265']. Ein weiterer liegt zu Füßen des Skilifts [**87a:** N 61° 40.289' E 13° 8.679'], die Zufahrt kommt 1 km später zum "Skidportcenter".

Särna Gammelkyrka

In SÄRNA stoßen wir auf die »70« und biegen links Richtung IDRE ab. Aber bitte nicht gleich durch das kleine Städtchen hindurchrauschen, sonst verpassen Sie ein Kleinod, Särnas **Gammelkyrka**, die winzige, alte Holzkirche.
Sie können an der Hauptstraße bei der OK-Tankstelle parken oder zwischen ihr und der weißen, neuen Kirche die hundert Meter bis zum Fluss hinabfahren (Wasserhahn hinter der Friedhofsmauer der neuen Kirche). Ich habe mich sofort in diesen Holzschindelwinzling aus dem 17. Jahrhundert verliebt. Vielleicht geht es Ihnen ebenso!

Särna Gammelkyrka, Altar

Die Abzweigung zum höchsten Wasserfall Schwedens ist nicht zu verfehlen:
GÖRDALEN/NJUPESKÄR/MÖRKRET lesen wir 4 km westlich SÄRNA auf der »70« und biegen links ab (500 m vorher rechts i-Stelle mit WC). Die meisten Touristen düsen ohne Stopp hinauf bis zum "Wasserfallparkplatz" und ahnen nicht, dass sie an schwedischen Traumplätzchen vorbeirollen!
Nach genau 20 km, direkt vor der Brücke über den **Fulan** und nur 900 m vor dem "Ort" MÖRKRET, warten sie links und rechts am Fluss auf uns: Wiesenflächen, umrahmt von Birken und Kiefern mit Tischen und Bänken, Raststuga, Grillstellen, Klo, Liegewiesen. Auf dem Platz links [**88.1:** N 61° 39.094' E 12° 45.544'] wird eine geringe Gebühr erhoben – dafür gibt es auch Stromanschlüsse (Adapterkabel CEE-Stecker/Schutzkontaktkupplung gibt es gegen Pfand beim Elchpark).
Freie Plätze findet man an der Schotterbahn flussaufwärts, am besten hat uns der nach 800 m gefallen.

(88.2) WOMO-Picknickplatz: Fulan/Mörkret

Max. WOMOs: >5. **Position:** N 61° 39.498' E 12° 44.815'; 537 m.
Ausstattung: Raststuga, Klo, Grillstelle, Liegewiese.
Zufahrt: Von Särna 4 km auf der »71/311« nach Westen. Dann nach links 20 km Richtung Njupeskär/Mörkret bis zum Fulan-Fluss, davor rechts 800 m.

Und der Wasserfall?
Wir sind sie natürlich noch hinaufgeprescht, die letzten 5 km bis zum Wasserfallwanderparkplatz [N 61° 38.126' E 12° 43.135'; 721 m], haben den Fall besichtigt (zum Njupeskär und zurück 60 min.) und den kleinen Rundwanderweg "Runtfallet" gemacht.
Ihnen möchten wir jedoch empfehlen, am Flüsschen zu übernachten und erst am nächsten Morgen die Besichtigung zu beginnen. Dann haben Sie das richtige Büchsenlicht, denn die Sonne scheint tief in die Schlucht hinein, und Sie können den sorgfältig angelegten Weg – mit Holzstegen über die sumpfigen Stellen – allein genießen, denn die Schweden sind ziemliche Spätaufsteher – vor 10 Uhr ist man überall allein!

Zunächst führt der direkte Weg zum Wasserfall durch lichtes Moorgebiet, dann, am Unterlauf des **Njupån**, durch dichten Fichtenwald mit mächtigen Baumurahnen.
Über roten, schwer verwitternden Dalasandstein stürzt die Wasserfahne in mehreren Stufen 125 m bis zu uns herab, Schneefelder daneben....
Steigt man nach der Besichtigung die lange Holztreppe wieder hinauf, so sollte man an der Schutzhütte nach links Richtung **Rösjö** (orange Markierung) abschwenken und bis auf 900 m emporsteigen. Der 5,5 km lange Rundweg, der nun oberhalb des Falles entlangführt, durchquert eine besonders reich entwickelte Flechtenheide. Die Flechtenmatten werden hier so dick wie Rosshaarmatratzen, während sie in den Gebieten, wo Rentiere weiden, nur kümmerlich den Boden bedecken. Krummbirke und Wacholder zwischen dem Heidekraut ergänzen das Bild, und immer wieder schweift der Blick weit hinaus über Waldtäler und zu den Hängen des **Långfjälls**, unserem nächsten Ziel.
Die Rundwanderung ist Ihnen zu kurz?
Sie lässt sich leicht über den **Rösjö** auf insgesamt 7,5 km erweitern, eine Vergrößerung, die uns sehr empfohlen wurde.

Was man am **Fulan** alles anstellen kann?
Faulenzend im Gras liegen, dem Rauschen der Wellen lauschen und die kleinen weißen Wölkchen zählen, oder aus großen Wackersteinen einen Damm im Fluss bauen, oder querbeet durch den Urwald stiefeln und nach den Heidelbeeren schauen, oder im **Elchpark** Hilbert, den Elch besuchen mit seinen Frauen (Juni - September 11- 18 Uhr) oder abends am Lagerfeuer vor der alten Raststuga sitzen, deren Holzstämme schon schwarz vom Ruß sind, oder, oder ....

Wir genießen das Nichtstun, denn gleich zu Beginn der nächsten Tour wollen wir mit unserem WOMO hoch hinaus, höher als jedes andere Fahrzeug in Schweden!

TOUR 8 (250 km / 2-3 Tage)

Mörkret – Idre – Nipfjäll – Grövelsjön – Storvätteshågna – Särna – Åsdamm (Karte siehe Tour 7)

Freie Übernachtung:	u.a. Orrtjärnarna, Grövelsjön, Österdalälv, Glysjö, Åsdamm.
Besichtigungen:	Nipfjäll, Storvätteshågna, NSG Gryvelån.
Baden:	Burusjö, Idresjö, Österdalälv, Åsdamm.
Wandern:	Fulan-Katarakte, Nipfjäll, Storvätteshågna, NSG Gryvelån.

Seufzend verlassen wir unser Paradies am Fulan. Nach Westen über die Brücke, MÖRKRET pfeilgerade weiter gen Westen durchqueren, die Touristenstraße biegt nach links (Süden) zum Wasserfall ab.

Wir halten zunächst auf GÖRDALEN an der norwegischen Grenze zu. Nach 5,8 km liegt rechterhand der **Wanderparkplatz** TJÄRNVALLEN [N 61° 40.764' E 12° 40.223'; 630 m] mit Tisch & Bank, links gegenüber ein Windschutz mit Grillstelle und ein kleiner See. Von hier aus kann man eine schöne Wanderung zu den **Katarakten** des Fulan machen.

Dann, bei Tageskilometerstand Neun-Komma-Eins, zweigt rechts ein Sträßchen nach STRÖMSILDRET ab – das ist unser Kurs!

Durch menschenleeres, uriges Land, einer Komposition aus Moorwiesen, schütterem Birken-Kiefern-Bewuchs und einer Seenkette, die vom Oberlauf "unseres" **Fulan** aneinandergeknüpft ist, rauschen wir nach Norden, ziehen eine unendliche Staubschleppe hinter uns her. Ein einsamer Angler rümpft die Nase – wir schämen uns.

Genau 24 km sind seit unserer Abfahrt vergangen, da treffen wir auf die Teerstraße »70« und gleiten, ja schweben auf ihr staubschüttelnd nach rechts, 11 km trennen uns noch von IDRE.

Anmerkung: *Biegt man auf der »70« nach links, so erreicht man nach 7 km linkerhand einen schönen* ***Badesee*** *und kann nach 24 km norwegische Luft schnuppern. Bald nach der Grenze warten zwei riesige* ***Badeseen*** *mit vielen Badeplätzen auf internationales Publikum.*

Wir überqueren am Ortsbeginn von IDRE den Westzipfel des **Idresjö**, biegen rechts, Richtung MORA, bei der nächsten Kreuzung jedoch gleich wieder links, **Nipfjället/Idrefjäll** lesen wir auf den Hinweisschildern.

Bergan brauchen wir 15 km bis zum Endpunkt der **höchsten Straße Schwedens** [N 61° 57.601' E 12° 50.898'; 1007 m] auf einem Plateau zu Füßen des **Nipfjälls**, die letzten 2,8 km sind

eine wahre Wonne für Fronttriebler-Piloten: Waschbrettwellen lassen Vorderachse und Lenkrad erzittern wie bei einem Raketenstart.
Aber oben, ganz oben, da wird die Belohnung verteilt: Fürstenlogenblick über das weite Land mit seiner windgeduckten, an den Boden geschmiegten, aber in allen Pastelltönen schimmernden Miniflora.

Das optische Vergnügen lässt sich steigern! Wir schlüpfen in die Turnschuhe und kraxeln nach Westen den Steilhang zum Gipfel des **Lillnipen** (1112 m) hinauf.

Blick vom Nipfjäll auf den Städjan

Eine Viertelstunde später sitzen wir schnaufend auf durcheinandergepurzelten Felswürfeln, grüngelb von Flechten überzogen: Während sich im Nordwesten die Sonne dem norwegischen Hauptkamm des Kaledonischen Gebirges nähert, glühen die Berge, vor allem der vulkanähnliche **Städjan** im Südosten auf. Weit unten, auf dem Parkplateau, trollen sich nach und nach die anderen Fahrzeuge, und als wir schließlich den Hang hinabgestapft sind, wartet nur noch ein einsames WOMO auf Schlafgäste. Ruhestörungen wären hier, am oberen Ende der Welt, wohl kaum zu erwarten....

Zähneknirschend verlassen wir das Naturschutzgebiet mit Übernachtungsverbot, scheppern die 2,8 km Wellblech wieder hinab – wobei uns die Trolle beim Spritsparen helfen: Obwohl es ein Stück bergauf zu gehen scheint, rollt das WOMO ohne Antrieb weiter ....

Baden haben wir im Moment zwar nicht im Sinn, aber als wir talwärts ein kleines Schild "**Burusjö**" (Foto), gleich dahinter jedoch ein Riesenschild "**Ej husvagn**" ausmachen, wird unsere Neugier ge-

weckt. Der langgestreckte See ist an seinem Nordostufer geradezu gespickt mit **Picknickplätzen**, die Parkstreifen liegen unmittelbar am Fahrweg, die Picknickplätze (mit trockenem Feuerholz in separaten Kisten), sehr schön angelegt, im Schattenwald am Seeufer.
Das **Naturschutzgebiet** rings um das **Nipfjäll** schließt jedoch den **Burusjö** mit ein, was ist zu tun? Eifriges Kartenstudium, Weiterfahrt! Richtig, am Ende des Sees kommt auch das Zeichen: Ende des Naturreservates – und gleich dahinter links ein ruhiger Parkplatz [**89:** N 61° 57.853' E 12° 44.669']. Hier könnte man völlig gesetzestreu sein Haupt betten.
Zurück in IDRE biegen wir rechts, lassen die Zollstation rechts liegen und fahren dann geradeaus über die **Storån**-Brücke Richtung GRÖVELSJÖN.
Genau 18 km später folgen wir nach links dem kleinen (!) Wegweiser **Orrtjärnarna**. Er führt uns nach 400 m zu einem großen Parkplatz vor einer Gabelung am See (dort Sitzbank, Feuerstelle und traumhafte Ruhe).

(90) WOMO-Picknickplatz: Orrtjärnarna

Max. WOMOs: 3-4. **Position:** N 61° 57.816' E 12° 30.760'; 574 m.
Ausstattung/Lage: Sitzbank, Feuerstelle/außerorts.
Zufahrt: Von Idre 18 km nach Nordwesten Richtung Grövelsjön, dann links in den Wald.

Raus aus den Federn – heute steigt unsere Sechs-Stunden-Bergtour auf den **Storvätteshågna**!
Genau 21 km kurven wir auf bequemer Teerstraße noch bergan, auf das **Lång-Fjäll** zu. In GRÖVELSJÖN, etwa 200 m vor der großen Fjällstation mit dem grünen Dach, dort, wo ein Hinweisschild links zur "**Sjöstugan**" (mit vielen Parkplätzen längs der Straße) deutet, biegt rechts ein Schotterweg mit dem Wanderwegweiser "Hävlingen" ab, dem wir steil bergauf bis zu einem Wendekreis (mit Tisch und Bänken) folgen: Parken, Bergstiefel (!!!) an, Rucksack über, los geht's!

(91) WOMO-Wanderparkplatz: Grövelsjön

Max. WOMOs: 1-2. **Position:** N 62° 5.874' E 12° 19.293'; 858 m.
Ausstattung/Lage: Tisch und Bänke, Wanderwege/Ortsrand.
Zufahrt: Von Idre nach Nordwesten bis Grövelsjön, am Ortsbeginn rechts > Hävlingen.

Wir können die Richtung nicht verfehlen! Zunächst informiert eine Übersichtskarte am Straßenrand, dann zeigen blaue Wanderwegweiser bergan, erst einige Schritte weiter oben verzweigt sich der Weg: Die direkte Route zum "Storvätteshågna 9 km" führt geradeaus, ist auf markanten Felsbrocken orangegelb markiert und zunächst bequem aufgeschottert.

Munter stiefeln wir drauf los, nach wenigen Minuten sind wir die einzigen auf weiter Flur, inmitten der unverwechselbaren Fjällflora aus Zwerg-Birken *(Betula nana)*, Zwergwacholder, Bergheide, Heidelbeer- und Krähenbeeren, deren Blüten von violett bis kräftig rosa die Farbtupfer auf dem braunen und grünen Untergrund der Flechten und Moospolster liefern.

Fjällvegetation im Frühsommer und im Spätsommer

Sie finden die Zwergbirken nicht? Sie sind am leichtesten noch an ihren rundlichen, stumpf gezähnten, 10 Öre großen Blättchen zu erkennen, erreichen aber kaum die Höhe unserer Bergstiefel!
Die Marschrichtung ist generell N/O. Nach 20 Minuten, die erste Höhe ist erreicht, schiebt sich ein Gipfel, der 1070 m hohe **Fosksjöklápparna**, in

Zielrichtung empor. Er verdeckt "unseren Berg" für lange Zeit. 40 Minuten Wanderzeit, die erste Senke, ein kleines Bächlein, das wir überhüpfen können, der Winterweg Sågbäcken – Hävlingen quert.
Die zweite Höhe, eine Stunde ist 'rum. Links vor uns blinkt der **Övre Fosksjö**, rechts führen mehrere Pfadspuren den gegenüberliegenden Hang hinauf. Nach eineinhalb Stunden stehen wir auf der kleinen Holzbrücke [N 32° 7.375' E 12° 23.866'; 898 m] über den **Foskan**, der die drei **Fosk-Seen** miteinander verbindet.

Dahinter biegt unser Trampelpfad nach rechts ab (folgt man den Stangen des Winterweges, so kommt man mit einem kleinen Umweg auch ans Ziel, der Wegabschnitt ist dann nicht so steil).
Aber zunächst liefert das Wiesengelände einen idyllischen Mittagsrast-Lagerplatz (falls Sie das Autan nicht vergessen haben).
Speisen Sie in Ruhe, bis zum Gipfel sind es nur noch etwa 70 Minuten! Es geht rechts an der Höhe 1178 vorbei, die wir lange für unser Ziel halten.
Ja, wer hat denn hier die Berge eingezäunt? Am Horizont stehen lange Pfahlreihen, durch kräftigen Maschendraht verbunden. Es sind Rentiergatter (Rengärda), in denen die Haustiere der Lappen zusammengetrieben, markiert oder geschlachtet werden. Wir marschieren rechts an ihnen vorbei, der stangenmarkierte Winterweg hat sich mit unserem inzwischen vereinigt, dann liegt der **Santesonstjön** vor uns, kleine Plätscherwellen eilen über ihn dahin, auf einen gewaltigen Geröllhaufen zu: **Storvätteshågna**, mit 1203,6 m der höchste Berg Dalarnas [N 62° 7.244' E 12° 27.088'].
Seit diesem Tag aber müssen alle Karten revidiert werden, denn wir haben noch einen riesigen Stein zugelegt, lagern uns auf "unseren" 1204 m, lassen uns den Wind um die Ohren pusten und staunen in die Runde:
Gleich unter uns, im Norden, die lange, verästelte Seenkette, die der **Storan** durchfließt, mit dem Fichtenurwald von **Töfsingdalens National-**

Auf dem Storvätteshågna (1204 m)

park an seinem Nordufer, in dem noch wilde Bären friedlich hausen. Am Horizont, von West bis Nord, die Schneegipfel der norwegischen 2000er, glasklar, zum Greifen nahe. Im Südosten dicht bewaldete Täler mit den Quellflüssen des **Österdalälvs**.
Eintrag ins Gipfelbuch (gut eingepackt in einer Schatulle), Rückmarsch! Fast auf die Minute sechs Stunden sind vergangen, als wir nach 17,5 km am WOMO wohlig aufseufzend die Bergstiefel von den Füßen streifen.

„Was fangen wir mit dem angefangenen Nachmittag an", fragen wir uns kurz darauf bei Lättöl und Limonade: Wir lehnen uns bequem in die Polster, lassen uns von unserem rollenden Ferienhaus zu Tale schaukeln, machen nur kurz Pause bei der neuen **Stabkirche** von Storsätern [N 62° 3.804' E 12° 19.130'] und dem **Katarakt** des Grövlan [N 62° 3.379' E 12° 19.304'] 1 km später. In IDRE gelangen wir auf die Reichsstraße »70«, die, in weiten Abschnitten das Tal des **Österdalälvs** benutzend, über SÄRNA zum **Siljan-See** führt.
An der »70« entlang des **Österdalälven** wurde das freie Übernachten eingeschränkt! Nur wer einen ausgewiesenen "Lägerplats" anfährt, darf dort für z. Zt. 60 SKr übernachten, bekommt dafür aber das Feuerholz frei WOMO geliefert; überdachte Grillstelle, Tisch & Bank, Klo und Mülleimer gehören ebenfalls zur Standardausstattung.
Wir zählen Ihnen die schönsten Plätze von Nord nach Süd auf: Am **Idresjö**, knapp 2 km nach IDRE, wurden die Serviceeinrichtungen des **Badeplatzes** [N 61° 51.042' E 12° 45.360'] entfernt. Der schöne Sandstrand ist noch da, leider ist es kein "Lägerplats".Nach 9,6 km der erste Lägerplats "Forskflon" [**92a:** N 61° 49.199' E 12° 53.467'], knapp 2,5 km weiter der zweite:

(92b) WOMO-Picknickplatz: Österdalälven/Vändforsen

Max. WOMOs: > 5. **Position:** N 61° 48.223' E 12° 54.545'; 439 m.
Ausstattung/Lage: überdachte Grillstelle, Feuerholz, Klo, Mülleimer/außerorts.
Zufahrt: Von Idre die 70 nach Südosten, nach 11,6 km rechts hinab zum Fluss.

Die Plätze "Kringelfjorden N" [**92c:** N 61° 47.073' E 12° 56.009'] nach 14,0 km und "Kringelfjorden M" [**92d:** N 61° 46.490' E 12° 56.711'] nach 15,7 km ähneln den vorher beschriebenen, liegen direkt am Wasser, einer riesengroß, aber durch Wald und Buschwerk unterteilt, alle weit genug von der Straße entfernt, so dass auch geruhsamer Nachtschlaf garantiert ist. Am besten hat uns das weitläufige Areal im Heidelbeer-Kiefern-Wald links hinter der Brücke gefallen, auf der die »70« den **Österdalälv** von links nach rechts überquert.

(93) WOMO-Badeplatz: Österdalälvbrücke/Herdarfjorden S

Max. WOMOs: >5. **Position:** N 61° 45.484' E 12° 57.629'; 435 m.

Ausstattung/Lage: Sandstrand, Tisch & Bank, Grillstelle, Raststuga, Klo/außerorts.

Zufahrt: Von Idre 17 km die »70« nach Südosten, hinter der Brücke links an den Fluss.

Kurz darauf biegt rechts das Sträßchen ab, das wir schon zum **Njupeskär** gefahren sind – ein ereignisreicher Kreis hat sich geschlossen. Wir begrüßen SÄRNA wie eine alte Bekannte. Am südlichen Ortsende führt nach links eine Brücke Richtung SVEG. Biegt man hinter ihr links, so findet man nach 300 m das ruhige **Picknickplätzchen Israelshöjden** mit Raststuga am Fluss [**94:** N 61° 41.742' E 13° 10.348'; 430 m].

Richtung MORA entfernen wir uns vom Fluss. Wir tauschen ihn bald gegen eine versumpfte Wasservögel-Seenkette ein, den **Glysjö**. 16,7 km südlich SÄRNA sichten wir einen ersten Picknickplatz [N 61° 33.868' E 13° 18.602'], von dem aus ein 3-min.-Bohlensteg zu einem Beobachtungsplatz führt. 1,2 km weiter führt ein 1,2-km-Waldweg zum nächsten Vogelturm mit Picknickstuga [**95a:** N 61° 32.316' E 13° 18.754'], wo man auch ruhig übernachten kann. Die dritte Zufahrt, 5,4 km weiter im Süden, ist bereits 4 km lang. Aber bereits nach 2 km liegt linkerhand solch ein süßer, kleiner Badesee [**95b:** N 61° 30.583' E 13° 20.507'], dass wir leichten Herzens auf den dritten Vogelturm verzichten.

Jetzt umfängt uns endgültig dichtes Waldgebiet, die Landschaft ist geradezu unschwedisch seenleer, der Verkehr nahe Null, man schläft fast ein.
Da hilft nur ein abwechslungsreicher Umweg!
8,8 km südlich folgen wir nach rechts dem Wegweiser zum **NSG Gryvelån**. Von der Asphaltstraße, die geradeaus weiter nach SÖRSJÖN führt, biegen wir schon nach 2,5 km links in eine Naturbahn, die direkt am NSG entlang führt.
Nach 8 km parken wir beim **Wanderparkplatz** [**96:** N 61° 23.403' E 13° 28.624'], besichtigen die Köhlerei und die Holzteerproduktion, beginnen dann die "Kleine Runde", die uns eine gute Std. abwechslungsreich durch Sumpf und Tann führt.

Im NSG Gryvelan

Bald ist wieder die »70« erreicht, aber erst kurz vor ÅSEN treffen wir wieder auf den **Österdalälv**, der hier zum **Åsdamm** aufgestaut ist. Dort, wo die Straße nach TRÄNGSLET (mit dem sehenswerten Staudamm des **Trängsletsjö**) abzweigt, schlängelt sich ein Schotterweg zwischen der Straße und dem Südwestufer durch jungen Wald. Gleich zu Beginn der Piste wurde der Lägerplatz "Gryvelnäs" angelegt, unser Lieblingsplätzchen liegt 250 m südlich.

(97) WOMO-Picknickplatz: Åsdamm/Gryvelnäs

Max. WOMOs: > 5.
Position: N 61° 18.276' E 13° 43.551'; 295 m.
Ausstattung/Lage: keine; am offiziellen "Lägerplats": Tisch & Bank, Stuga mit Grillstelle und Feuerholz, Klo/ außerorts.
Zufahrt: siehe Text.

TOUR 9 (150 km / 1-3 Tage)

Rot – Mora – Vinäs – Sollerön – Gesundaberg – Ryssa – Nusnäs – Kråkberg – Grönklitten

Freie Übernachtung: Brunnsberg, Nässjö, Vinäs, Sollerön, Gesundaberg, Ryssa, Nusnäs (2x), Kråkberg, Grönklitten.

Besichtigungen: Rot (Rot Skans), Mora (Stadtbild, Seepromenade, Zorngård, Vasalopp-Museum, usw.), Sollerön (u. a. Utanmyra), Waldmuseum Siljanfors, Nusnäs (Dala-Pferdchen).

Baden: Nässjö, Vinäs, Sollerön, Ryssa, Nusnäs, Kråkberg.

Wandern: Sollerön (Vogelturm), Siljanfors, Bärenpark Grönklitten.

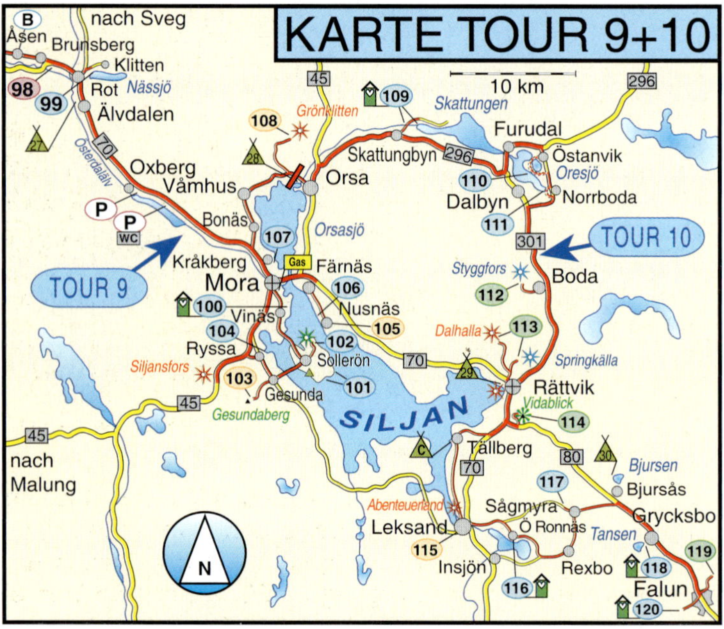

Kaum sind wir gestartet, verlassen wir schon die 70, denn wir überqueren den **Österdalälv** unterhalb der Dammkrone des **Åsdamm**-Stausees, benutzen die (alte) 70 Richtung ÅSEN/ BRUNNSBERG (Picknickplatz gleich hinter der Brücke rechts). ÅSEN – äußerst sehenswert wegen seiner alten Holzhäuser, dem uralten, kleinen Holzkirchlein und seines geheizten Freibades [N 61° 16.482' E 13° 49.186'].

1500 m nach dem Ortsende von BRUNNSBERG münden wir wieder in die 70 ein, ziehen durch dichten Fichten- und Kiefernwald. Bereits nach weiteren 1000 m rechts kein **Picknickplatz**, sondern ein **Picknickrevier** [**98:** N 61° 16.382' E 13° 58.869']: Mehrere verzweigte Fahrwege verbinden Plätze und Fleck-

chen zwischen niedrigem Fichtengehölz, hier könnte man hundert Wohnmobile verstecken (Lägerplats-Gebühr).
Besonders beliebt ist das Plätzchen bei Anglern, die bereits am frühen Morgen bis zu den Knien in den Fluten stehen – ob die Lachse schon ausgeschlafen haben?
Aber jetzt aufgepasst: Am Ortsbeginn von ROT überquert die »70« den **Rotälv**, dahinter biegt sie nach rechts. Links geht es unter anderem nach KLITTEN. Wir folgen dieser Straße 50 Meter und stellen unser Gefährt rechts auf dem Parkplatz des **Heimatmuseums Rots Skans** ab.

Zwischen den Wällen des ehemaligen Forts, das im 17. Jahrhundert norwegische Einfälle vereiteln sollte, wird seit 1913 "Altes" gesammelt: Einrichtungsgegenstände, Hausrat, Werkzeuge – was so seit dem späten Mittelalter Sehens- und Erhaltenswertes übrigblieb. Und damit das Ganze auch einen würdigen Rahmen bekam, schleppte man die alten Gebäude gleich mit herbei (zerlegt, versteht sich), baute sie sorgsam wieder auf und hegt und pflegt sie jetzt, dass das Anschauen eine Freude ist. Da stehen Farm- und Fischerhütten neben Mühle und Sennerei, ein mechanisches Gebläse, ein Ziehbrunnen, und alles darf angefasst und bestiegen werden (Mo-Fr 10-16 Uhr, Sa, So 12-16 Uhr).

Um 11 Uhr werden einige Gebäude geöffnet, so dass wir auch einen Eindruck vom "Besitztum" der ländlichen Bevölkerung bekommen. Leute, geht's uns heute üppig!
Der Eintritt kostet 10 SKr, Kinder sind frei, auch Kaffee, selbstgebackenen Kuchen und Limo gibt's für ein paar Kronen.

Es wird Ihnen schwer fallen, Ihre Kinder aus diesem "Museum zum Anfassen" herauszulocken! Es sei denn, Sie wissen, dass man nur 1000 m weiter in Richtung KLITTEN fahren muss, um dann, kurz nach der Abzweigung SVEG, im spitzen Winkel rechts den Fahrweg zum **Badplats** zu finden.
Dieser **Badeplatz** am **Nässjö** ist Spitzenklasse: Gleich zwei Wasserrutschbahnen, Sprungtürme, große Liegewiesen mit Schaukeln – und sage und schreibe 21° warmes Wasser.

(99) WOMO-Badeplatz: Nässjö
Max. WOMOs: 1-2.
Pos.: N 61° 15.723' E 14° 3.315'
Ausstattung/Lage: Sandstrand, Klo, Spielplatz, Sprungtürme, Rutsche, Liegewiese/außerorts.
Zufahrt: In Rot rechts 1000 m Richtung Klitten, dann rechts.

Für das WOMO wartet hinter der Liegewiese ein großer Stellplatz. Hier können wir auch in Ruhe Mittag essen, zehn Füße entsanden und zufriedene Kinder im Heck verstauen.
Dann "brausen" wir durch ÄLVDALEN, fast übersehen wir den schönen **Picknickplatz** am Fluss 1 km hinter der Abzweigung nach OXBERG (P-Schild); nicht zu übersehen ist der **Picknickplatz Spjutmosjön** 5,5 km später [N 61° 6.489' E 14° 16.583'] mit WC, Tischen, Bänken und Info-Tafeln.
Kurz darauf sind wir in MORA am **Siljan-See**. Hinter der Kirche fahren wir rechts und finden nach 200 m, genau gegenüber Anders Zorns **Zorngård**, einen strategisch günstig gelegenen Parkplatz (Gebühr). Von hier aus kann man bequem, je nach Stimmung und Interessenlage, den **Zorngård** oder das **Zornmuseum** des bekannten schwedischen Expressionisten, das **Vasalopp-Museum**, die **Kirche**, die quirlige Fußgängerzone – oder alles der Reihe nach besichtigen! Sparsamen Leuten sei die Weiterfahrt bis zum Ufer des **Siljan-Sees** empfohlen. Dort findet man nicht nur die **Touristen-information** und eine aussichtsreiche **Uferpromenade**, sondern auch viele kostenlose **Parkplätze** [N 61° 0.202' E 14° 32.487'].

Wir entscheiden uns für das neue **Vasalopp-Museum** – und gleich am Eingang erwartet uns eine "Enttäuschung": Für eine Anmeldungen ist es bereits wieder zu spät, denn zum ältesten, längsten (90 km) und größten Skilanglauf der Welt werden "nur" 15.000 Läufer zugelassen. So trösten wir uns damit, dass unter lauter skandinavischen Siegern Gert-Dietmar Klause aus Ost-Tyskland 1975 mit 4:20.29 erster beim Vasalopp wurde – und damit der einzige deutsche Sieger bei 75 Läufen blieb (65 Sieger waren Schweden!).

Unter der Vasalopp-Devise: "In der Spur der Väter für die Siege der Zukunft" steht die ganze Ausstellung, die geradezu sprüht vom Stolz der Schweden über "Ihre" Sportler, die es Jahr für Jahr dem "Rest der Welt" zeigen (vielleicht sollten Sie sich einmal anmelden!?).

Der **Siljan** ist der Schweden Lieblingssee, seine blaue Farbe wird mit den Augen der schönsten Schwedinnen verglichen – und die Zahl der Ferienhäuser an seinen Ufern wird Jahr für Jahr größer.
Resümee: Für Wohnmobiler, die hier von uns ein schönes Plätzchen erwarten, mussten wir schwer suchen. Zunächst verließen wir MORA auf der »45« Richtung MALUNG (nach 1000 m linkerhand **Gasflaschentausch** bei Fa. Norsk Hydro im Dossjonsvägen [N 61° 59.439' E 14° 32.052'] möglich), bogen aber schon kurz nach dem Ortsendeschild links ein nach

VINÄS/SOLLERÖN.
In VINÄS (500 m nach der auffälligen roten Steinsäule) biegen wir links (Ågåvägen) zum ersten Siljan-Badeplatz. Nach 400 m Asphalt und 700 m Schotter erreichen wir die gepflegte Liegewiese mit Badesteg und Toilette, das WOMO parkt 100 m entfernt im Hochwald unter Kiefern.

(100) WOMO-Badeplatz: Vinäs

Max. WOMOs: 1-2.
Pos.: N 60° 58.053' E 14° 33.504"
Ausstattung/Lage: Klo, Badesteg, Tische, Bänke, Liegewiese/außerorts.
Zufahrt: Von Mora 5 km nach Süden, in Vinäs links (Ågåvägen) noch 1100 m zum See.

Eine Rundfahrt auf der **Insel Sollerön** sollte niemand auslassen! Hier sehen fast alle Gebäude aus wie im Freilichtmuseum in ROT – und viele von ihnen sind auch schon so lange im Familienbesitz. Das eigentliche Heimatmuseum zwischen ihnen fällt kaum auf.
Kommt man von VINÄS nach SOLLERÖN, so stößt man auf die Kirche. Biegt man vor der Kirche rechts und nach 100 m schon wieder links, so kommt man nach BRÅMÅBO und BODARNA. Die Zufahrtsstraße verzweigt sich erst 500 m später. Beide Ortschaften haben schöne, einsam und ruhig gelegene Strandplätze, man muss nur die Weiler durchqueren und auf Schotter schnurstracks bis zum Wasser weiterrollen.

Badeplatz Bråmåbo

Besonders gut gefällt uns der **Badeplatz** von BRÅMÅBO **[101a:** N 60° 53.736' E 14° 39.644'], nicht nur wegen seines rötlichen, feinen Sandes und der idyllischen Lage, sondern auch wegen der geradezu unheimlichen Heidelbeermengen, die wir im Nu im Wald hinter dem Strand zusammengesucht haben. Und da ein treusorgendes Weib auch Gelierzucker im WOMO-Vorrat hat und zudem auch noch umweltbewusst die Konservengläser ausspült und aufhebt, gibt es am nächsten Morgen frische, leckere Heidelbeermarmelade (wegen des großen Andranges von Wohnmobilen wurde inzwischen der eigentliche Badeplatz mit einem 1,90-m-Balken blockiert, eine Parkplatzwiese davor kann noch benutzt werden).

Biegt man vor der Kirche rechts und rollt dann 1100 m geradeaus, so entdeckt man die Zufahrt zum Dörfchen KULÅRA, das man nach weiteren 1600 m erreicht (es gibt auch einen direkten Verbindungsweg von **Bodarna-Badeplatz** [**101b:** N 60° 53.236' E 14° 38.551'] nach KULÅRA). Dort existiert ein origineller **Dorf-Campingplatz** [N 60° 53.663' E 14° 36.943'], der von den Bewohnern Kulåras abwechselnd betreut wird. Für diesen Service zahlt man bescheidene 75 SKr/Tag.

Badeplatz Bodarna

Biegt man vor der Kirche von SOLLERÖN links, so kommt man nach 400 m an den Wegweiser UTANMYRA, dem wir folgen. Nach 1,4 km haben wir das Dörfchen erreicht und halten weiter genau nach Norden in den Norbyvägen hinein.

UTANMYRA hat einen kleinen, aber feinen **Badeplatz** vor Kiefern und Birken, aber das ist nicht der primäre Grund unseres Besuches. Wir fahren noch 100 m weiter bis zum Ende der Teerstraße [N 660° 56.280' E 14° 35.449'], parken dort und folgen, ausgerüstet mit Gummistiefeln (!), Fernglas, Fotoapparat und Teleobjektiv, nach links den Wegweisern **Fogeltorn** und einer orangeroten Markierung bis zum **Utan Myr**, dem unteren Moor.

Vom hohen **Vogelturm** inmitten des Moores kann man, vor allem in den frühen Morgenstunden, eine reiche Wasservogelwelt beobachten, wie die Eintragungen im Beobachtungsbuch beweisen. Um möglichst frühmorgens anzukommen, empfiehlt sich die Übernachtung auf dem reizenden Badeplatz.

(102) WOMO-Badeplatz: Utanmyra

Max. WOMOs: 1-2.

Pos.: N 60° 56.374' E 14° 35.561'

Ausstattung/Lage: Badesteg, Grillstelle, Tisch & Bank, Liegewiese/Ortsrand.

Zufahrt: Vor der Kirche von Sollerön links (Wegweiser: Utanmyra).

Von Nordwesten sind wir auf die Insel gelangt, nach Südwesten verlassen wir sie wieder, biegen in GESUNDA rechts zurück Richtung MORA. Eine schöne Aussicht über den Siljan gewünscht? Dann folgen Sie einfach den Wegweisern "Skilift/Tomteland" auf den **Gesundaberg**. Dort haben Sie nicht nur einen weiten Blick, sondern auch liebe Kinder, wenn Sie ihnen den Eintritt ins **Tomteland** – ein Märchenpark, wo die Zwerge und ihre Freunde wohnen (Werbetext). Die besten **Stellplätze** haben wir bei der sommers natürlich geschlossenen Skischule entdeckt [**103:** N 60° 52.589' E 14° 31.265'; 297 m].

In RYSSA, gleich hinter der Brücke über ein Bächlein, also erst **nach** der Abzweigung nach BORSTNÄS, folgen wir nach rechts dem Ryssnäsvägen (500 m Asphalt und 800 m Schotter) bis zu einem winzigen Badeplätzchen zwischen Fischerhütten, wo wir mit Blick auf **Sollerön** plätschern, uns sonnen und in Stille nächtigen.

(104) WOMO-Badeplatz: Ryssa

Max. WOMOs: 1-2. **Position:** N 60° 55.338' E 14° 30.514'

Ausstattung/Lage: Badesteg, Liegewiese, Sandkasten, Klo/außerorts.

Zufahrt: Von Mora auf 45 nach Süden, nach 10 km links nach Ryssa, dort links zum See.

Das Idyll kann auch am nächsten Tag noch reichlich genossen werden, aber spätestens nach dem Mittagessen muss vorgeglüht werden, sonst klappt das "timing" nicht!

In RYSSA biegen wir rechts Richtung MORA. Nach 600 m, am Ortsende, nehmen wir links die Abkürzung zur »45« (Hinweisschild: BUDSEL), auf die wir nach eineinhalb Kilometern treffen. Hier geht es links Richtung MALUNG, und nach nur knapp sechs Kilometern ist das **Waldmuseum Siljanfors** rechts der Straße erreicht [N 60° 53.397' E 14° 22.502'].

Wie die Schweden seit Urzeiten und bis heute ihren Wald nutzen, ist hier nach Lösen einer Familienkarte von 10-17 Uhr für 80 SKr bei einem beschaulichen Spaziergang zu begucken: Der Rundgang reicht von der Köhlerhütte mit angefangenem Holzkohlenmeiler davor bis zum **Hochofen**, der mit der hier gewonnenen Holzkohle befeuert wurde. Ein im Preis inbegriffenes Heftchen erläutert auch auf deutsch die Verwendung der Gebäude am Rundweg, nur vor den Exponaten in den drei Ausstellungshallen sind wir auf unsere optischen Eindrücke und unsere rege Phantasie angewiesen – hier wird nur noch auf schwedisch erläutert.

Trotzdem ein lohnenswerter Abstecher, vor allem auch für Kinder! Und an die denken wir besonders, als wir zurück durch MORA Richtung ENKÖPING, über den **Österdalälv**, den wir nun schon hinreichend kennen, und an einem Kreisverkehr Richtung RÄTTVIK/ENKÖPING auf der »70« fahren.
Achtung! Schon nach einem Kilometer müssen wir rechts abzweigen; über FÄRNÄS gelangen wir nach NUSNÄS, der Heimat der **Dalahästarna**, der berühmten Dala-Pferdchen. Seit Jahrhunderten sind diese kleinen Holzpferdchen bekannt, wurden zunächst zum Zeitvertreib, in Notzeiten aber auch als Zahlungsmittel hergestellt. Heute sind es kleine Handwerksbetriebe in VATTNÄS, RISA, BERGKARLÅS und eben NUSNÄS, in denen diese Tradition, durchaus gewinnbringend, fortgesetzt wird.

Der Weg zu Nils Olssons Pferdemanufaktur ist nicht zu verfehlen: Nur 900 m nach dem Ortsschild NUSNÄS geht es an einer (ausgeschilderten) Gabelung links, und gleich dar-

auf können Sie (völlig unverbindlich, versteht sich) durch die Produktionsräume schlendern, beim Sägen, Schnitzen, Spachteln, Grundieren und vor allem beim kunstvollen Bemalen der hölzernen Schweden-Mustangs zuschauen – natürlich nur, um dann auch welche zu erwerben! Aber wer würde nicht ein paar Euros für ein besonders "süßes" Pferdchen ausgeben, wenn die Kinder so lieb schauen? (offen: 8-17 Uhr/Sa 10-14 Uhr).
Gegenüber der Manufaktur wurde eine riesige **Picknickwiese** [**105:** 60° 57.737' E 14° 38.993'] eingerichtet, die wir wärmstens für die Übernachtung empfehlen können – fall Sie nicht baden wollen...
... denn dann fährt man bis zu der vorhin erwähnten Gabelung zurück, dort links durch die Nusnäsbygata und den Morängsväg, links am Sportplatz "Morängen" vorbei, dahinter rechts den Sandvisolsväg bis zum Ende – dann landet man am **Badeplatz** von NUSNÄS mit Liegewiese und einigen schatten-

spendenden Kiefern. Geschäftstüchtig, wie die Nusnasen offensichtlich sind, haben sie ihren **Badeplatz** in den Rang eines **Campingplatzes** [**106:** N 60° 57.871' E 14° 37.839'] erhoben (die 40 SKr-Gebühr pro Nacht soll man im ICA-Supermarkt des Ortes oder bei Grannas Olsens Manufaktur abliefern).

Campingbadeplatz von Nusnäs

Sie sind noch gar nicht müde? Folgen Sie uns nach MORA zurück und ein Stück auf der »70« Richtung ÄLVDALEN/IDRE, bald jedoch rechts nach KRÅKBERG.
Im Ort zeigt ein kleines, schmales, blaues Schildchen, an der vierten Seitenstraße (Badväg), zum **Badplats**. Der prächtige Kiefernwald ist zwar fest in der Hand von Ferienhausbesitzern, aber an seinem Beginn ist speziell für Badegäste ein großer Parkplatz eingerichtet worden.

(107) WOMO-Badeplatz: Kråkberg

Max. WOMOs: 1-2. **Position:** N 61° 2.152' E 14° 31.584'
Ausstattung/Lage: Klo, Riesendüne/Ortsrand.
Zufahrt: Von Mora kurz auf »70« Richtung Älvdalen/Idre, dann rechts nach Kråkberg.

Verblüffend steil geht es hinab zum breiten, gelbroten Superstrand des **Orsasjö**, einem Ausläufer des **Siljan**. Das ganze Uferprofil gleicht einer mächtigen Düne – und es ist eine! Allerdings stammt sie noch aus der Zeit, als die Wellen der Ostsee bis hierher schwappten – und das ist immerhin schon über 9000 Jahre her, denn damals, während des Endstadiums der letzten Eiszeit, war ganz Skandinavien durch die 2000 Meter mächtigen Eismassen tief hinabgedrückt. Aber Düne ist Düne, und so springen, rutschen und kugeln wir hinab zu unserem neuen Badeparadies.
Bis zum späten Abend plätschern und buddeln wir am Strand, dann erinnern wir uns an unser Rendezvous mit den Bären von GRÖNKLITTEN und brechen auf.
Wir durchfahren KRÅKBERG in nordwestlicher Richtung und sind bald auf der »70«, die nach ÄLVDALEN führt. Aber bereits nach 500 m verlassen wir sie wieder nach rechts: BONÄS steht auf dem Wegweiser.

Um dieses Straßendorf könnte man sofort einen der typisch schwedischen Stangenzäune ziehen und am Eingang zum "Hembygdsgård" Eintritt kassieren: Uralte Bauernhäuser aus massiven Baumstämmen, die meisten in der Standardfarbe falunrot, stets umgeben von Heu-, Holz-, Vieh- und Getreidespeichern wie die Glucke von ihren Küken, säumen den Straßenrand. Und plötzlich, übergangslos, begreife ich, dass ich nicht in einem Museum bin, sondern dass es schwedischer Lebensstil ist, das Alte nicht nur zu bewahren, sondern auch zu bewohnen! Wie wir später merken, geht das so weit (was allerdings bei der massiven Bohlenkonstruktion der Häuser einfach ist), dass alte Häuser gekauft, zerlegt, und an idyllischer Stelle wieder aufgebaut werden. Aber natürlich kann man sein Wohnhaus auch als Fertighaus im historischen Stil neu bauen – alles eine Frage des Geldbeutels!
Das Hembygdsgård-Bild setzt sich fort in KUMBELNÄS und VÅMHUS, wo wir rechts Richtung ORSA abzweigen. 6,8 km später weisen uns die Wegweiser "FRYKSÅS 9 km" und **Björnpark** nach links in eine Stichstraße.
Kurz vor FRYKSÅS zweigt die Straße zum Bärenpark rechts ab, Sie sollten aber zunächst geradeaus fahren und eine Ehrenrunde durch diese uralte **Almsiedlung** drehen.

So ganz nebenbei bekommen Sie an der Übersichtstafel am Wendeplatz gezeigt, was Sie verpassen, weil Sie im Sommer und nicht im Winter Ihren Urlaub in Schweden verbringen: Die Gegend von Grönklitten ist "wintertouristisch durchgestylt", und der Bärenpark ist nur eine Attraktion am Rande.
So finden wir bei unserer Ankunft in GRÖNKLITTEN ein Hotel vor, hunderte von Ferienhäusern und einen hässlichen Schotterplatz mit vielen Stromanschlüssen (an der Straße WC), auf dem sich wohl im Winter die mobilen Ski-Fans drängen.
Direkt vor dem Bärenpark gibt es ebenfalls reichlich Parkplätze, einer ist speziell für Wohnmobilfahrer markiert [**108:** N 61° 12.691' E 14° 32.149'; 482 m].

TOUR 10 (160 km / 2-3 Tage)

Orsa – Oresjö – Boda – Styggfors – Rättvik – Springkälla – Leksand – Ö Rönnäs – Sågmyra – Grycksbo – Tansen (Karte siehe Tour 9)

Freie Übernachtung:	Skattungen, Oresjö, Styggford, Springkälla, Vidablick, Leksand, Ö Rönnäs, Sågmyra, Tansen.
Besichtigungen:	Grönklitten, Styggfors, Springkälla, Rättvik (Kirche usw.)
Baden:	Skattungen, Oresjö, Ö Rönnäs, Sågmyra, Tansen.
Wandern:	Grönklitten, Styggfors, Springkälla, Vidablick.

Der **Bärenpark von Grönklitten** ist von 10 - 15 (17) Uhr geöffnet. Trotz ausgiebigem Frühstück sind wir unter den ersten, die mit Fernglas, Fotoapparat und Teleobjektiv bewaffnet den größten Bärenpark Europas betreten. Auf 80.000 qm können sich die Petze tummeln – und für die Besucher hat man sich etwas Besonderes ausgedacht:
Sie können auf drei Laufstegen weit oberhalb der Reichweite krallenbesetzter Tatzen die Gehege betreten und die Tiere bequem beobachten und fotografieren. Falls Ihren Kindern mehr nach Streicheltieren sein sollte – im unteren Teil des Geländes warten Ziegen und Schweine auf persönliche Zuwendung.

Verpassen Sie nicht die Bärenfütterung (meist 10. 30 - 11 Uhr)! Zu dieser Zeit sind alle Pelztiere direkt am Zaun versammelt und sorgen mit verblüffender Geschwindigkeit dafür, dass Unmengen von Brotlaiben, Berge von Karotten sowie die üppigen Speisenreste der Hotelgäste verwertet werden.
13 km lang ist der Abstecher zum

Bärenpark (eine Richtung), an gleicher Stelle kommen wir wieder zur Hauptstraße hinab, biegen links nach ORSA.
Dort glauben wir dauernd, uns verfahren zu haben, so unklar ist die Beschilderung. Aber bis 3 km hinter dem Ort sind die Richtungen SVEG/VOXNA/ÖSTERSUND und FURUDAL alle richtig, erst dann gabeln wir mit der »296« von der »45« ab, jetzt gelten nur noch FURUDAL und VOXNA für uns! Die Straße steigt empor, lässt den **Oreälv**, der bei ORSA in den **Orsasjö** mündete, weit unter sich, so dass wir, vor allem auf der Höhe von SKATTUNGBYN, eine fantastische Sicht nach Norden über die Wälder, Hügelketten, Täler und Seen **Dalarnas** haben. Der **Skattungen** beginnt nordöstlich von SKATTUNGBYN, dort müsste eigentlich ....
Bei der einzigen Tankstelle in SKATTUNGBYN biegen wir links ab Richtung TORSMO. Nach 1900 m passieren wir eine Bahnlinie und überqueren nach 2600 m den **Oreälv**. Unmittelbar vor und hinter der Brücke kann man links auf einen großen, sonnigen Wiesenplatz, umgeben von hohen Kiefern fahren, der ruhige Fluss ladet zum Bade.
Fährt man jedoch noch 700 m weiter Richtung TORSMO, so kommt man rechterhand zum ***Badeplatz am **Skattungen-See**. Er bietet Sitz- und Grillgelegenheit (Holz ist schon gehackt und bereitgelegt), Toilette, Badesteg, 20-Grad-Wasser und paradiesische Ruhe trotz des nahen Sträßchens.

Badeplatz Skattungen

(109) WOMO-Badeplatz: Skattungen

Max. WOMOs: 2. **Position:** N 61° 12.021' E 14° 53.832'
Ausstattung/Lage: Sandstrand, Badesteg, Volleyballfeld, Grillstelle, Liegewiese, Klo/ außerorts. Zelten verboten.
Zufahrt: Von Mora nach Norden, über Orsa nach Skattungbyn, dort links noch 3300 m.

Auch für seine Bildung kann man hier etwas tun: Schlendert man nur 50 Schritte vom rotgelben Sandstrand Richtung Straße, entdeckt man auf der linken Seite die erste von siebzehn **Fanggruben**, die zwischen dem **Skattungen-See** und dem nur 400 m entfernten **Oreälv** gegraben wurden, um Elche hineinzutreiben. Diese Fangmethode ist in Schweden seit der Steinzeit nachgewiesen und wurde erst 1864 verboten. Die Fanggruben hatten nach ihrer Fertigstellung natürlich senkrechte Wände und wurden mit Zweigen und Laub getarnt. Jetzt sehen sie aus wie Bombentrichter – erstaunlich genug, dass sie sich so lange gehalten haben.

Wir kehren nach SKATTUNGBYN zurück, setzen unseren

Weg nach Osten fort. Beim Weiler ARVET stoßen wir auf die »301« und biegen links nach FURUDAL, um den **Oresjö** zu umrunden. Hinter FURUDAL hat der Ore Fritidsby-Camping alles im Griff, d.h. die schönen freien Plätzchen am Sandstrand sind mit überdimensionalen Verbotsschildern zugepflastert. Besonders schön das Plätzchen direkt hinter der Brücke über einen Oresjö-Ausläufer [N 61° 10.231' E 15° 10.305'].
4 km östlich FURUDAL verlassen wir die 296 nach rechts Richtung ÖSTANVIK und nach 1000 m nochmals rechts nach ÖSTANSJÖ. Nach 2,5 km haben wir es geschafft. Das kleine Schildchen " Räfskrok" führt uns zum traumhaften **Badeplatz** Svartviksbad mit einem kupferfarbenen Sandstrand.

(110) WOMO-Badeplatz: Svartviksbadet
Max. WOMOs: 3.
Pos.: N 61° 8.468' E 15° 11.923'
Ausstattung/Lage: Sandstrand, Klo, Grillhütte, Badesteg/außerorts.
Zufahrt: Von der 296 über Östanvik nach Östansjö, davor rechts.

Nach 1300 m beglücken wir 2000 m Asphaltstraße, schwenken dann rechts in den Västomsjöväg, der uns nach 1000 m zum nächsten traumhaften Sandbadeplatz führt, den wir mangels Namen **Björnmyrbad** [**111:** N 61° 7.177' E 15° 13.680'] nennen wie den Weg, auf dem wir zur Asphaltstraße zurückkehren. Gegenüber der Einmündung liegt das Heimatmuseum "Gamelstan" (falls wir von Süden kommen, dient es uns als Wegweiser!).
Westlich von SÖRBODA stoßen wir auf die 301, die uns nach Süden Richtung RÄTTVIK davonträgt. Die eintönige Begleitung dichten Kiefernwaldes schläfert uns ein, so dass wir beim Abzweig BODAKYRKBY glatt vorbeischlittern. Dabei ist groß und deutlich auch **Styggforsen** ausgeschildert. Also weiter bis zum nächsten Feldweg, wenden und wieder zurück, denn das kleine **Naturreservat** ist unbedingt sehenswert! Die Zufahrt durch BODA ist ebenfalls gut beschildert (auf halbem Wege Waldfriedhof mit großem Parkplatz [**112:** N 61° 0.754 E 15° 12.013'] und Wasserhahn).

Ausführlich werden am Wanderparkplatz [N 61° 0.415' E 15° 11.487'] und an den Stationen des Rundweges die botanischen und geologischen Sehenswürdigkeiten erläutert, so auch der Gesteinsgrund, dem wir den dreißig Meter hohen **Wasserfall** zu verdanken haben, denn eine Verwerfung hat eine fast senkrecht stehende, im wahrsten Sinne des Wortes granitharte Scholle geschaffen, über die das Wasser hinwegschießt.

Nun können wir uns auf RÄTTVIK freuen, noch 17 km trennen uns von diesem belebt-beliebten Ferienort. Ab Ortsschild rollt man Richtung **Centrum**, bis es beim Bahnhof nicht mehr weiter geradeaus geht. Dort leuchtet gleich rechts das grüne Schild des Touristenbüros. In ihm gibt's kostenlos bergeweise Informationsmaterial, auch in deutsch, auch einen Stadtplan.

Solchermaßen ausgerüstet rollen wir vor dem Bahnhof auf der »70« 1200 m nach rechts bis zu einer Kreuzung. Links geht es über einen beschranktem Bahnübergang zum **Stiftsgarden**. Dort findet man reichlich kostenlose, ruhige Parkplätze und im Umkreis von wenigen Metern sind nicht nur 87 **Kirchställe** aus dem 16. Jahrhundert zu begucken, in denen früher die Pferde der Kirchenbesucher warmen Unterstand fanden, sondern vor allem die **Kirche** aus dem 13. Jahrhundert, in der das riesige Holzkruzifix den Beschauer still werden lässt: Wie klein wirkt der Erlöser an ihm, wie verlassen ...

Biegt man vor dem Bahnübergang rechts, so landet man im Heimatmuseum **Rättviks Gammelgård**. Dort sind, wie in Schweden allgegenwärtig, alte Häuser und auch das dazu gehörige Inventar zu besichtigen.

Aber RÄTTVIK besitzt auch zwei "Naturwunder", bei denen allerdings der Mensch etwas nachgeholfen hat. Biegt man an der besagten Kreuzung rechts, so gabelt sich die Straße nach weiteren 100 m (km 0). Nach rechts durchqueren wir geradezu den Golfplatz, biegen am Ende des Fußballstadions links, werfen einen Blick auf die Trabrennbahn und biegen nach weiteren 600 m im spitzen Winkel in einen Sandweg, dem Wegweiser **"Springkälla 3 km"** folgend.

An einem schön ruhig gelegenen **Wanderparkplatz** [**113a:** N 60° 55.346' E 15° 9.445'] endet das motorisierte Vorwärtskommen, noch 150 Schritte geht es bergab und über eine tolle Hängebrücke.

Die **Springquelle** macht den Eindruck, als sei sie das letzte Überbleibsel eines verwilderten Parkes, aber in Wirklichkeit

ist sie das Ergebnis einer vergeblichen Erdölbohrung – in Saudiarabien hätte man sich mehr darüber gefreut!
Biegt man bei (km 0) links, so kommt man zu **Dalhalla**, einem Riesensteinbruch mit See, in dem regelmäßig Konzertaufführungen usw. stattfinden [**113b:** N 60° 56.873' E 15° 6.417'].
Jetzt aber ist der versprochene Stadtbummel dran, und erst zu der Zeit, in der in Deutschland bereits Abenddämmerung wäre, werfen wir wieder den Diesel an und verlassen RÄTTVIK nach Süden auf der »70/80« Richtung FALUN/GÄVLE.
Bitte ein ruhiges, beschauliches Übernachtungsplätzchen!
Nach 3 km trennen sich die beiden Straßen. Wir bleiben noch 500 m auf der »80«, dröhnen dann links steil 2 km zum Aussichtsturm **Vidablick** hinauf, der nicht nur seit über 100 Jahren Aussicht, sondern auch einen großen, ruhigen **Wanderparkplatz** bietet [**114:** N 60° 51.856' E 15° 7.534'; 351 m].
Am nächsten Morgen kehren wir zur Gabelung zurück, schwenken links in die »70«. Nach 3,8 km lockt uns der Wegweiser "TÄLLBERG" nach rechts zurück zum Siljan, aber außer beim schön gelegenen Campingplatz [N 60° 49.624' E 14° 58.692'] finden wir keinen Badeplatz. Erst kurz vor LEKSAND wartet mit dem **Äventyred Sommarland** [N 60° 45.364' E 14° 58.287'] die nächste Touristenattraktion. Nachdem der Familienvater 650 SKr gelöhnt hat, darf sich die ganze Familie auf über 50 Aktivitäten freuen; das teure Vergnügen ist von 10-18 Uhr geöffnet.
Völlig kostenlos kann man die schöne Kirche von LEKSAND besichtigen. Dies ist umso erwähnenswerter, als sie umgeben ist von einer spazierenswerten Grünzone; **Toiletten** findet man zudem am **Parkplatz** [**115:** N 60° 43.893' E 14° 59.184'] beim Heimatmuseum.
Zurück im Zentrum überqueren wir nicht nach rechts den **Österdalälv**, sondern schwenken links und dann rechts nach SÅGMYRA, am nördlichen Ufer des Flusses entlang. Nach 10 km sind wir in ÖSTRE RÖNNÄS, biegen 200 m nach dem Ortsschild rechts zum **Badplats**.

(116) WOMO-Badeplatz: Östre Rönnäs

Max. WOMOs: 2. **Position:** N 60° 41.992' E 15° 7.967'
Ausstattung/Lage: Sandstrand, Schwimmsteg, Tisch & Bank, Klo/außerorts.
Zufahrt: Von Leksand nach Ost Richtung Sågmyra bis Östre Rönnäs, dort rechts.

6 km später biegen wir an einer Vorfahrtsstraße links gen REXBO, aber bereits nach 3 km machen wir am Ortsende von HELGBO einen Stopp bei dem süßen **Badeplatz** [N 60° 39.506' E 15. 12.548'] am **Helgsjö**, der nur einen gewaltigen Nachteil hat: Der kleine Parkplatz liegt direkt an der Straße.
In REXBO halten wir auf einer Erdbahn auf SÅGMYRA zu. Dieses Örtchen liegt ein paar Schritte links unserer Strecke, aber der dortige **Sandbadeplatz** lohnt den 1,5-km-Abstecher. Wir rollen Richtung LEKSAND und folgen dann nach rechts dem Wegweiser "Vilnisgården" [**117:** N 60° 43.093' E 15° 16.757'].

Badeplatz Vilnisgården von Sågmyra

Am Gopen-See vorbei stoßen wir südlich BJURSÅS auf die »80«, halten nach Süden auf FALUN zu. 200 m hinter dem Ortsschild von GRYCKSBO biegen wir rechts (Wegweiser: Pappersbruk) zu unserem Badeplätzchen am **Tansen-See**.
Nach 1100 m, an einer Vorfahrtsstraße, wenden wir uns wieder rechts Richtung LUSTEBO und können nach weiteren 200 m nach links in einen Schotterweg zum Badeplatz **"Badet Tansen"** abzweigen.

(118) WOMO-Badeplatz: Tansen/Grycksbo

Max. WOMOs: 2-3.
Position: N 60° 41.371' E 15° 28.081'
Ausstattung/Lage: Sandstrand, Schaukel, Badesteg, Liegewiese, Klo/außerorts.
Zufahrt: Von der »80« rechts ab nach Grycksbo-Pappersbruk, nach 1100 m nochmals rechts und nach 200 m links zum "Badet Tansen".
Hinweis: Das Holzbrückchen zum Parkplatz ist breiter als man denkt, aber davor gibt's links auch ein Plätzchen.

FALUN mit seiner berühmten Kupfergrube ist auf der »80« zwar nur noch 13 km entfernt. Falls Sie dort besonders früh zur Besichtigung schreiten wollen, haben wir drei Plätze direkt vor Ort ausgekundschaftet, die wir Ihnen am Beginn der nächsten Tour zeigen werden!

TOUR 11 (140 km / 1-2 Tage)

Falun – Vika – St. Skedvi – Sör – Avesta – Sala

Freie Übernachtung:	Falun (3 Plätze), Vikasjö, Nävden, Avesta (Wisentpark), Sala (4 Plätze).
Besichtigungen:	Falun (Skischanze, Stadtbild, Grube), Vika (Kirche, NSG), St. Skedvi (Kirche, Heimatmuseum), Avesta (Wisentpark), Sala (Kirche, Silbergrube).
Baden:	Stångtjärn, Vikasjö, Nävden, Långforsen.

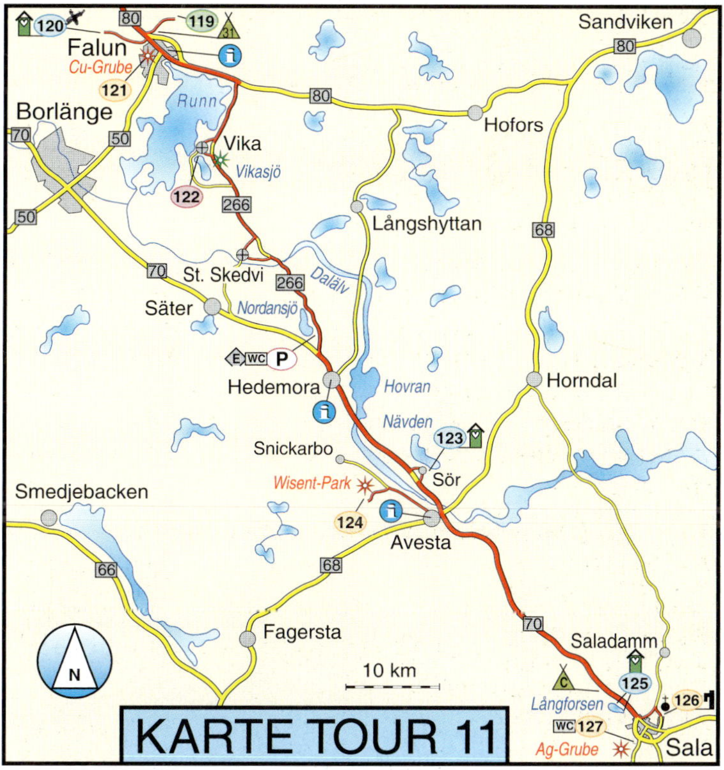

Am nächsten Morgen folgen wir am ersten Kreisverkehr von FALUN nicht geradeaus dem Wegweiser "Centrum", sondern schwenken links (LUGNET) und nach 2,3 km nochmals links. Vorbei am großen Campingplatz düsen wir hinauf zum **Hopptorn**, der riesigen Doppelskischanze. Direkt daneben findet man aussichtsreiche **Wanderparkplätze** [**119:** N 60° 37.281' E 15° 40.004'] – und mit dem Fahrstuhl kann man sich auf die Schanze hinaufliften lassen, um einen gigantischen Rundblick zu genießen. Zurück am Kreisverkehr nehmen wir nun die

Centrumszufahrt, schwenken aber nach 1000 m rechts zum **Stångtjärn**, den wir nach 3,7 km erreichen. Ein großer **Parkplatz** [**120:** N 60° 37.833' E 15° 33.433'] wartet neben dem komplett ausgestatteten **Badeplatz**.

Sie sind in Gedanken bereits in den grausamen Tiefen des Kupferberges?

Falun-Gruva, dieser Name ist uns allen seit Tagen ein Begriff, nachdem ich den Kindern J. P. Hebels schaurig-traurige Kurzgeschichte vorgelesen hatte vom jungen Bergmann und seiner Braut, die fünfzig Jahre um ihren verschütteten Geliebten trauerte. Endlich fand man ihn, von Kupfervitriol durchtränkt und deshalb völlig unverändert, so dass man zunächst glaubte, einen schlafenden Jüngling vor sich zu haben. Niemand kannte den Toten, bis die ehemalige Verlobte, nun ein greises, zusammengeschrumpftes Weiblein, voller Schmerz auf die geliebte Leiche niedersank ....

Falls Sie sich zuerst das Kupferbergwerk anschauen möchten, fahren Sie weiter Richtung Centrum/ÖREBRO auf der »50«, bis am nächsten Kreisverkehr, wo das braune Hinweisschild **Gruvan** nach rechts unübersehbar ist. Nach Auskunft bei der Grubenleitung dürfen die **Parkplätze** auch nachts benutzt werden, besonders beliebt sei dann der Busparkplatz mit Tisch & Bank & WC [**121:** N 60° 36.097' E 15° 37.023'].

Die **Falun Koppergruva** und das gegenüber des Grubeneingangs liegende, umfangreiche, unbedingt sehenswerte Museum haben von 10-17 Uhr täglich geöffnet. Zunächst aber wird der Blick eingefangen vom **Großen Loch**, einem Krater, der jedem Vulkan zur Ehre gereichen würde! Seit dem 13. Jahrhundert wühlte man hier nach dem begehrten roten Metall: Schnell, ohne Planung, ohne Vorsicht. Schließlich war der Berg durchlöchert wie ein Schiffszwieback, in dem die Maden hausen – und stürzte in sich zusammen; der großen Katastrophe waren jedoch unzählige "kleine" Unglücke vorausgegangen, die Arbeit in der Grube war gefürchtet, gleichzeitig aber der einzige sichere Arbeitsplatz weit und breit.

Wohl eine halbe Million Tonnen Kupfer hat der Berg bis heute hergeben müssen, jetzt werden in erster Linie Eisen- und Schwefelkies abgebaut, wichtige Ingredienzien zur Herstellung der schwedischsten

aller schwedischen Farben, dem rostroten Falun-Rot.
Die alten Stollen und Abbauhallen sind nicht mehr in Betrieb, man hat einige von ihnen jedoch, wohl gesichert, für Besucher zugänglich gemacht:
Wir plündern unsere große Ausrüstungskiste, wappnen uns mit Gummistiefeln und warmen Klamotten, denn im Berg ist es sommers wie winters 5°C. kalt – und schlecht geputzt!
Es ist Sonntag und der Besucherandrang mäßig. Für 250 SKr (Familienkarte; Museum kostet 20 SKr, Kinder frei) erhalten wir ein Gummicape, einen Schutzhelm – und die blonde, deutschsprechende Karen setzt sich an unsere Spitze, geleitet uns in die Tiefe.
Zunächst rauschen wir im komfortablen Fahrstuhl hinab, dann wird uns aber schnell klar, warum C. v. Linné anlässlich eines Besuchs noch im 18. Jahrhundert die Grube als einen Vorhof der Hölle bezeichnete:
Niederste Gänge, in denen nur gebückt geschuftet wurde, wechseln mit riesigen Hallen ab, an deren senkrechten Wänden kaum fußbreite Pfade über der schwindelnden Tiefe entlang führen. Uns schaudert!
Aber auch ohne Unglück war die Lebenserwartung der Bergleute, die oft schon mit dem zehnten Lebensjahr hier ihre Kindheit beendeten, nur gering. Wie tröstlich, dass ab und zu königliche Häupter neugierig nach der Herkunft ihres Kupfers für Münzen und Kanonen schauten – und in der Felswand ihre Unterschrift für die Nachwelt hinterließen!

Königliche Inschriften im Faluner Kupferbergwerk

Kupfer allerdings gab's reichlich! Zeitweise lieferte FALUN zwei Drittel der Weltproduktion! Wie allerdings die Riesenkupfermünzen, die wir kurz darauf im Museum hochhieven, in einen (eventuell auch königlichen) Geldbeutel passen sollen, bleibt uns unklar, denn sie wiegen bis zu 20 kg und haben das Format eines mittleren Kontobuches.
Aber auch die vielen Modelle (Maßstab 1:100), die die historische Arbeit in der Grube veranschaulichen, begeistern nicht nur jugendliche Besucher.

FALUN hat auch einen sehenswerten Stadtkern (an der Rezeption des Museums liegen kostenlose Stadtpläne aus)!
Fährt man zurück zum Kreisverkehr und nun Richtung Centrum, 100 m vor der Brücke über den **Faluån** aber rechts (Myntgatan) und nach 250 m links in den Strandvägen, so findet man, nachdem man jetzt den **Faluån** überquert hat,

zwischen **Runn-See** und Bahnlinie einen großen, kostenlosen **Parkplatz** [N 60° 36.196' E 15° 38.129'].
Eine Unterführung leitet uns unter Bahn und Schnellstraße (Wegweiser: Åsgatan) hindurch direkt zur **Fußgängerzone** und dem **Stora Torg**, wo man im **Stadshuset** einen Stadtplan erhält (das Touristenbüro ist in der Trotzgata 10-12 (offen: 9-19 Uhr/So 11-17 Uhr); ca. 200 m östlich des Platzes.
Auf dem **Stora Torg**, dem "Großen Platz", lohnt sich ein Blick auf das **Bronzedenkmal** von Engelbrekt Engelbrektson, dem Anführer des Aufstandes gegen die Dänen im 15. Jahrhundert und eine Besichtigung der reich ausgestatteten **Christinenkirche** aus dem 17. Jahrhundert mit Hochaltar und Kanzel von Evert Friis aus Holstein.
Wir verlassen FALUN auf der »80« zunächst Richtung GÄVLE, schlagen dann, nach 8 km, einen Haken nach Süden (Richtung HEDEMORA), rollen auf der »266« die Ostseite des Runn-Sees entlang.
Nach 8 km auf der »266« biegen wir wieder rechts (Wegweiser: VIKA/KIRKBYTJÄRN). Man kann gar nicht falsch fahren, denn die Straße führt direkt auf die sehenswerte **Kirche** von VIKA zu. Der große Parkplatz neben der Kirche reicht dem eiligen Gast. Biegt man hinter der Kirche jedoch nach links hinab zum **Vikasjö**, so findet man nicht nur einen lauschigen **Picknickplatz** [**122:** N 60° 30.754' E 15° 42.940'] rechts am Wasser, sondern auch links das kleine Naturreservat **Kirkbytjärn**, ein Vogelsee mit schönem Rundwanderweg und Vogelbeobachtungsturm.
Die Kirche von VIKA (offen: 8 - 18 Uhr) hat unbedingt Vorrang!

1470 aus Feldsteinen und Ziegeln errichtet, ist sie äußerlich eher unscheinbar. Aber bereits in der Vorhalle ist man überrascht von den einheimischen Schnitzarbeiten, die u. a. den Hl. Georg mit dem ihn angreifenden Drachen zeigen.
Beim Eintritt in den Kirchenraum wird der Blick sofort gefangen von der überreichen **Freskenmalerei**, die das gesamte Kircheninnere bis zur Decke überzieht.

Sie haben (hoffentlich) in der Vorhalle das Begleitblatt mit deutschem Text vorgefunden, das Sie beim Rundgang dringend brauchen – wie sollten Sie sonst lernen, dass der Überbau der Sakristei, der zum Chor eine offene Empore bildet, auf deutsch "gähnender Heuboden" genannt wird.
Wertvolle **Holzschnitzarbeiten** (15. Jahrhundert, Lübeck), der alte **Taufstein**, die schönen **Chorfenster** werden bewundert, aber immer wieder kehrt der Blick zurück zu den prächtigen Fresken, die praktischerweise gleich mit den Kapitelnummern der jeweiligen Evangelien versehen sind.

Wir rollen am östlichen Ufer des Vikasjön nach Süden und zurück zur »266«, weiter geht's Richtung HEDEMORA.
3,7 km später verlassen wir die »266« nach rechts (Wegweiser: ST. SKEDVI), kurven zwischen Feldern hindurch; bald guckt die Laterne des Kirchturms aus einer Baumgruppe heraus.
Die gesamte **Kirche** ist aus unregelmäßigen Feldsteinen erbaut und geht auf eine ältere Kirche aus dem 13. Jahrhundert zurück. Erst bei einer Restaurierung im Jahre 1920 wurden die reichen **Fresken** aus dem 16. Jahrhundert wieder freigelegt.

Hier, in **St. Skedvi**, ist zwar nur das Gewölbe bemalt, dafür aber sind die Farben in einem brillanten Glanz erhalten, als wären sie frisch aufgetragen worden – unbedingt sehenswert [N 60° 24.397' E 15° 48.235'])!
Nun kehren wir endgültig zur »266« zurück, und nach weiteren 14 km treffen wir in HEDEMORA auf die Schnellstraße »70« (3 km vorher schöner **Picknickplatz** [N 60° 19.403' E 15° 57.172'] rechts am **Östersjö**), rollen weiter nach Südosten.
14 km nach HEDEMORA (und 5 km vor AVESTA) biegen wir links Richtung SÖR/**Nävden**. Nach knapp 1000 m kommen wir bei dem roten Haus mit der Nr. 121 (davor Postbriefkasten) an eine Kreuzung und holpern geradeaus weitere 900 m zu einem großen Parkkarree oberhalb des parkartigen Liegewiesengeländes hinter dem Sandstrand des **Nävden**. Wie von einem Balkon blicken wir hinab über den **Badeplatz** und den See und genießen einen farbenprächtigen Sonnenuntergang.

(123) WOMO-Badeplatz: Nävden/Sör

Max. WOMOs: 1-2. **Position:** N 60° 11.916' E 16° 8.345'
Ausstattung/Lage: Sandstrand, Liegewiese, Tisch, Bänke, Klo/außerorts.
Zufahrt: Von Hedemora 14 km auf der »70« nach Richtung Avesta. Dann links nach Sör. Am Haus Nr. 121 geradeaus hinab 900 m bis zum Nävden-See.

AVESTA hat ein riesiges Eisenwerk – und dieses brauchte einst ein zugkräftiges Werbesymbol! Was aber symbolisiert besser Härte und Stärke als ein Büffel, oder, weil in Europa keine heimisch sind, ein Wisent?

Einige Tiere wurden eingekauft, die werbewirksame Zucht war erfolgreich – und wir freuen uns auf das hochgelobte **Wisentgehege**. Aber wir finden es erst nach aufreibender Suche, die wir für Sie abkürzen können:

Sie nehmen der erste Abfahrt nach AVESTA mit der Bezeichnung GRYTNÄS/Skogsbo, halten auf AVESTA zu, biegen gleich hinter der Bahnlinie rechts ab, dem verheißungsvollen Wegweiser "Begravningsplats" folgend. Vor einer Tennishalle gabelt sich die Straße (rechts geht es wieder zurück über die Bahngleise). Sie fahren links bis zu einer Vorfahrtsstraße, wo es rechts nach SNICKARBO geht. Sie fahren diese Richtung genau 50 m und biegen dann wieder links in ein Teersträßchen. Ab hier ist der **Visentpark** seltsamerweise bestens beschildert und nach weiteren 1500 m erreicht. Vor dem Tor finden Sie einen überaus ruhigen **Übernachtungsplatz** mit Informationstafel über die Wisent-Rassen und die weltweiten Zuchterfolge. Wenige Schritte sind es über eine Wiese bis zu einem Beobachtungsturm. Von ihm können Sie auf die Tiergehege hinabblicken und die kraftstrotzenden Tierkörper bestaunen.

(124) WOMO-Picknickplatz: Wisentpark Avesta

Max. WOMOs: 2-3.

Position: N 60° 8.989' E 16° 7.823'

Ausstattung: Beobachtungsturm, Liegewiese.

Zufahrt: siehe Text.

Eine Attraktion von AVESTA kriegt jeder Tourist mit (auch wenn er auf der Schnellstraße am Ort vorbeizischt): Das größte **Dala-Häst** (Dalapferd) der Welt. Es steht auf einem Picknick-Tank- und Gaststättenareal an der nächsten Abfahrt von der Schnellstraße.

Jetzt ist es nicht mehr weit bis SALA, der Quelle der schwedischen Silberschätze, soweit sie nicht von den Wikingern von auswärts "besorgt"

wurden (kurz vorher, an einem See, Silvköparens Camping). Direkt am Ortsschild SALA warten eine Orientierungstafel und ein malerischer **Rastplatz**, dessen Wiesengelände von fünfzig Wildgänsen à la Nils Holgerson besiedelt ist, die sich, hin und her gerissen zwischen Furcht und Futterneid, dann doch gierig mit datschigem Schwedenbrot vollstopfen.
Da wir erst am nächsten Morgen in die SALA-Silbergrube einfahren wollen, durchforsten wir die Hinweistafel eifrig nach einem Nächtigungsplatz. Wir werden gleich vierfach fündig:
1. Nach dem Ortsschild macht die Hauptstraße eine Rechtsbiegung und 1400 m seit der Orientierungstafel kann man rechts in den **Skugganväg** abzweigen, am Rande einer Siedlung entlangkurven. Die erste Fahrmöglichkeit nach links führt zum einsam im Wald liegenden **Badplats** [**125.1:** N 59° 56.063' E 16° 33.706'].
2. Fährt man nicht in den **Skugganväg** hinein, sondern nimmt die 400 m dahinter gelegene, zweite Abfahrt, die mit dem Badeplatz-Symbol gekennzeichnet ist, so landet man nach 300 m an einem großen, komfortablen **Badegelände**, benachbart das Restaurant Måns-Ols. Hier geht es wesentlich lebhafter zu, bis in die späte Nacht platschen immer wieder Badelustige in die Fluten (ruhiger steht man, wenn man hinter dem Volleyballfeld rechts noch einige Schritte zum nächsten Parkplatz am Waldrand rollt).

(125.2) WOMO-Picknickplatz: Sala/Måns-Ols

Max. WOMOs: 3-4. **Position:** N 59° 55.601' E 16° 34.092'
Ausstattung: Toilette, Sandstrand, Sprungtürme, Liegewiese.
Zufahrt: Von Falun auf »70« bis Sala. 1800 m nach Ortsschild rechts (ausgeschildert).

SALA-City ist ausgestorben! Wir treffen noch nicht mal einen streunenden Hund, Gaststätten sind Mangelware, die Fußgängerzone ist leergefegt wie nach einem Bombenalarm. Aber das ist der normale Anblick schwedischer Kleinstädte am Abend!
SALAs freskengeschmückte **Sockenkyrka** liegt drei Kilometer nördlich in Richtung SALADAMM/MÖKLINTA. Man verlässt die südlich von SALA vorbeiführende »70« an der ersten Ampel nach links, fährt immer Richtung SALADAMM. Nach 2400 m geht es rechts zur ausgeschilderten "Sockenkyrka" (= Gemeindekirche).
Die **Sockenkyrka** überrascht uns mit einem Querflötenkonzert, in das wir uns still und heimlich hineinschleichen. Im Schein der Leuchter bekommen die reichen **Freskenmalereien** den typischen Schimmer, den wir von den fast fensterlosen, stets kerzenbeleuchteten, byzantinischen Kirchen Griechenlands kennen.
Und hier wären wir beim dritten Übernachtungsplatz (den vierten erfahren Sie am Beginn der folgenden Tour)! Auch die **Sockenkyrka** hat einen gemütlichen **Parkplatz** [**126:** N 59° 55.940' E 16° 37.000'], und die wenigen Autos auf der vorbeiführenden Straße stören nicht unsere Nachtruhe.

KARTE TOUR 12+13
TOUR 12
TOUR 13
N
20 km
STOCKHOLM
Södertälje Södra Hamnen Fa. Air Liquide
Nacka (Preem)
Autogas
Gastüllung
Gasfüllung
Arlanda
Knivsta
Gamla Uppsala
Uppsala
Sigtuna
Skokloster
Amöhuvud
Häggeby
Enköping
Selaön
Stallarholmen
Mälaren
Drottningholm
Södertälje
Gripsholm
Mariefred
Strängnäs
Sigurdsristning
Kjula
Jäder
Sundbyholm
Eskilstuna
Västerås
Morgongåva
Heby
Axsjö
Sala
Ag-Grube
Kungsör
Köping
Arboga
Götlunda
Lunger
Hjälmaren
Fellingsbro
Tjugestasjö
Tjugesta
Ödeby
Väringen
Glanshammar
Örebro
nach Fagersta
E4
E18
E20
E4/E20
E18/E20
222
263
255
269
55
72
70
67
66
60
249
127
128
129
130
131
132
133
134
135
136
137
138
139
140
141
142
WC

TOUR 12 (230 km / 3-6 Tage)

Sala – Uppsala – Gamla Uppsala – Sigtuna – Arnöhuvud – Skokloster – Stockholm

Freie Übernachtung:	Sala, Axsjö, Arnöhuvud, Skokloster, Häggeby, Stockholm (Blockhusudde, Drottningholm).
Besichtigungen:	Sala (Silbergrube), Uppsala (Stadtbild), Gamla Uppsala, Skokloster, Stockholm (Stadtbild, Drottningholm, usw.)
Baden:	Axsjö, bei Camping "Skokloster" nördl. Häggeby.
Wandern:	Gamla Uppsala, NSG Arnöhuvud.

Mit der Morgentoilette können wir uns Zeit lassen, und als die Kinder beim Frühstück drängeln, dürfen sie nach dem **Runenstein** suchen, der in die Kirchenmauer eingemauert ist (**Wasserhähne** an der Friedhofsmauer).
Wir kehren zur Ampel zurück, rollen geradeaus darüber hinweg und 1700 m später rechts zur **Sala Silvergruva**. Der aus dem 13. Jh. stammenden Legende nach sollen finnische Bauern, die das Land urbar machten, indem sie den Wald durch große Feuer rodeten, das glitzernde Silber in den zu Tage kommenden Felsen gefunden haben ....
Vor dem Eingang zum Grubengelände ist speziell für Wohnwagen und Wohnmobile mitten im Birkenwald ein **Parkplatz** [**127:** N 59° 54.514' E 16° 34.975'] eingerichtet worden – aber auch alle anderen Parkplätze sind gut für geruhsamen Nachtschlaf geeignet (womit wir Ihnen, etwas verspätet, den vierten Übernachtungsplatz Salas gezeigt haben!).
Die Silbergrube öffnet erst 11.00 Uhr (und schließt 17 Uhr); Sept. - April nur Sa/So geöffnet. Natürlich sind wir unter den ersten Besuchern, die dick vermummt an der Kasse reichlich löhnen dürfen. Dafür gibt's aber Helm und Cape gratis, und wir dürfen, deutschsprachig unterrichtet, für 1 Stunde 60 Meter in die Tiefe steigen; es gibt auch eine preiswertere Kurzführung bis in 40 Meter Tiefe (Dauer: 30 min.) und zwei wesentlich umfangreichere Grubenexpeditionen: den Königsweg (Dauer: 75 min.) und die Dreischachtwanderung (Dauer: 2 Std.).
Im Gegensatz zu FALUN, wo der Grubenbetrieb heute noch Ertrag bringt, ist SALA seit Anfang dieses Jahrhunderts eine reine Touristenattraktion: Dorothea, unsere Führerin, beschwört die "Weiße Frau" und erläutert ausführlich das Feuersetzen, eine Technik, mit der das Gestein durch Erhitzen mürbe gemacht wurde, um es später leichter mit Pickel und Eisenstan-

Im Silberbergwerk von Sala

gen losbrechen zu können. Uns wird schon beim Gedanken an die Schinderei ganz heiß – und das bei 4°C.

Anhand von Dokumenten wurde seit 1510 in SALA nach Silber gegraben. Seit 1600 holte man deutsche Bergleute, um den Abbau noch wirtschaftlicher zu gestalten und die Sicherheit der Schächte und Stollen (denken Sie an Falun) zu erhöhen.

Auch die Grundwasserprobleme konnten seit 1644 durch damals sensationell moderne Pumpen und separate Pumpschächte beseitigt werden. Um den Pumpenantrieb, ein riesiges Mühlrad, mit Wasser zu versorgen, wurden rings um SALA siebenundzwanzig Seen eingedeicht und durch Kanäle verbunden ....

Weit reicht der Blick in den tiefen Versorgungsschacht hinab. Wir steigen hinterher, loben unsere Plastikhelme beim scheppernden Kontakt mit herabragendem Fels.

Nein, es ist keine Sinnestäuschung: Wir hören deutlich das Wiehern der bedauernswerten Grubenpferde, die, einmal hinabtransportiert, ihr ganzes, erbärmliches Leben unter Tage verbringen mussten. Auch das eintönige Pochen der Schlegel auf dem harten Gestein begleitet uns auf unserem Weg durch die schmalen Gänge und riesigen Bergsäle.

Dreimal klopfen, dann ist die weiße Frau wieder alleine mit ihren Fledermäusen; wir blinzeln ins Tageslicht, begrüßen freudig die warme Luft. Noch ein Gang durchs Museum, dessen umfangreiche Exponate durch Dorotheas Erklärungen zum Leben erwachen – dann haben wir wieder die Straße unter den Reifen, denn UPPSALA erwartet uns!

Einen erfrischenden Zwischenstopp legen wir 4,8 km nach den hohen Silotürmen von HEBY ein. Dort sichten wir das Ortsschild von MORGONGÅVA und biegen 600 m später rechts ab,

Badeplatz Axsjö/Morgongåva

dem Wegweiser HÅRSBÄCK und dem großen Badeplatzsymbol folgend. Bereits nach 700 m rollen wir rechts auf das große, busch- und baumumstandene Parkgeviert. Von dort aus sind es nur fünf Schritte auf das naturgewachsene und sehr gepflegte Badeplätzchen **Axsjö Badet** (mit Liegewiese, Büschen und Bäumen, Badesteg, WC, Dusche und Umkleideräumen).

no go! **(128) WOMO-Badeplatz: Axsjö/Morgongåva**
Max. WOMOs: 2-3. **Position:** N 59° 55.644' E 16° 57.279'
Ausstattung/Lage: WC, Dusche, Badesteg, Liegewiese/im Ort.
Zufahrt: Von Sala 18 km auf der »72« nach Osten Richtung Uppsala. 5 km hinter Heby, in Morgongåva, rechts 700 m Richtung Hårsbäck, Badeplatz direkt rechts der Fahrbahn.

Knapp 50 km rauschen wir noch auf der »72« nach Osten, halten Ausschau nach den spitzen, hohen Türmen des gewaltigen Domes von UPPSALA, einer gelungenen Synthese aus französischer Gotik und nordischer Ziegelbauweise. Von unserer Einfallsstraße (Richtung Centrum) biegen wir rechts in die Kyrkogårdsgata ab, an der auch das Biologische Museum (Mo-Do 8.30-14.30, Sa/So 12-16 Uhr, Fr zu) liegt und parken an der Universität westlich der "Domkyrka" [N 59° 51.439'; E 17° 37.642']. Von hier aus sind es nur 100 m zum **Domplatz**.
In der Eingangshalle des **Domes**, mit einer Länge von 118 m die größte Kirche Skandinaviens, kann man am kleinen Touristenstand Postkarten kaufen – oder sich einen Stadtplan schenken lassen.
Nachdem wir das herrliche Kirchenschiff bewundert haben, machen wir einen Abstecher zur **Hl. Dreifaltigkeitskirche** (am Rande des Domplatzes, mit erstaunlichen Fresken aus dem 15. Jahrhundert), bevor wir 400 m zur quirligen **Fußgängerzone** nordöstlich des Fyrisån-Baches schlendern.

Der Dom von Uppsala

Wie die Zeit vergeht beim Stadtbummel! Und wofür sich Frauen von 7-49 alles interessieren!? Schleppt mein Eheweib doch tatsächlich einen Heidelbeerrechen (blåbär-räfsa) an und behauptet steif und fest, dass dann auch die Heidelbeeren reif seien, wenn solche Dinger verkauft werden.

Erst knurrende Geräusche aus der Magengegend zwingen uns zur Umkehr.

Mit Blick auf die ehrwürdigen Gebäude der **Alma mater** wie der **Universitätsbibliothek** und dem **Gustavianum** mit seiner berühmten Kuppel speisen wir schnelle Ravioli.

Dann machen wir das WOMO zum Sight-Seeing-Bus, poltern auf dem Kopfsteinpflaster die 400 m zum **Schloss** hinauf (sogar Parkplätze gibt's dort oben, natürlich kostenpflichtige).

Das (unauffällige) Schloss thront, wie es sich gehört, auf einem aussichtsreichen Hügel und bietet einen vollständigen Blick über die Stadt und hinab zum botanischen Garten, dem **Lineanum**.

Wir kehren zur Einfallsstraße zurück, biegen rechts und nach 1400 m wieder links nach GAMLA UPPSALA, dem alten UPPSALA.

Ein großer **Parkplatz** [N 59° 53.875' E 17° 38.136'] (Wegweiser: Gamla Uppsala K:A) wartet unmittelbar vor dem Bahnübergang auf die Besucher der **Königshügel** (Kungshögarna), in denen seit eineinhalbtausend Jahren die blaublütigen Herren Aun, Egil und Adil ruhen, Könige der Svear, einem Volksstamm, der später dem ganzen Land seinen Namen gab. Leider konnten sie nicht verhindern, dass Besucherströme über sie hinwegtrampelten, immer hoch und 'runter, wie beim Moto-Cross; jetzt gebieten Holzzäune pietätvollen Abstand.

Am Ende des Rundweges lohnt ein Blick in die **Kirche** (Sockenkyrka) aus dem 15. Jahrhundert; sie ist reich mit verschnörkelten Mustern und Fresken verziert, an der Außenseite der Apsis ist ein Runenstein eingemauert, auf dem symbolhaft ein Kreuz den Drachen und damit wohl den heidnischen Glauben besiegt (Info-Blätter zu den Grabhügeln in der Kirche). Nebenan entdecken wir das Freilichtmuseum "Disagården", neben dem ein ruhiger **Stellplatz** wartet [**129:** N 59° 54.053' E 17° 37.685'].

Vollgestopft mit halbverdauten Eindrücken dampfen wir nach Süden, gelangen auf die »E4« Richtung STOCKHOLM. Jetzt brauchen wir eine ruhige Waldlichtung zum Wiederkäuen!
Die »E4« umfährt UPPSALA – leider – östlich. Wir haben an einer Reihe von Ampeln "rote Welle", bis wir auf sie stoßen. Jetzt geht es vierspurig flott voran, flach gewellt, waldbegleitet. Die erste Abfahrt NORRTÄLJE/KNIVSTA zieht vorbei, Heide, Weiden und Felder drängen den Wald zurück. An der zweiten Ausfahrt **Arlanda**/MÄRSTA verlassen wir die Autobahn und fahren auf der »263« nach Westen, an MÄRSTA vorbei nach SIGTUNA (dort erhält man erstmalig an unserer Tour bei der Touristen-Information die **Stockholm-Karte**; siehe dort).
Von SIGTUNA aus können wir durch ERIKSSUND (mit riesigen Gestütsweiden) bequem den Wegweisern SKOKLOSTER, unserem nächsten Ziel, folgen.
Aber eigentlich suchen wir ja zunächst ein ruhiges Plätzchen! Der angepeilte **Badplats** bei L. LUGNET, etwa 5 km vor dem Schloss SKOKLOSTER, entpuppt sich, wie so oft, als (schön gelegener) Campingplatz "Sånka Camping".
Dort kann man sich auf dem welligen Wiesen- und Waldgelände, das sich bis hinab zum Ufer zieht, selbst ein gemütliches Plätzchen suchen.
Wir tuckern noch 2400 m weiter! Dort zeigt ein Schild nach links: BAGARBO/**Runristning**. Wir biegen in das Schottersträßchen (»km 0«) ein, biegen bei »km 0,6« erst links, gleich wieder rechts, bei »km 2,1«, vor einem Gebäude, wieder links – und sind gespannt!
Nach weiteren 700 m, also insgesamt 2,8 km staubigem Schotterwegle, das zum Teil so schmal (?) ist, dass ich einmal sogar ein besonders kratzig aussehendes Rosengebüsch zur Seite ziehe, um unser "Heiligs Blechle" zu schonen, endet die Piste auf einem lauschigen **Waldparkplatz** am Rande des **Naturschutzgebietes Arnöhuvud**: Motor aus, Ruhe, entspannen!

(130) WOMO-Picknick- und Wanderparkplatz: Arnöhuvud
Max. WOMOs: 1-2. **Position:** N 59° 43.580' E 17° 33.663'
Ausstattung/Lage: Trockenklo (verschlossen), Wanderwege.
Zufahrt: Von Uppsala auf der »E4« nach Süden. Auf der »263« über Sigtuna nach Westen, den Wegweisern "Skokloster" folgend. 2,4 km nach Camping Skokloster links (Wegweiser: BAGARBO/Runristning), nun noch 2,8 km bis zum Wanderparkplatz.

Nach einem gepflegten Abendmahl studieren wir schon wieder neugierig die Übersichtstafel am Parkplatz! Folgen Sie uns, es gibt optische Genüsse – und einen Nachtisch gratis! Nach zehn Minuten auf einem schattigen Pfad kommt, überflüssigerweise, die gleiche Hinweistafel nochmals, dann wird der Wald lichter, und nach weiteren fünf Minuten stehen wir mitten im Nachtisch: Manche Heidelbeerbüsche sind so prall voll, dass die Blätter wie Beiwerk wirken. Wir prassen!

Danach können wir die Fortsetzung des Pfades empfehlen, die nach fünf Minuten zum "Nordkap" führt, wo bemooste Felsen darauf warten, als Sitzpolster für Sonnenuntergangsbeschauer zu dienen. Der archäologisch Interessierte wird dem Pfad natürlich noch zehn Minuten nach Westen folgen und dabei mindestens zwei **Begräbnishügel** entdecken: Jeweils ein großer Findling, kreisförmig umgeben von kugeligem Steingeröll in Kopfgröße.
Auch am nächsten Morgen sind wir die einzigen auf dem gemütlichen Waldparkplatz, und wir können uns Zeit lassen, denn die erste Führung beginnt in SKOKLOSTER erst um 11.15 Uhr (offen 10.30 - 17 Uhr).
So starten wir eine Heidelbeerexpedition in großtechnischem Maßstab, will heißen, nehmen den großen Milchtopf und den neuen Heidelbeerernter und kehren nochmals zurück zu unserer Nachtischlichtung, ziehen genüsslich den Wunderapparat durch die beerenstrotzenden Büsche und komponieren in Gedanken, jeder für sich, Heidelbeeren mit Zucker oder Milch oder Långfil – oder mit allem zusammen.
Tröstender Hinweis: Wer erst im August unterwegs ist, wenn die Heidelbeeren schon geerntet sind, der findet mit etwas Glück Berge von Steinpilzen im Wald!

Und wenn Sie überirdisch überhaupt nichts finden, dann können Sie nach einem unserer Schätze suchen!

WOMO-Cache Nr. 21

Position: N 59° 43.549'; E 17° 33.743'; 16 m. **Schwierigkeitsgrad:** leicht.
Tipp: Suche am Waldrand!

Skokloster, nur eines der Schlösser des berühmten Kriegsmannes Wrangel, ist auf der Teerstraße noch 3 km entfernt. Die **Parkplätze** [131: N 59° 42.296' E 17° 37.409'] vor dem **Schlosspark** und dem benachbarten Motormuseum sind riesig und durchaus auch zur Übernachtung geeignet....
Nachdem wir einen stolzen Eintrittspreis entrichtet haben, erwischen wir zu allem Überfluss auch noch eine früh vergreiste Kunststudentin, die ihr auswendig Gelerntes herunterleiert: „Der malte jenes Bild, hier schlief dieser König ...“

Schloss Skokloster

Liebhaber von prachtvoll möblierten Räumen, Kunstschätzen jeder Art, Gemälden, Gemälden und abermals Gemälden kommen sicher auf ihre Kosten – schließlich konnte sich Feldmarschall Wrangel auf seinen Feldzügen überall kostenlos bedienen, und er nahm nur vom Feinsten!
Erst in der Waffensammlung im Dachjuchhe, mit Sicherheit der größten Schwedens, wird's wieder interessanter! Nur gut, dass Wrangel ein treuer Royalist war – er hätte aus eigenen Beständen mühelos einen respektablen Kriegshaufen ausrüsten können.
Ach ja, von außen kann man das Schloss auch, und zwar kostenlos, begucken. Uns hat's nicht umgehauen: Riesig, eintönig, Backsteinbarock. Es gar als eines der schönsten Schwedens zu bezeichnen, halten wir schlichtweg für ... Geschmackssache.

Hier eine Information für die Urlauber, denen der Umweg über Skokloster zu unbequem ist:
Von der Stadshusbron, der Brücke am Stadthaus von Stockholm, kann man täglich um 9.45 Uhr mit dem Ausflugsschiffle nach Skokloster schippern, ist dort 13.10 Uhr, hat Zeit für eine Führung und einen Parkbummel, fährt 15.40 Uhr zurück und kommt gegen 19 Uhr wieder in Stockholm an (29.6. - 15.8.).

Fast der ganze Parkplatz liegt jetzt im Sonnenlicht. Nur wir haben, durch Erfahrung gewitzt und vom Autokompass geleitet, ein schattiges Mittagsplätzchen.
Bei der Zubereitung des Mokkas gurgelt die Wasserpumpe. Wer verbraucht nur diese Unmengen von Wasser? Aber die nächste Kirche ist nicht weit, und bevor wir die SKOKLOSTER-Halbinsel verlassen, bedienen wir uns am Wasserhahn des Friedhofs von HÄGGEBY K:A, 1 km neben der Straße. Der **Friedhofsparkplatz** [**132:** N 59° 39.468' E 17° 32.804'] bietet außerdem viel Ruhe und ringsum hunderte von Pferden zum Streicheln.
STOCKHOLM – wir kommen! Nur gut, dass wir schon gespeist haben, denn an der »E18«, unserer Einflugschneise, gibt es weder Parkplätze noch Raststätten (jedoch außerhalb der Autobahn wurden riesige "Traffikplats" eingerichtet, mit Tankstellen, Einkaufszentren, Toiletten und Picknickplätzen).
Für Schwedens Hauptstadt braucht man unbedingt einen Stadtplan, der nicht nur den Stadtkern umfasst. Man erhält ihn zwar kostenlos im Informationsbüro im **Hauptbahnhof** und im **Sverigehus** am Nordwestende des Kungsträdgårds nördlich der Altstadt. Aber wie findet man hin, wie findet man einen WOMO-Parkplatz (Campingplätze siehe "Freies Camping/ Campingplätze" im Infoteil, Stockholm-Info im Internet unter www.stoinfo.se), denn Schwedens Hauptstadt ist (unbenommen seiner idyllischen Schäreninsellage) inzwischen ein völlig unübersichtlicher Verkehrsmoloch!!!

Im Zentrum einen WOMO-Parkplatz zu ergattern, ist nahezu aussichtslos, die Parkgebühren sind dort astronomisch und steigen von Jahr zu Jahr. Andererseits ist der öffentliche Personennahverkehr STOCKHOLMS lückenlos und perfekt organisiert. Daraus ergibt sich unsere mehrfach ausprobierte und mit einheimischen "Verkehrschaosexperten" ausgetüftelte Empfehlung:
Von unserer »E18« wechseln wir nördlich STOCKHOLM auf die »E4«, rollen auf ihr Richtung Centrum nach Süden, wechseln am Trafikplats Norrtull auf die »E20« und können nach 1000 m, im Untergeschoss der U-Bahnstation "Tekniska Högskolan" [N 59° 20.746'; E 18° 4.269'] beim SL-Center (Höhe Haus-Nr. 76, auf dem Mittelstreifen) wiederum die **Stockholm-Karte** erwerben. Dann müssen wir nur noch unser Parkplatzziel an der Ostspitze der Insel **Djurgård** zu finden:
Nach 2500 m auf der »E20«, beim Stadion (mit Ziegelsteinmauer), macht diese einen Knick nach links. Geradeaus führt uns der **Valhallaväg** weiter zur Halbinsel **Ladugårdsgärd**. An seinem Ende folgen wir nach links dem **Lindarängsväg**, dann rechts dem **Kaknäsväg** und wieder links dem **Djurgårdsbrunnväg**. Ihm folgen der **Manillaväg** und der **Djurgårdsväg** zum **Parkplatz Blockhusudde** (Parkgebühr 60 SEK/Tag). Er liegt am Endpunkt der Buslinie 69. Mit ihr können Sie direkt nach Norrmalm, dem Sverigehus und Sergels Torg 500 Schritte nördlich der Altstadt Gamla Stan fahren.

(133) WOMO-Picknickplatz: Stockholm/ Blockhusudde
Max. WOMOs: >5.
Pos.: N 59° 19.398'; E 18° 8.858'.
Ausstattung/Lage: WC (Gebühr), Tische, Bänke, Liegewiese, Spazierwege, Bus 69 ins Zentrum/außerorts.
Zufahrt: Von Norden kommend von der »E4« beim Trafikplats auf die »E20« überwechseln, weiter siehe Text.

TIPP: Die Busfahrten, S-&U-Bahn, eine Schiffsrundfahrt und alle Eintritte zu Museen und Schlössern, Tivoli und Skansen (Tierpark) sind mit der Stockholmkarte (Stockholmkort) für ca. 330 SKr/Tag (Kinder 7-17 J.: 160 SKr) kostenlos - leider ist freies Parken nicht mehr inbegriffen!

Am **Parkplatz Blockhusudde**, einem völlig abseits gelegenen **Picknickplatz** mit Tischen und Bänken, WC und Blick auf die Schären, richten wir unser Basislager ein und möchten Ihnen hiermit unsere vier Stockholm-Tipps unterbreiten:
1. Sie haben Fahrräder dabei? Dann ist es ein Vergnügen, ganze

5 km durch die Halbinsel Djurgården ins Zentrum zu radeln.
2. Sie haben sich die **Stockholm-Karte** besorgt? Dann fahren Sie kostenfrei ins Zentrum und haben volles Programm - allein 75 Museen usw. warten auf Sie.
3. Sie nehmen den Bus (Zone A, 30 SKr) bis **Norrmalmstorg/ Sverige Huset** und machen mit dem oben offenen **Sightseeing-Bus** Hop-on-Hop-off (220 SKr), d.h. Sie können 24 Std. in den Bus ein- und aussteigen, während er die Touristenroute abfährt.
4. Sie fahren bis **Nybroplan** und machen Sightseeing vom Boot aus oder einen weiteren Ausflug in die Stockholmer Schärenwelt.

Unser eigenes Programm sah so aus:
Zunächst ist, nach einem Besuch im **Kaknästorn** (prächtige Aussicht vom 155 m hohen Fernseh-

turm), **Gamla Stan** dran, die Altstadt mit dem **Königlichen Schloss** in römischem Barock (innen eher Rokoko), der **Tyska K:A**, der Deutschen Kirche, die vom Reichtum der ehemaligen deutschen Kaufmannsgilde zeugt und natürlich den vielen engen Straßen und Gässchen, in denen die Schweden in der Minderheit sind.
Dann durchstöbern wir **Norrmalm**, die moderne Innenstadt mit ihren Hochhäusern und Geschäften, deren Zentrum der **Sergels Torg** mit einer gitterverpackten Plastik ist, und auch ein Bummel über die **Insel Skeppsholm** ist zu empfehlen, vor der die "Chapman" vor Anker liegt, ein ehemaliges Segelschiff, das jetzt als Jugendherberge dient.
Das schönste aber an unserem Stockholm-Aufenthalt sind die Abende, an denen wir, unsere Eindrücke Revue passieren lassend, vom WOMO aus den Blick auf die einmalige Schärenlandschaft genießen!
Am Morgen des dritten Tages steigen wir schon an der **Djurgårdsbron**, der westlichen Brücke zur **Insel Djurgård**, aus "unserer" 69 aus. Von dort aus stiefeln wir zunächst zum **Vasamuseum**, dem "Parkplatz" für das 1628 gesunkene und 1961 wieder gehobene Kriegs-

Das gehobene Wrack der "Wasa"

schiff Wasa. Zwischen 9.30 und 19 Uhr darf man (für 60 SKr, Kinder 20 SKr, mit Stockholmkarte kostenlos) die Halle betreten, die man speziell für das sorgfältig restaurierte Schiff baute, das mit 51 Bronzekanonen bestückt, einst der Stolz der Schwedischen Marine und der Schrecken ihrer Feinde werden sollte, aber kurz nach dem Stapellauf aus ungeklärter Ursache ganz friedlich versank. Der Raum ist tropisch feuchtwarm, denn was 333 Jahre im Wasser lag, muss ganz langsam trocknen, wenn es keine Risse bekommen soll! Ein halbstündiger Film veranschaulicht die dramatischen Stationen des Bergungsprozesses und ein Museum erläutert anhand der geborgenen Ausrüstungsgegenstände das Leben an Bord.

Das **Freilichtmuseum Skansen**, von Einheimischen als "Schweden in der Nussschale" bezeichnet, öffnet zwar auch schon um 9.00 Uhr (bis 22 Uhr), die meisten historischen Gebäude können aber erst ab 11 Uhr betreten werden, so dass wir uns für die Wasa viel Zeit lassen können. **Skansen** ist eine Mischung aus Freilichtmuseum, Tier- und Vergnügungspark:

Viele typische, alte Gebäude sind hierher verpflanzt worden, und sie sind nicht nur originalgetreu eingerichtet, sondern die Handwerker (Glasbläser, Drucker, Gerber, Weber, Töpfer) führen auch ihr Gewerbe im Stil der alten Zeit vor.

Die schwedische Tierwelt wird gezeigt – und so bekommen wir endlich auch Elche und Rentiere zu sehen. Aber auch Affen und Elefanten, Streicheltiere und Reitpferde wollen begafft, betätschelt bzw. bestiegen werden, bevor wir mit weichen Knien wieder am Ausgang landen.

Nur gut, dass wir **Gröna Lund**, dem **Tivoli** Stockholms, schon am Vortag unseren Besuch abgestattet hatten, jetzt schaffen wir's nur noch ins Wohnmobil, wo wir limo-lutschend in den Polstern hängen, bis Muttern ein schnelles Mittagessen herbeigezaubert hat.

Dann machen wir von der »E20S« einen 10-km-Abstecher nach Westen. Die »275«, der Drottningholmsväg, führt uns Richtung VÄLLINGBY. Später schwenken wir nach links in die »261« ein, die uns zum königlichen Schloss **Drottningholm** auf der Insel **Lovön** führt. Das Eigenheim der königlichen Familie mit dem angrenzenden Hausgarten muss man gesehen haben!

Auch das Schlosstheater, das älteste Theater der Welt, der chinesische Pavillon – und natürlich die preußisch-stramme Wachablösung zieht die Touristenströme an.

Rollt man bis zum **zweiten Parkplatz** [**134:** N 59° 19.516' E 17° 52.797'], der am Rande des Schlossparks liegt, so steht man sehr schön abseits, kann den Wildgänsen beim Grasen zuschauen und bis zu 12 Std. (kostenlos) parken.

Schloss Drottningholm

Nach Drottningholm kann man ebenfalls von STOCKHOLM aus mit dem Ausflugsschiffchen fahren (Ablegestelle: Stadshusbron, Verbindung alle 30 min.).

Auch wenn es uns (nicht nur wegen des hektischen Verkehrs) schwer fällt – jetzt werden wir Ihnen den Weg zum "Spezialcampingplatz für Wohnmobile", dem **Husbilcamping/Autocamper** auf der Insel **Långholm** zeigen:
Von Drottningholm her kommend, folgen wir zunächst den Wegweisern **Södermalm**, schwenken dann nach rechts auf die riesige **Västerbron**. Hinter dieser Brücke rollen wir rechts hinab auf die Insel **Långholm**, den Wegweisern "Autocamper" mit dem Wohnmobilsymbol folgend.
Der speziell für Wohnmobil-Übernachtungsgäste angelegte Platz (übernachten ohne alles 160 SKr, mit Dusche usw. 220 SKr) ist eine einzige Zumutung, denn er liegt **direkt** unter der verkehrsreichen Västerbron [N 59° 19.220' E 18° 1.810'].
Eigentlich ist es eine Unverfrorenheit (und eine Beleidigung der wohnmobilen Gäste Stockholms), ausgerechnet an dieser Stelle einen Übernachtungsplatz einzurichten! Oder sollten die vielen Campingplatzbetreiber ein Wörtchen mitgeredet haben? Liegen doch die Campingplätze Stockholms zwar viel idyllischer (weniger geht nicht), aber weit außerhalb der Hauptstadt!
Kopfschüttelnd kehren wir zu "unserem" Plätzchen auf der Insel **Djurgård** zurück, erholen uns bei einem gemütlichen Bummel durch die friedlich-ruhige Parklandschaft, in der wie immer die Wildgänse grasen, bis ringsum die Lichter angehen, die letzten Ausflugsschiffchen zu ihren Liegeplätzen zurücktuckern und die Finnlandfähre tutend ablegt.
Aber natürlich haben wir auch einen dieser Campingplätze für Sie getestet. Er liegt ca. 10 km südwestlich des Zentrums von Stockholm im Vorort BREDÄNG (und heißt auch so) unweit der Ausfahrt Nr. 152 der E4/E20 [N 59° 17.727'; E 17° 55.380'].
Er hat einige Vorteile zu bieten: Zur U-Bahn nach Stockholm sind es nur 700 Schritte (die Stockholmkarte wird an der Rezeption verkauft - und damit ist die Fahrt kostenfrei), nur halb so weit (in entgegengesetzte Richtung) ist es zum schönen Badeplatz am Mälaren - und auf der E4/E20 geht es nahtlos nach Süden auf unsere weiteren Touren.

Badeplatz am Mälaren

TOUR 13 (220 km / 2-3 Tage)

Mariefred – Stallarholmen – Strängnäs – Sigurdsristning – Sundbyholm – Eskilstuna – Glanshammar – Tjugestasjö (Karte siehe Tour 12)

Freie Übernachtung: Mariefred, Stallarholmen, Strängnäs, Sigurdsristning, Sundbyholm, Lungers Hamn, Tjugestasjö, Ödeby.

Besichtigungen: Gripsholm (Schloss), Strängnäs (Dom, Stadtbild), Kjula, Jäder (Kirchen), Sigurdsristning, Sundbyholm (Schlosspark), Eskilstuna (Schmieden), Glanshammar (Kirche).

Baden: Stallarholmen (Mälaren), Strängnäs, Sundbyholm, Lungers Hamn (Hjälmaren), Tjugestasjö.

Stockholm nach Südwesten zu verlassen ist nicht schwer, wenn man nur den Hinweisschildern E4S/E20S Göteborg/ Helsingborg folgt!

In SÖDERTÄLJE verzweigen sich die beiden Autobahnen. Die »E4« verlässt uns die nach Süden (Tour 13 a), wir rollen weiter auf der »E20« Richtung GÖTEBORG.

Etwa 70 km westlich STOCKHOLM ruft uns Tucholsky nach **Gripsholm**! Wir verlassen die Autobahn (Abfahrt 139) und eilen auf der »223« Richtung MARIEFRED.

Das ist mal ein Schloss nach unserem Geschmack, schön wuchtig, mit runden Türmen, Wassergraben und einem Runenstein davor. Aber in Tucholskys nicht nur heiterem Liebesroman, der zur Reiseliteratur jedes Schwedenfahrers gehören sollte, liest es sich viel besser:

„Das Schloss, aus roten Ziegeln erbaut, stand leuchtend da, seine runden Kuppeln knallten in den blauen Himmel – dieses Bauwerk war dick, seigneural, eine bedächtige Festung.“

Wir halten es mit Tucholsky und verzichten auf die größte Gemäldesammlung Schwedens im Inneren (10-19 Uhr), uns ist Gripsholm Gemälde genug. Dann rol-

Schloss Gripsholm

len wir in das benachbarte MARIEFRED, dort an der Fußgängerzone links, am Ende der Straße (Nygata) wieder rechts und geradeaus bis zum Friedhof von MARIEFRED: Geradeaus, bis zur letzten Eiche rechts, dort liegt, direkt vor ihrem dicken Stamm, eine Steinplatte:

Darauf frische Blumen – wir sind nicht die einzigen, die den Selbstmord dieses geradezu prophetischen Kritikers deutscher Selbstüberhebung bedauern ...

Der Schlossparkplatz von Gripsholm wünscht keine Wohnmobile über Nacht. Aber der Hafenmeister von MARIEFRED freut sich auf die "Jachten der Landstraße" und bietet an aussichtsreichen Parkplätzen [**135:** N 59° 15.458' E 17° 13.341'] für ein paar Kronen sogar Wasser und einen Stromanschluss an.

Der nächtliche Blick auf **Gripsholm** ist allein eine Reise wert ...

MARIEFRED liegt am Mälaren, mit 1140 km^2 der drittgrößte See Schwedens – und die Insel **Selaön** liegt mitten drin! Wir verlassen MARIEFRED genau nach Norden, STALLARHOLMEN steht auf dem Wegweiser. Dort rauschen wir mitten durchs beschauliche Zentrum und lassen uns auf einer **Hebebrücke** nach **Selaön** hinübergeleiten.

Direkt dahinter gabelt sich die Straße! Die von uns zunächst ausprobierte Strecke nach rechts bietet kaum Attraktionen, so dass Sie uns gleich nach links Richtung ÖVERSELÖ folgen können. Bereits nach 500 m liegt links eine große, gepflegte Strandparkwiese, wo wir das WOMO unter Schattenbirken mit Blick auf den gut ausgestatteten Badeplatz einparken.

(136) WOMO-Badeplatz: Stallarholmen/Selaön

Max. WOMOs: 3-4.
Position: N 59° 22.103' E 17° 12.088'
Ausstattung/Lage: Sandstrand, Badesteg, Liegewiese, Volleyballfeld, Bocciaplatz, Kinderspielplatz, Klo, Minigolf mit Kiosk/im Ort.
Zufahrt: Von Mariefred nach Norden bis Stallarholmen, hinter der Brücke links noch 500 m.

“STRÄNGNÄS ist eine alte Stadt, deren Geschichte bis in die Wikingerzeit zurück reicht. Im Jahre 1260 wurde mit dem Bau des herrlichen Doms begonnen, der 1871 bei der schrecklichen Feuersbrunst, die fast ganz STRÄNGNÄS zerstörte, verschont blieb. Auch das Viertel am Västervikshamnen rund um die Windmühle blieb erhalten ...“.
So lesen wir, während wir uns von Südosten dem kleinen Städtchen nähern. Da er am Weg liegt, machen wir Station am Friedhof. Dort finden wir einen total ruhigen Parkplatz nur wenige Schritte vom **Mälaren** entfernt [N 59° 22.225' E 17° 2.116']. Dann rollen wir noch 500 m weiter und finden unter Linden ein Parkplätzchen direkt rechts des Domes [N 59° 22.559' E 17° 2.181'] und beginnen unseren Stadtspaziergang, indem wir das mächtige Backsteingebäude mit der reich verzierten Kupferturmhaube umrunden; eine ganze Reihe von Runensteinen wurde in den Kirchensockel eingemauert. Im Inneren wird der Blick sofort gelenkt zum atemberaubend schönen Flügelaltar – aber nicht genug damit: Rechts davon ein zweiter und in der Taufkapelle ein dritter! Wenig Beachtung finden deshalb die schönen "Donnerkeile", versteinerte Belemniten, die davor in den Bodenplatten zu erkennen sind.

Die Storgatan, wo landestypische Spezialitäten wie Kebab, Pizza und Chop Suey als Dagens rätt (Tagesgericht) angepriesen werden, führt uns über den Stortorget zum Gästehafen, über dem rechterhand die alte **Väderkvarn** (Windmühle) auf dem Kvarnbacken thront. Über diesen bummeln wir zum WOMO zurück, lassen es dann zu eben diesem Gästehafen rollen, wo eine ganze Reihe von **Parkplätzen** [**137:** N 59° 22.710' E 17° 1.567'] für Wohnmobile reserviert sind (allerdings darf man dafür auch 130 SKr/24 h bezahlen). Fährt man am Hafen vorbei und hält sich rechts, so kommt man zum **Badeplatz** "Visholmen" mit Sprungtürmen und riesiger Liegewiese.

Die Runensteine an der Kirchenmauer von STRÄNGNÄS erinnerten mich daran, dass eine der berühmtesten Felszeichnungen von Schweden ganz nahe liegt (und einen Bezug zur deutschen Geschichte hat sie auch noch!).
Nach Westen kehren wir auf die »E 20« zurück, verlassen sie aber nach 16 km schon wieder an der Abfahrt 134 ÄRLA/KJULA, wenden uns nach Norden. Nach 2 km schlägt das Sträßchen einen kleinen Haken (links/rechts) nach KJULA.
Wir passieren die Kirche von KJULA und erreichen 5,5 km später die Kirche von JÄDER, die man sich entweder wegen des reich verzierten Barockkirchturms, der zwei Runensteine daneben oder der prachtvollen Familienwappen der Oxenstiernas darin anschauen sollte (für den **Parkplatz** [N 59° 24.618' E 16° 41.516'] daneben und den Wasserhahn an der Friedhofsmauer mag sich auch der eine oder andere interessieren!?).
Hinter der Kirche geht's links Richtung SUNDBYHOLM. 5 km später, die total hinter Bäumen versteckte **Kirche** von SUNDBY ist gerade passiert, müssen wir wieder rechts (Wegweiser SUNDBYHOLM). Nach 500 m passieren wir einen kleinen Picknickplatz am Waldrand und biegen 300 m später, vor dem Ortsschild von SUNDBYHOLM rechts ab zur **Sigurdsristning**. Die Riesenzeichnung auf einer geneigten Granitplatte stellt eine komplette Bildergeschichte dar: Sigurd (Siegfried) tötet den Drachen Fafnir, seinen verzauberten Bruder. Als er dessen Herz brät und sich dabei den Finger verbrennt, versteht er plötzlich die Sprache der Vögel. Diese verraten ihm den üblen

Sigurdsristning bei Sundbyholm, darunter Datailaufnahme

Zwerg, der seinen Bruder verzauberte. Die Rache folgt auf dem Fuße, der Zwergenschädel rollt – und Sigurd trollt sich, das

Pferd mit Goldschätzen bepackt. Der **Parkplatz** [**138:** N 59° 26.505' E 16° 38.003'] mit Klo gegenüber der Sigurdsristning ist groß – und dürfte auch empfindlichsten Ohren zum Nachtschlaf gereichen. Trotzdem wird wohl kaum jemand am Ort der alten Historie nächtigen – wenn er jetzt weiterliest:

Zurück an der Hauptstraße wenden wir uns rechts nach SUNDBYHOLM und genau 900 m später kann man wählen, ob man geradeaus auf den riesigen, abgelegenen Parkplatz des **Badeplatzes** rollen möchte – oder direkt zum Schlossparkplatz.

Vom Badeparkplatz gehen, nein schreiten wir 200 m nach rechts zum **Badplats**, nein – zum **Schlossparkbadegenuss**! **Sundbyholm Slott** liegt oberhalb eines prächtigen Parkes, der an den **Mälaren** grenzt – und dort ist ein fürstliches **Strandbad** eingerichtet, natürlich mit allen Einrichtungen wie Kinderspielplatz, Toiletten und Badestegen (wie verzweifelt wird der Schlossparksgärtner sein, wenn er sieht, dass die Wildenten und -gänse schon wieder den herrschaftlichen Steg vollgesch...en haben).

(139) WOMO-Badeplatz: Mälaren/Sundbyholm

Max. WOMOs: > 5. **Position:** N 59° 26.768' E 16° 37.257'
Ausstg./Lage: Sandstrand, Spielplatz, Dusche, Badestege, Liegewiese, Klo/außerorts.
Zufahrt: Von Södertälje auf der »E20« nach Westen, bei Kjula/Jäder rechts ab und über Jäder bis Sundbyholm. **Sonstiges:** Badeplatz 200 m vom Parkplatz entfernt.

Badeplatz Mälaren/Syndbyholm

Natürlich ist es eine Freude, durch den gepflegten Park zu schlendern, wobei man unversehens im kleinen Jachthafen landet – und natürlich beim Schloss, wo man im Schlossrestaurant herrschaftlich speisen kann.

Wir kehren zur Kirche von SUNDBY zurück und nehmen dort geradeaus den direkten Weg nach ESKILSTUNA (Stadtplan bei der Info-Tafel gleich hinter der AB-Überquerung).

Auch die Industriestadt ESKILSTUNA ist einen kurzen Besuch wert, und wäre es nur wegen der **historischen Schmieden** des Reinhold Rademacher, die dieser hier 1658 gründete.

Sechs von ihnen sind noch erhalten, produzieren nach alten Methoden.

Wir rollen geradeaus Richtung Centrum bzw. auf die zwei prächtigen Türme der **Klosterkirche** zu. An dem Ziegelprachtbau geht's rechts vorbei, dann auf der Nybron über den Eskilstunaån und dahinter am Kreisver-

In einer historischen Schmiede von R. Rademacher

kehr rechts zu **Rademachers Smedjorna**. Wir parken 300 m nach dem Kreisverkehr links direkt vor der Schmiede mit i-Stelle [N 59° 22.449' E 16° 30.540'] und schlendern zwischen den kleinen, alten Holzhäuschen hindurch. Jede beherbergt entweder eine Schmiede, einen Kunstgewerbeladen, eine Gaststätte oder das Museum. Überall kann man von 10 - 16 Uhr bei der Arbeit zuschauen – und natürlich die Produkte kaufen.

Ursprünglich waren 1658 von König Carl X Gustav 120 Häuser geplant, wo in jedem zwei Schmiedemeister, zwei Gesellen und zwei Lehrlinge werkeln und unter der Leitung des Deutschen Reinhold Rademacher eine Eisenmanufaktur in großem Stil entstehen sollte. Nur 20 der Häuser wurden gebaut – lediglich fünf existieren noch im originalen Zustand. Offensichtlich war Rademachers Saat aber auf fruchtbaren Boden gefallen, denn heute ist ESKILSTUNA eine Stadt mit über 200 Industriebetrieben, bei denen Stahlwerke und Messerschmieden überwiegen.
Spaziert man zwischen Schmiede und Sporthalle die **Bruksgata** hinein, so steht man zwei Querstraßen später auf der **Kungsgata**, deren mittlerer Teil Fußgängerzone ist. Wir durchqueren sie und landen an ihrem Ende beim **Fluss Eskilstunaån**. Rechts der kleine **Fors Kyrkopark** mit der **Fors Kyrka**, wohl das einzige erhalten gebliebene, mittelalterliche Bauwerk ESKILSTUNAS mit mehreren Holzskulpturen des Stadtheiligen Eskil.
Erwähnenswert ist noch der **Tierpark**, der mit über 400 Tieren einer der größten Schwedens ist ...
...und eine **Gasfüllstation** bei Barkmans in der Kungsgatan 87 (man fährt einfach an der Schmiede vorbei, 100 m später links und weitere 200 m weiter rechts in die Kungsgatan bis fast zu ihrem Ende links).

Wir trollen uns weiter nach Westen, nach 22 km liegt rechts KUNGSÖR, der letzte Ort am **Mälaren** (mit Campingplatz am Strand).
Nach 38 km, am Ortsbeginn von ARBOGA, schwenkt die »E20« nach rechts, um sich mit der »E18« zu vereinigen und um ARBOGA herumzuführen. Wir fahren hier geradeaus weiter nach ARBOGA hinein (außerdem sind GÖTLUNDA und ÖREBRO angezeigt). Diesen Ortswegweisern folgen wir (nicht dem Wegweiser "Centrum") und sausen auf der "alten" »E 20« verkehrsarm 13,5 km bis GÖTLUNDA, schwenken dann nach rechts Richtung LUNGER auf den **Hjälmaren** zu.
LUNGER hat einen Hafen – der heißt natürlich LUNGERS HAMN – und dieser wiederum besitzt einen **Badplats**, neben dem man unter Erlen und Birken parken kann (jenseits der Straße eine Wiese voller Wohnwagen, offensichtlich privat). Wir finden das Plätzchen links von dem feinen Sandstrand besonders gemütlich!

(140) WOMO-Badeplatz: Hjälmaren/Lungers Hamn
Max. WOMOs: 1-2. **Position:** N 59° 17.850' E 15° 40.941'
Ausstattung/Lage: Sandstrand, Liegewiese, Grillstelle, Klo/außerorts.
Zufahrt: Von Eskilstuna auf der »E20« nach Westen. 12 km westlich Arboga links über Lunger bis Lungers Hamn.

Badeplatz Hjälmaren/Lungers Hamn

Nach einer erfrischenden Wasserballschlacht kehren wir auf die "alte" »E20« zurück, halten links, schwenken in die »E18/ E20« Richtung GÖTEBORG ein, aber schon 7,5 km weiter lockt uns die Kirche von GLANSHAMMAR (Baubeginn 11. Jahrhundert) an der Abfahrt 117 wieder hinunter.

Die Kirche mit dem schindelgedeckten Turm und dem separaten, hölzernen Glockenturm ist schon verschlossen – daran ist nur die Wasserballschlacht schuld! Und auf der anderen Seite der massiven Tür warten die schönsten Fresken! Nun, morgen ist auch noch ein Tag, ich muss es nur raffiniert meiner Familie unterschieben!
Erst einmal füllen wir unsere Wasservorräte an dem bestimmt eineinhalbzölligen Friedhofswasserhahn auf – und dann frage ich, ob ein Bad genehm wäre, denn das funktioniert immer.

Man nickt gnädig, und ich bugsiere das WOMO Richtung FELLINGSBRO (vor GLANSHAMMAR rechts), an der zweiten Gabelung, nach 4 km links Richtung ÖDEBY und dann noch genau 2300 m bis zur Abzweigung zum Badeplatz am kleinen **Tjugestasjö**. Die Einmündung in die Badplats-Piste ist eng und das verwaschene, blaue Badplats-Schild (auch Bushaltestelle Sjömo) kaum noch zu erkennen.

(141) WOMO-Badeplatz: Tjugestasjö

Max. WOMOs: 1-2. **Position:** N 59° 22.104' E 15° 23.151'
Ausstattung/Lage: Sandstrand 260 m / 2,5 min.,Klo, Badesteg, Liegewiese/außerorts.
Zufahrt: siehe Text. **Hinweis:** Links am **Väringen-See** vorbei endet die Straße an der einsamen **Kirche** von ÖDEBY mit einem ruhigen **Parkplatz** [**142:** N 59° 24.349' E 15° 24.961'] und einem **Riesenwasserhahn** links der uralten Kirchhofslinde.

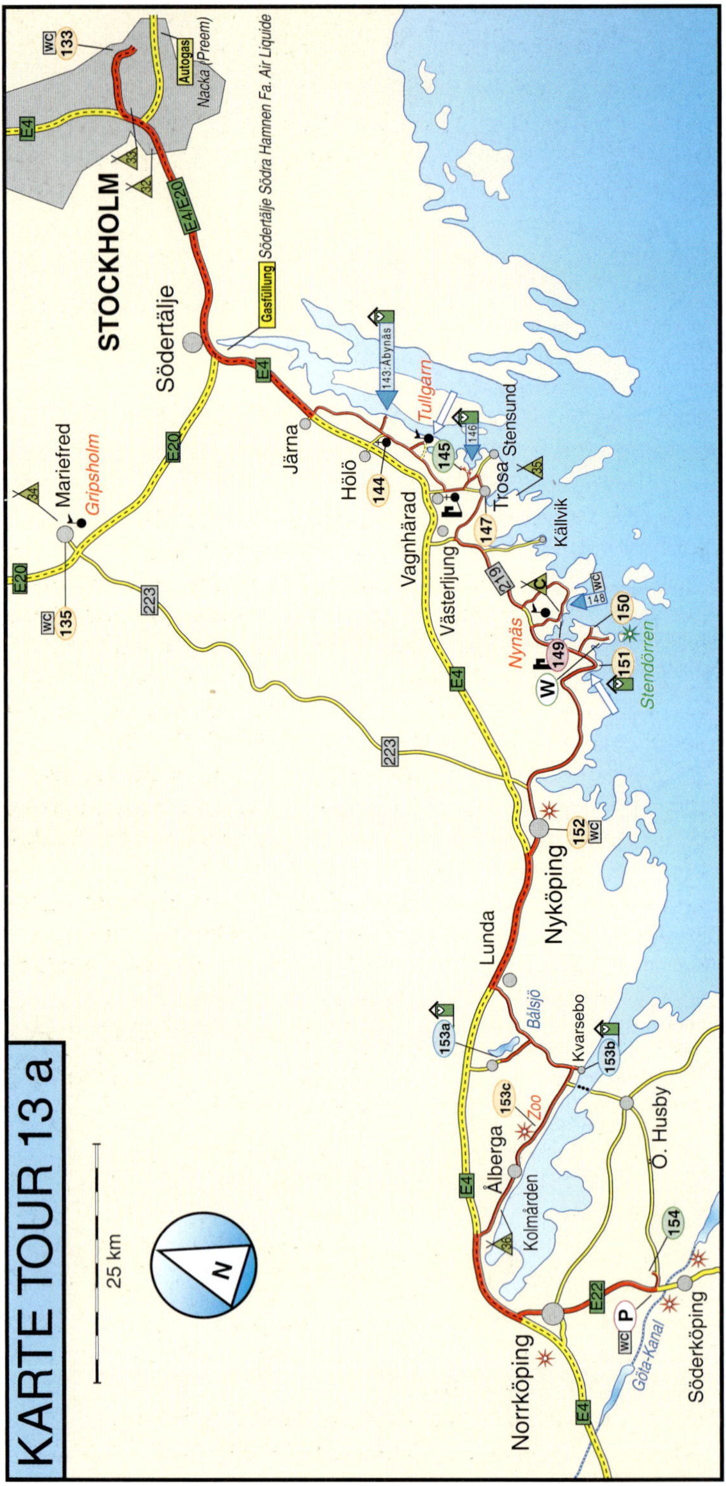

KARTE TOUR 13 a
STOCKHOLM
Nacka (Preem)
Autogas
133
WC
E4
E4/E20
33
32
Södertälje
Gasfüllung
Södertälje Södra Hamnen Fa. Air Liquide
143: Abynäs
E20
Mariefred
Gripsholm
34
135
WC
223
Järna
Hölö
144
Tullgarn
145
146
Stensund
Trosa
35
Vagnhärad
147
Källvik
Västerljung
219
148
WC
Nynäs
149
W
150
151
Stendörren
E4
Nyköping
152
WC
Lunda
Bålsjö
153a
Kvarsebo
153b
153c
Zoo
Ålberga
Kolmården
36
Ö. Husby
154
E22
P
WC
Göta-Kanal
Norrköping
Söderköping
25 km
N

TOUR 13 a (270 km / 2-3 Tage)

Södertälje – Tullgarn-Schloss – Trosa – Nynäs – Stendörren – Nyköping – Bålsjö – Kolmården – Norrköping – Petersberg

Übernachten:	Åbynäs, Tullgarn, Furholmen, Komöte, Bålsjö, Petersberg.
Besichtigen:	Tullgarn (Schloss), Trosa (Stadtbild), Nynäs (Schloss + Orangerie), Stendörren (NSG), Nyköping (Festung), Kolmården (Zoo), Norrköping (Carl-Johan-Park), Göta-Kanal.
Baden:	Tullgarn, Stensund, Nynäs (Sandviksbad), Strömstugan, Bålsjö.
Wandern:	NSG Stendörren.

Wieviel Interessantes hat das Landesinnere von Schweden zu bieten, ich denke da nur an die wildromantischen Urwälder und lauschigen Badeseen. Aber auch die idyllische **Schärenküste** der Ostsee mit ihren herrlichen Sandstränden ist eine Reise wert. Deshalb stellen wir Sie 34 km südwestlich von STOCKHOLM vor die Qual der Wahl: Die Süßwasser-Fans bleiben auf der »E20« Richtung GÖTEBORG, die Salzwasserfreunde folgen uns auf der »E4« Richtung HELSINGBORG.
Bereits nach 11 km können Sie die Raserei gegen einen Badeplatz und den Besuch eines königlichen **Lustschlosses** eintauschen, wenn Sie mit uns die Abfahrt Nr. 141 JÄRNA benutzen und uns Richtung YTTERJÄRNA folgen.
Schöne Alleen und prächtige Solitäreichen geben der Landschaft ein parkartiges Gepräge. Nach 8,5 km schwenken wir links, durchqueren ÅBYKVARN und erreichen nach 1800 m den Badeparkplatz von ÅBYNÄS.

(143) WOMO-Badeplatz: Åbynäs
Max. WOMOs: 3-4.
Position: N 59° 1.196'; E 17° 37.108'.
Ausstattung/Lage: komplett, Sandstrand 250 Schritte/außerorts.
Zufahrt: Auf »E4« bis Abfahrt Järna. 8,5 km nach Süden, dann links 1,8 km.

Zurück an der Straße nach Süden ragt nach 500 m aus einem kleinen Wäldchen der verspielte Kirchturm von HÖLÖ. Der Parkplatz [**144:** N 59° 0.781'; E 17° 35.429'] vor dem Friedhof liegt schön ruhig. Kein Trinkwasser! ↘ OK
Wir folgen nun den Wegweisern **Tullgarn-Slott**, hochherrschaftlich rollen wir durch eine uralte Linden- und Eichenallee,

Schloss Tullgarn -> Besichtigung gemacht ☺

parken [N 58° 57.156'; E 17° 34.825'] neben dem ehemaligen Marstall, wo statt Pferden nun Touristen gefüttert werden.

Wie das königliche Paar während der Sommerfrische spazieren wir durch den gepflegten **Schlosspark**, erfreuen uns an dem bestens restaurierten Schlösschen, das 1719 vom französischen Architekten Destain erbaut wurde.

Schloss und Park liegen im **Naturreservat Tullgarn**; wir studieren die Übersichtskarte am Parkplatz, entdecken Bade- und Wanderparkplätze:

Den ersten findet man, wenn man vom Schloss 600 m zurückfährt, sich links wendet und nach 700 m wieder links fährt. Spaziert man vom Parkplatz [N 58° 56.734'; E 17° 34.327'] noch 200 m am Rande einer Weide entlang (orange markierter Wanderweg), so findet man auf einem Schärenbuckel Bänke; um den Blick über die Bucht zum Schloss genießen zu können.

Wanderwege sind offensichtlich die große Leidenschaft in der Provinz Sörmland. Auf unserer Weiterfahrt entdecken wir in regelmäßigen Abständen blau markierte Wandervorschläge oder die orangefarbenen Holzpfeile, die den "Sörmlandsleden" markieren, einen Wanderweg, der von STOCKHOLM über NYKÖPING und KATRINEHOLM nach ESKILSTUNA führt.

Fährt man an dem Abstecher zu diesem Plätzchen vorbei, so kommt man nach 1000 m wieder zurück zur Straße nach Süden, dort halten wir auf TROSA zu. Haben Sie den Wegweiser zur **Trosalandskyrka** entdeckt? Dort findet man vor dem Friedhof einen ebenen, ruhigen **Parkplatz** mit **WC** [N 58° 56.323'; E 17° 30.853'] und hinter der Friedhofstür rechts einen Wasserhahn mit **Trinkwasser**.

Wir nehmen nicht den direkten Weg nach TROSA, sondern den Umweg, der zum Abstecher STENSUND führt. An diesem Umweg liegen ein weiterer **Wanderparkplatz** und ein **Badeplatz**. Man findet sie, wenn man nach 2100 m links Richtung FURHOLMEN abzweigt. Der Waldweg gabelt sich nach 600 m, geradeaus kommt man zum ruhig auf einer großen Waldwiese gelegenen Wanderparkplatz.

(145) WOMO-Wanderparkplatz: Furholmen
Max. WOMOs: 2-3.
Position: N 58° 55.925'; E 17° 35.191'.
Ausstattung/Lage: Tisch & Bank, Wanderwege u.a. nur 500 m zur Fornborg oder 1,7 km zum Pilskogen/außerorts.
Zufahrt: Von Tullgarn Rtg. Trosa, jedoch über Stensund. Dann Rtg. Furholmen.

Rollt man nach 600 m (an der Gabelung) rechts hinab, so führt der Weg zu einem Parkplatz am Waldrand. Leider muss man noch 250 m zu Fuß gehen, bis man die schöne Liegewiese am kleinen Kies-/Sandstrand erreicht hat.

(146) WOMO-Badeplatz: Komöte
Max. WOMOs: 2-3.
Position: N 58° 55.619'; E 17° 35.063'.
Ausstattung/Lage: Wiesenplatz am Hochwald, 250 m zum Badestrand mit Liegewiese und Klo/außerorts. **Zufahrt:** Richtung Furholmen 600 m, dann rechts.

Wenige Minuten später bummeln wir bereits durch den Ortskern von TROSA. Die schmalen Gässchen und die buntlackierten Häuschen rings um den **Torg** mit der Touristeninformation kann man nur "per pedes" genießen, das WOMO ruht sich auf dem Parkplatz neben der Kirche [**147a:** N 58° 53.879'; E 17° 32.601'] mit dunkelbraun gestrichenen, hölzernen Glockenturm und **Wasserhahn** aus. Weitere schöne Plätzchen mit Wiese, **Wasser** und **WC** findet man am V. Hamnplan [**147b:** N 58° 53.582'; E 17° 33.034'].
Wir verlassen TROSA Richtung VÄSTERLJUNG. Immer wieder gucken runde Schärenbuckel aus dem Wiesen- und Weidegelände heraus. Die kleinsten sind meist kahl, nur verziert von bunten Flechtentupfen, auf den größeren halten sich schon Moose und Heidesträucher, manchmal triumphiert ein einzelner Baum auf seiner Höhe, mühsam festgekrallt in den Spalten des Gesteins.
Wer auf Sandstrand steht, folgt uns zum **Sandviksbad** im Landschaftsschutzgebiet NYNÄS!
Nach knapp 5 km schwenken wir nach links in die »219« Richtung STUDSVIK ein, düsen weiter nach Südwesten.
Nach 10,7 km zweigen wir links ab (Wegweiser: SANDVIK/KLACKA). An einigen Hinweisschildern zu nahe der Straße gelegenen **Grabfeldern** und durch den Weiler KLACKA hin-

durch kommen wir nach genau 5800 m an den Abstecher zum **Sandviksbad**. Nach 300 m stehen wir unter hohen Fichten auf dem **Waldparkplatz** und stellen sofort fest: Das ist ein schönes Plätzchen!

(148) WOMO-Badeplatz: Sandviksbad
Max. WOMOs: 2-3. **Position:** N 58° 47.745'; E 17° 25.034'.
Ausstattung/Lage: siehe Text/außerorts; Camping verboten.
Zufahrt: Auf »219« 12 km nach Süden bis zur Abzweigung Sandvik/Klacka. Nach 5,8 km Abstecher Sandviksbad.

Nur 50 Schritte führen zu einer großen Liegewiese, umringt von Wald, nach vorne sinkt ein breiter Sandstrand ins Wasser hinab. Tische und Bänke, Grillstelle, Schaukel, WC, alles ist vorhanden – bis auf einen Wasserhahn. Diesen, und eine ganze Reihe von Wanderparkplätzchen, von denen markierte Wanderwege abzweigen, entdecken wir 3000 m später. Am Campingplatz von SANDVIK vorbei führt der schmale Weg zu einem**Picknickplatzidyll** [**149:** N 58° 47.703'; E 17° 23.069'] am Bootshafen NYNÄS BRYGGA mit Toiletten und **Wasserhahn** an der Außenwand.

Schloss Nynäs, Orangerie

Nach der Natur kommt wieder die Kultur: Kurz vor der Einmündung unseres Ringsträßchens in die »219« liegt rechts das **Schloss Nynäs** aus dem 17. Jh. (großer Parkplatz [N 58° 48.568'; E 17° 21.781'] mit **WC** und **Latrin**). Fast ausgestochen wird es durch eine herrliche **Orangerie**, in der statt exotischer Pflanzen nun die Touristen betreut werden; bei der Schlossführung gefallen uns besonders die schönen Stuckdecken.
Der optische Höhepunkt der Gegend ist jedoch eindeutig das **Naturschutzgebiet Stendörren** mit seinen hunderten von

NSG Stendörren, Schärenküste

Schäreninselchen. Genau 6600 m müssen wir auf der »219« noch gen Süden rollen, dann sehen wir schon das große Hinweisschild: **Stendörren Naturreservat**/STUDSVIK.
Bereits 2400 m später zweigt nach rechts die Straße ins NSG ab. Parken darf man nur tagsüber auf zwei großen Parkplätzen, nach 2400 m und 3100 m [N 58° 44.808'; E 17° 23.257']. Von beiden führen die herrlichsten Spazierwege und Wanderpfade durch Wald und über Klippen, Brückchen verbinden die Schäreninselchen miteinander. Hier heißt es: Picknick oder Grillgut einpacken, denn Grillstellen mit Feuerholz, Picknicktische, ja sogar Schutzhütten sind überall eingerichtet. Das Schönste jedoch ist die einmalige Natur, die vom Gletschereis geschaffen wurde.
Vom zweiten Parkplatz aus setzt sich der (gesperrte) Fahrweg 600 m fort zum **"Naturum"**, einer liebevollen Ausstellung über die Tier- und Pflanzenwelt der Schärenküste. Ein deutsches Begleitheft zur Ausstellung liegt für Sie bereit, die Attraktion der Ausstellung jedoch ist eine Handkurbel: Mit ihr können Sie in wenigen Sekunden ein dreidimensionales Küstenmodell aus dem Meer emporsteigen lassen, genau so, wie es in den letzten Zehntausend Jahren nach der Eiszeit geschah (Eintritt frei).
Sie erwarten von uns hier einen ruhigen Übernachtungsplatz? Im **NSG Stendörren** ist das Übernachten vorboten. Fährt man an seiner Stichstraße jedoch 1800 m vorbei bis zum Endpunkt der Straße bei STUDSVIK BRYGGA, so findet man dort einen langen Parkstreifen [**150:** N 58° 45.489'; E 17° 23.315'].
Am nächsten Morgen setzen wir unseren Weg nach NYKÖPING fort. Im NSG mussten Sie dauernd von Schären und Brückchen zum Wasser hinabblicken; gleich dürfen Sie wieder hineinspringen. Bereits nach 2000 m auf der »219« kann man (200 m nach der Bushaltestelle STRÖMSTUGAN), am besten

rückwärts, in einen Waldweg hineinstoßen. Eine ganze Reihe von Parkbuchten mit WC [**151:** N 58° 45.365'; E 17° 18.689'] finden Sie im hohen Tann, und von der letzten blicken Sie überrascht auf einen süßen, kleinen, feinsandigen Badeplatz mit Liegewiese, umgeben von Bäumen. Ein lauschiges Plätzchen! Der nächste **Badeplatz** ist nur wenige Schritte entfernt, er liegt gleich hinter dem Weiler HELGÖ [N 58° 45.493'; E 17° 17.475'] - allerdings direkt an der Straße.

Haben Sie Angst vor dem Hungerturm? Haben Sie große Angst davor, in einem Hungerturm zu sitzen, von dem man den Schlüssel weggeschmissen hat?? Dann müssen Sie um NYKÖPING einen weiten Bogen machen. Im ältesten Bauwerk der Stadt, dem **Nyköpingshus** (Foto), fand 1317 das berüchtigte **Gästabud** statt. Listig lud König Birger seine Brüder, die ihm den Thron streitig machten, zu einem Festmahl ein. Aber der gut gefüllte Magen half ihnen nichts, denn der König sperrte sie nicht nur in den Hungerturm, sondern warf auch den einzigen Schlüssel in den Fluss.

Heute verdienen die Einwohner NYKÖPINGS friedlich ihr Geld damit, hochwertige Saab-Automobile zusammenzuschrauben und **Nyköpingshus** ist nur noch eine gewaltige Ruine. Man findet sie leicht, wenn man am Ortsbeginn nicht rechts zur »E4«, sondern links Richtung **Centrum/Nyköpingshus** fährt, neben dem historischen Bauwerk liegt ein bequemer Parkplatz [N 58° 44.868'; E 17° 0.788'] mit **WC** und Duschen (max. 4 Std). Von hier kann man, am Fluss entlang, gemütlich ins Zentrum schlendern. Falls Sie länger bleiben wollen, biegen Sie am Kreisel 200 m vor der Nyköpingshus links Richtung Kungshagen/Hamnen. Dort gibt es viele parkplätze ohne Zeitbegrenzung [**152:** N 58° 44.724'; E 17° 1.251'].

In NYKÖPING muss man gebummelt haben, NYKÖPING ist ein gemütliches Städtchen. Neben dem **Stortorg** liegt die **Nicolaikirche** mit wunderschönem Sandsteinportal. Wie groß muss die Sehnsucht der Schweden schon früher nach frischem Obst gewesen sein, dass sie es sogar im Kirchenportal verewigten. Im Inneren fällt der Blick sofort auf die strahlende Kanzel und das Altargemälde. Technisches Geschick war nötig, um den Spieltisch der alten Orgel so auszurichten, dass der Organist den Pfarrer sehen konnte. Suchen Sie ihn einmal (den Spieltisch, nicht den Pfarrer). Dann bummeln wir die **Storgata**, die Fußgängezone, hoch und 'runter, bis wir Sehnsucht nach unserem WOMO haben.

Auch die Straßenbeschilderung NYKÖPINGS ist zu loben; mühelos finden wir zur »E4« Richtung HELSINGBORG zurück. Knapp 15 km gönnen wir uns den Genuss der bequemen Schnellstraße, dann verlassen wir sie (Nr. 129) Richtung JÖNÅKER/KOLMÅRDEN/DJURPARK-ZOO, der größte Tierpark Europas ist eine der Hauptattraktionen Schwedens!

Wir folgen den weißen Wegweisern zum Tierpark, dessen Größe nur noch von der Höhe des Eintrittsgeldes übertroffen wird. Wer es richtig anlegen will, steht natürlich bereits morgens um 10 Uhr auf der Matte und kann dann, je nach Jahreszeit, 7 bis 10 Stunden **Kolmården** genießen. Deshalb suchen wir einen komfortablen **Bade- und Übernachtungsplatz** in der Nähe des Tierparks.

10,6 km seit der »E4« machen wir nach rechts einen Abstecher Richtung ÅLBERGA, 4200 m später entdecken wir ein Badplatzschild, schwenken nach rechts in einen Schotterweg, kommen durch hohen Wald nach 550 m an einen Wiesenparkplatz zwischen Bäumen am **Bålsjö**.

Eine herrliche Liegewiese wartet dort auf uns, darauf verteilt stehen Schaukel, Rutschbahn, Tische und Bänke – und auf einer Schwimmplattform im See stehen Tisch und Stühle bereit, damit die Skatrunde Platz nehmen kann.

(153a) WOMO-Badeplatz: Bålsjö

Max. WOMOs: 2-3.

Position: N 58° 43.084'; E 16° 35.865'.

Ausstattung/Lage: Spielplatz, Tisch & Bank, Liegewiese, Sandstrand, Klo/außerorts.

Zufahrt: Auf »E4« bis Abfahrt Jönåker/Kolmården. Nach 10,6 km rechts Richtung Ålberga und nach 4,2 km wieder rechts 550 m bis zum Badeplatz.

Ausweichplatz: Kvarsebo [153b: N 58° 40.099'; E 16° 28.078'] 10 km südlich am Meer.

Schnell haben wir am nächsten Morgen den großen **Parkplatz** [153c: N 58° 40.099'; E 16° 28.078'] vor dem **Kolmården-Zoo** erreicht (auf dem man ebenfalls kostenlos übernachten darf!) und tauchen ein in das Reich der Tiere: Elefanten, Tiger, Delphine, Robben ... und natürlich die Menschenaffen ziehen die Besucher an.

Für Kinder gibt es das **Spielparadies** Kulmården und den **Streichelzoo** Djurkul. Weitere Attraktionen sind Ponyreiten, Seilbahnfahren, Safaripark und Tropicarium (offen: 10-17 Uhr). Haben Sie noch Kraft für einen kleinen Stadtbummel?

Wir entern die »E4« und haben im Nu (Ausfahrt 122) den Stadtrand von NORRKÖPING erreicht. Dort holen wir uns an der i-Station einen Stadtplan aus dem Kästchen, folgen am zweiten Kreisverkehr nach links dem Wegweiser **Hamnen**, unterqueren die Bahnlinie, rollen geradeaus über einen Kreisverkehr und biegen in die nächste Straße rechts (**Saltängsgata**). Hier, am

Ufer des **Motalaström**, gibt es viele (gebührenpflichtige) Parkplätze [N 58° 35.673'; E 16° 11.301'], über drei Fontänen hinweg sieht man schon den wuchtigen viereckigen Turm des **Rathauses** und links davon ein zierliches Türmchen mit einer Fahne, die **Deutsche Hedwigskirche**.

Bevor wir jedoch nach links über die Brücke zum Centrum marschieren, wenden wir uns am Brükkenbeginn dem gepflegten **Carl-Johans-Park** zu. Da können die herrlichen Blumenrabatten noch so mit ihren Farben wetteifern, sie werden alle ausgestochen von einem kleinen "Stacheltierzoo". Carl XIV. Johan blickt von seinem Denkmal stolz auf ein wohl einmaliges Arrangement von Kakteen, liebevoll zu kleinen Hügeln und Ornamenten zusammengestellt (Foto).

Nun geht es über die Brücke und am Grandhotel vorbei zum **Tyska Torg** (Deutscher Markt) vor dem Rathaus. "Anno 1672 ist diese Deutsche St. Hedwigskirche erbauet" lesen wir über ihrem Portal. Noch etwas (viel ältere) Kunst gefällig?

Dann müssen Sie auf dem Stadtplan das **Himmelstalund-Schwimmbad** [N 58° 35.400'; E 16° 9.141'] am Riksväg suchen. Von dort spazieren wir entlang eines Wiesengeländes 400 m zu den **Felsritzungen** auf der Hügelkuppe. Sorgfältig eingeritzte Kurzschwerter zeigen an, dass die Kunstwerke aus der Bronzezeit stammen, besonders aufregend ist eine **Wildschweinjagd** dargestellt: Ein Hund ist schon tot, das Schwein lebt noch.

„Nun reicht's für heute, wo ist ein ruhiger Übernachtungsplatz!?“ Der Riksväg begleitet uns noch genau 400 m nach Süden. Dort schwenken wir am Kreisverkehr nach links in die »E22« Richtung KALMAR.

Auch SÖDERKÖPING möchte besucht werden und bietet dem herbeieilenden Touristen an der »E22« einen Picknickplatz mit **WC** und Informationstafel an: 500 m nach der i-Tafel folgen wir dem Wegweiser: **Ramunderberget** und nach 1000 m gönnen wir auf einem großen **Waldparkplatz** [**154:** N 58° 29.377'; E 16° 19.034'] mit Rundwanderwegen dem Diesel und uns die wohlverdiente Ruhe (Anschlusstour Seite 154).

KARTE TOUR 14+15

TOUR 14 (250 km / 3-4 Tage)

Örebro – Mullhyttan – Södra Råda – Gullspång – Skagersvik – Tived – Aspa bruk

Freie Übernachtung:	Multen-See, Pärsbol (Skagern), Södra Råda, Skagersvik, Björstorp (Viken), Tived, Fagertärn, Aspa bruk.
Besichtigungen:	Örebro (Schloss usw.), Södra Råda (Kirche), Älgarås (Kirche), Tived (Urwald), Fagertärn (rote Seerosen).
Baden:	Multen-See, Svartå (Stor-Björk), Skagersvik (Skagern), Björstorp (Viken), Trehörning, Aspa bruk (Vättern).
Wandern:	Gullspång (Draisinenfahrt), Tived-Urwald (Trehörning, Fagertärn).

Heute kann mich nichts mehr vom Genuss der GLANSHAMMAR-Fresken abhalten (9-16 Uhr geöffnet), denn vor 9 Uhr sind wir selten startbereit – und ich kann den Besuch gerne weiterempfehlen; auch die herrlichen Sterngewölbe, das riesige Triumphkreuz aus uralter Zeit, der wunderschöne Taufstein, der Runenstein auf dem Boden im Durchgang zur Sakristei und die holzgeschnitzte, farbig bemalte Kanzel sind unbedingt sehenswert.

Kaum auf der »E20/E18«, signalisiert unsere Küchenchefin Einkaufsstimmung. Das klappt ja prächtig, denn ÖREBRO ist nur noch 14 km entfernt (AB-Ausfahrt 115) – und hat solch ein gestandenes **Wasserschloss** – das muss man gesehen haben; und wer sich mehr fürs Moderne begeistert, der findet sicher **Svampen** enorm, den elegant grau-weiß gestreiften, pilzförmigen Wasserturm, das neue Wahrzeichen der Stadt. Wir halten zunächst aufs Zentrum zu, dann biegen wir links zum **Stora Torg** ab, um 50 m darauf rechts, kurz vor der **Storgata**, auf einen fast leeren **Parkplatz** [N 59° 16.716' E 15° 12.835'] zu stoßen (Gebühr).

Die **Storgata** ist Fußgängerzone, und in ihrem Verlauf kommen wir am wirklich wuchtigen **Schloss** auf einer Insel im Svartån vorbei (daneben **Touristenbüro**).
Dann folgt der **Stora Torg**, der Große Markt, der beherrscht wird von der **Nikolaikirche** aus dem 12. Jahrhundert. Ihr ausdauerndster Betrachter ist der Reichsverweser Engelbrekt Engelbrektsen mit gezogener Streitaxt, gestützt auf sein Langschwert. Das Grab des schwedischen Freiheitshelden soll sich rechts des Altars in der **Nikolaikirche** befinden, die man schon wegen ihrem schönen Portal und der skulpturengeschmückten Kanzel aufsuchen sollte.
Zu ihren Füßen decken wir uns (für schwedische Verhältnisse) preiswert mit Obst und Gemüse ein und kehren zum WOMO zurück.

Südwestlich von ÖREBRO trennt sich die »E20« von der »E18«. Wir bleiben der »E18« noch 12 km Richtung OSLO treu, dann müssen wir bei LANNA auf die »204« abzweigen (Wegweiser: GULLSPÅNG/ FJUGESTA).
Nördlich der Straße begleitet uns das Waldgebiet von **Kilsbergen**, in das wir nach 20 km, in MULLHYTTAN, einbiegen (Wegweiser: SIXTORP/Badplats).
Nach 1300 m kommen wir an eine Gabelung. Der **Multen-See** muss nach unserem Kompass links liegen, also halten wir links in einen Schotterweg und kommen nach weiteren 900 m erneut an eine Gabelung mit besonders erfreulichen Wegweisern: Links **Badplats**, rechts **Fribad**!
Zum **Badeplatz** am Südende des **Multen** sind es nur 200 m. Dort kann man direkt an der riesigen Liegewiese, die bis zum Sandstrand reicht, wenn nötig auch im Schatten, parken.

(155a) WOMO-Badeplatz: Multen/Badplats

Max. WOMOs: 2-3. **Position:** N 59° 9.866'; E 14° 39.468'
Ausstattung/Lage: Sandstrand, Trockenklo, Liegewiese/außerorts.
Zufahrt: Von Örebro 12 km auf der »E18« nach Westen, dann links RichtungGullspång/ Fjugesta. In Mullhyttan rechts Richtung Sixtorp/Badplats. Nach 1300 m nochmals links.

Zum **Fribad** am Nordende des Sees folgen wir dem Wegweiser **"Fribad"** 3,9 km weit auf recht unterschiedlicher Straßenqualität und -breite am Nordrand des **Multen** entlang. Hoffentlich entdecken Sie dann das Hinweisschild **"Trumön"**, das nach links in einen Waldweg zeigt, der mitten im Hochwald endet.
Dieses versteckte Plätzchen ist, wie sollte es auch anders sein, den Freunden der Freikörperkultur vorbehalten. Bei unserer Inspektion war jedoch kein Individuum dieser Spezies anwesend. Die birkenumstandene Liegewiese hinter dem schmalen Strand ist sehr malerisch – allerdings muss man vom Parkplatz im Wald 300 Meter Fußweg in Kauf nehmen.

(155b) WOMO-Badeplatz: Multen/Trumöns Naturistbad

Max. WOMOs: 1-2. **Position:** N 59° 10.384'; E 14° 38.189'

Ausstattung/Lage: Trockenklo, Grillstelle, Liegewiese, Sandstrand/außerorts.

Zufahrt: In Mullhyttan rechts Richtung Sixtorp/Badplats. Nach 1300 m nochmals links und 900 m später rechts. Jetzt 3,9 km bis zur Abzweigung "Trumön", dann 800 m.

Badeplatz am Stor-Björk bei Svartå

Wesentlich unproblematischer ist der nächste **Badeplatz** [N 59° 7.902' E 14° 29.598'] unserer Tour zu finden. Er liegt genau 1000 m hinter SVARTÅ, wo unsere »204« nach links abgezweigt war, direkt und unmittelbar an der Straße. Trotzdem bietet er einen gemütlichen Aufenthalt an vielen Rasttischen an, und Moni braucht in dem über 20°C. warmen Wasser genau drei Minuten bis zu der etwa 250 m entfernten Robinson-Insel im **Stor-Björk**.

In ÅTORP überqueren wir den **Letälv**, der gleich darauf den ersten Versuch macht, sich zum **Skagern** zu verbreitern.

7,5 km nach der Brücke, dort, wo der Wegweiser rechts nach PERSBOL und UNDERSBOL zeigt, führt ein Schottersträßchen links 700 m durch Erdbeerfelder zum **Skagern**.

Auf den Sandbänken des breiten Badestrandes **Gottsbols Badplats** kann man sich wie ein Seehund aalen, im flachen Wasser planschen, auf der grünen Liegewiese unter Schattenbäumen liegen oder auf dem Kinderspielplatz toben.

(156) WOMO-Badeplatz: Skagern/Gottsbols badplats

Max. WOMOs: 1-2. **Position:** N 59° 3.752'; E 14° 17.547'

Ausstattung/Lage: Sandstrand, Liegewiese, Tisch & Bank, Grillstelle, Klo/außerorts.

Zufahrt: Auf der »204« RichtungGullspång/Fjugesta. 7,5 km hinter Åtorp geht's rechts nach Persbol + Undersbol und links 700 m bis zum Badeplatz am Skagern.

Im weiteren Verlauf der »204« werden wir immer wieder aufgefordert, unsere Erdbeeren selbst zu pflücken, aber wir widerstehen der Versuchung!
Aufgepasst!
Kurz bevor unsere Straße auf die »64« trifft und gemeinerweise direkt hinter einer Kuppe, biegt links die Nebenstraße zum **Gamla Kirkplats** von SÖDRA RÅDA ab. Das weiße Hinweisschild ist zwar nicht zu übersehen, aber vielleicht bremst der Hintermann nicht so schnell wie Sie!
Nach 6 km sind wir an der **neuen** Kirche von S. RÅDA, und hinter ihr geht bzw. ging es links zur **alten**.

Dem kleinen, rotbraunen Schindelbau sah man, wie so oft, die Pracht seines Inneren nicht an: Der gesamte Kirchenraum (die Wände und die dreifach tonnengewölbte Decke) war mit Heiligenfiguren, Szenen aus dem Alten und Neuen Testament sowie einem ganzen Zoo abartiger Fabelgestalten, die jeden Biologen zur Verzweiflung treiben, ausgemalt.
Leider ist das herrliche Kleinod im Herbst 2001 bis auf die Grundmauern abgebrannt. Offensichtlich ist an einen Wiederaufbau gedacht. Immerhin finden auf dem Platz Holzbearbeitungskurse statt. Eine umfangreiche Dokumentation/Multimediashow erläutert die Historie der Kirche und vermittelt einen kleinen Eindruck der einstigen Pracht.

Nebenan wartet ein gepflegter **Picknickplatz** [**157:** N 59° 0.257' E 14° 12.293'] mit kleinem Biotop, Picknicktischen, Toiletten und absoluter Ruhe auf vergeblich gekommene Gäste.
Für einen Picknick-Badeplatz (mit "Bahnanschluss") folgen Sie uns bitte nach Südwesten, über GULLSPÅNG nach SKAGERSVIK!
Kopfschüttelnd überqueren wir einen Bahnübergang, bei dem die Schranken quer über den Schienen, nicht über der Straße stehen. Während wir noch darüber nachgrübeln, warum diese autofahrerfreundliche Methode noch nicht bei uns Schule gemacht hat, biegen wir 100 m hinter dem Ortsschild SKAGERSVIK links zum "Vattenverket" und "**Badplatsen**" ab, der an einem schmalen Ausläufer des **Skagern** liegt.

(158) WOMO-Badeplatz: Skagern/Skagersvik

Max. WOMOs: 2-3. **Position:** N 58° 58.167'; E 14° 6.758'

Ausstattung/Lage: Liegewiese, Picknicktische, Badesteg, Sprungtürme, Klo/Ortsrand.

Zufahrt: Von Gullspång (zwischen Vänern und Skagern) 2,5 km nach Süden bis Skagersvik. 100 m nach dem Ortsschild links zum Badeplatz am Skagern.

Neben dem einzigen Gast, einem Wohnwagendauercamper, richten wir uns ein – und werden gleich mit der Frage begrüßt, ob wir Fisch mögen? Wir mögen Fisch, beschließen wir und erfreuen unseren neuen Nachbarn, denn der ist begeisterter Angler, aber er kann Fisch nicht ausstehen!
So wandern drei Barsche und ein junger Hecht in unseren Kühlschrank und die entsprechende Zahl Obstler durch die Kehle des edlen Spenders – hier gefällt es uns, hier bleiben wir!
Da kommen drei "Züge" vorbei!
Aber Züge mit Pedalantrieb, sogenannte Draisinen, die man im nahen GULLSPÅNG mieten kann, wie uns im Vorbeischnaufen ein pedaltretender Lokführer zuruft.
Das Programm des morgigen Tages ist damit gesichert – aber wo ist die Verleihstation? Kurz darauf sind wir zu Fuß auf dem Wege nach GULLSPÅNG, und zwar sicherheitshalber auf dem Schienenstrang; so können wir das Turistbyrå/STF Vandrarhem [N 58° 59.047' E 14° 5.632'] am Ende der stillgelegten Bahnstrecke nicht verfehlen, wo die Draisinen gemietet und (auch telefonisch 0551/21123) vorbestellt werden können. Große Schritte muss man machen, dann "passen" die Schwellen, und in flottem Schritt legen wir die drei Kilometer am Ufer des **Skagern** zurück, nur kurz aufgehalten durch ein gewaltiges Platschen, mit dem sich ein leibhaftiger Biber, erschreckt über die ungewohnten Fußgänger, ins Wasser wirft.
Hinweis: Auch GULLSPÅNG hat einen **WOMO-Stellplatz** [**159:** N 58° 59.263' E 14° 5.766']. Man findet ihn, wenn man von der Hauptstraße (Storgatan) nicht links zum Vandrarhem, sondern beim ICA-Supermarkt rechts abbiegt. Der große Platz mit Liegewiesen, Kinderspielplatz, Tisch & Bank, WC, **Außenwasserhahn** und **Entsorgung** liegt leider in Höhrweite der »64«.

Die Fußstrampelbahn GULLSPÅNG - TORVED mit ihren etwa 20 Gefährten hat reichlich Zulauf – ohne Vorbestellung hätten wir am nächsten Tag sicher in die Röhre geschaut. Jetzt können wir uns, nach der Rückkehr zum **Badeplatz** in SKAGERSVIK, unbesorgt aufs Ausnehmen, Putzen, Grillen und Verputzen der leckeren Fische konzentrieren und das Bad genießen. Pünktlich um 8 Uhr am nächsten Morgen empfangen wir pro Draisine einen Schlüssel und ein Hinweisheft (in deutsch), einige gutgemeinte Ratschläge in Bezug auf das eigenartige Verhalten der Schienenrosse an Weichen – und strampeln los!

Auf jedes "Schienenfahrrad mit Beiwagen" passen ein Strampler, ein Pa-

scha auf einem Holzstühlchen, zur Not ein Dienstbote daneben im Schneidersitz – und reichlich Gepäck.
Wir poltern, tack-tack, tack-tack tönt es wie bei einem Güterzug, durch Wiesen und Felder, aus denen zwischen den Getreidehalmen so unverschämt strahlend blau tausende von Kornblumen leuchten. Dann folgen Tümpel- und Moorreviere mit Wollgras und Rohrkolben, deren dunkelbraune Lampenputzer von grauweißem Samenfilz behängt sind.
Wir stören die Ruhe einsamer Wälder, in denen Gruppen von Geflecktem Knabenkraut stehen und die orangegelben Moltebeeren fruchten; der Schienenstrang ist stets besäumt von roten Weidenröschen, weißem Mädesüß und goldenem Johanniskraut.
Das Wetter aber spielt verrückt!
Einmal blinzeln wir in die Sonne, dann zerren wir eilig die Regencapes heraus; und für die nun pitschnassen Grashalme, die an manchen Stellen ungemäht zwischen den Schwellen wachsen, hätten wir gut die Gummistiefel brauchen können (denken Sie bei entsprechender Witterung daran, denn eine Draisinenfahrt ist auch bei wechselhaftem Wetter, entsprechende Kleidung vorausgesetzt, zu empfehlen).
Auf halber Strecke erschreckt uns eine Gefällewarnung!
"10" lesen wir – der Fuß zuckt zur Bremse – dann rollen wir laut lachend mit 10‰ "zu Tale".
Nach knapp 12 km (die alten Kilometerschilder sind noch leserlich), kurz vor der ehemaligen Station MIDSKOG, ist eine bewirtschaftete Raststation erreicht; wir radeln weiter bis zum Endpunkt bei TORVED (20 km), verputzen dort unser Vesper und sind nach genau fünf Stunden wieder zurück, steigen mit leicht verkrampftem Hintern in das wartende WOMO.

Wir verlassen GULLSPÅNG nach Süden, winken in SKAGERSVIK noch einmal unserem Badeplatz zu, dann geht es an der Vorfahrtsstraße links und anschließend über die **Dressinbana** mit den "verkehrten Schranken" zum 17 km entfernten HOVA. Dort überqueren wir die »E20« (vorher links Tourist-Info in fast echter Ritterburg mit WC und Außerwasserhahn) und nehmen die »200« Richtung TÖREBODA, bis es nach 5 km links nach UNDENÄS/ÄLGARÅS weitergeht.

In der Kirche von Älgaras

400 m links hinter dem Ortsende von ÄLGARÅS legen wir eine Pause ein [N 58° 48.040' E 14° 15.360'], betreten die kleine **Holzkirche** durch ein altehrwürdiges Tor mit kunstvoll verzierten Eisenbeschlägen. Das komplett ausgemalte Innere ist eine Pracht; unter den mittelalterlichen Schnitzereien gefallen uns besonders eine Kalvariengruppe und ein Madonnenschrank (deutsche Begleitstimme auf Knopfdruck!).
500 m südlich der Kirche gabelt sich die Straße. Wir fahren nicht die Teerstraße links nach UNDENÄS, sondern geradeaus weiter, auf SÄTTRA zu. Diese Strecke (12 km davon sind typisch schwedische, lehmig-schotterige Nebenstraßenpiste) ist bei schönem Wetter bezaubernd – halb Urwald, halb Parklandschaft – und einen Schatz kann man auch finden:

WOMO-Cache Nr. 22

Position: N 58° 44.534'; E 14° 16.801'; 128 m. **Schwierigkeitsgrad:** leicht.
Tipp: 3 m links vom Telefonmast!

Dort, wo wir mit Blick auf den **Viken** auf die »202« treffen, biegen wir links Richtung UNDENÄS, um 500 m darauf wieder rechts zu dem oben genannten Badeplatz Richtung BJÖRSTORP abzuzweigen. Die Zufahrt zum Waldparkplatz ist recht schmal, wir winden das WOMO zwischen den in den Weg hängenden Ästen durch. Dann sind es noch 150 Schritte über einen Wurzelstolperpfad bis zum malerisch am Kiefernwaldrand gelegenen Sandstrand, an den heute die Wogen des **Viken** stürmisch heranrollen.

(160) WOMO-Badeplatz: Viken/ Björstorp

Max. WOMOs: 2-3.
Pos.: N 58° 40.455' E 14° 20.778'
Ausstattung/Lage: Sandstrand, Liegewiese, Klo/außerorts.
Zufahrt: Über Älgarås nach Sättra. Am Viken links und nach 500 m rechts .

Wir kehren zurück zur »202«, sind bald in UNDENÄS – jetzt geht's in den **Urwald**!
Schwedens jüngstes Naturschutzgebiet, der TIVED-Urwald, ist eine urtümliche Risstal-Landschaft, um die sich jetzt noch Erzählungen von Wölfen, Bären und Räubern ranken.
Zunächst biegen wir links nach TIVED, und kurz hinter UNDENÄS kommen Sie von links herbei, falls Sie von ÄLGARÅS die Teerstraße nach UNDENÄS genommen haben.
Bald begleitet uns links der große **Unden-See**, aber stets in

geziemendem Abstand. Macht nichts, nach baden ist uns bei jagenden Wolken und nordischen 15°C. auch nicht zumute! Nach 19 km haben wir TIVED erreicht, biegen links in den Ort (**Wasserhahn** an der Mauer bei der Kirche), informieren uns nochmals bei einer Info-Hütte mit Picknickplatz [**161:** N 58° 46.310' E 14° 31.955'], wo reichlich Material ausliegt (Prospekte, Wandervorschläge).
Alles klar: Noch ein paar hundert Meter nach Norden, dann rechts Richtung ASKERSUND/Nationalpark und 3,1 km darauf wieder rechts nach TIVEDSTORP/Nationalpark.
Ein paar Meter links nach TIVEDSTORP hinein, wo ein nettes, kleines Café und ein riesiger **Wanderparkplatz** [**162:** N 58° 45.517' E 14° 35.465'] warten, dann geradeaus weiter (nun auf Schotter) und 700 m später rechts zum **Badestrand Vitsand**, dessen Parkplatz [N 58° 43.755' E 14° 34.155'] wir nach 3,5 km erreichen.

Wirklich ein Traum, dieser Platz am Nordufer des **Trehörning-Sees**, wenn nur das Wetter mitspielen würde! Fast gleichzeitig mit unserer Ankunft haben sich die himmlischen Schleusen geöffnet – wir beschränken uns zunächst auf eine Besichtigung vom WOMO aus – und lassen uns das Abendbrot schmecken.

Anmerkung:
Der **Trehörning-Badplatz** liegt im Nationalpark! Für die Nacht bräuchte man zu dessen Grenze nur 800 m zurückzurollen und bereits nach 1600 m liegen bequeme Parkplätze am Waldrand neben der Piste.

Rollt man vom **Trehörning-Parkplatz** jedoch 2600 m zurück und biegt dann links, so steht man fast noch romantischer am kleinen **Sörängs Bergsjö** mit Tisch und Bank, Raststuga und Grillstelle auf einem kleinen, aber feinen Übernachtungsplatz außerhalb des NP (Camping verboten)!

(163) WOMO-Picknickplatz: Sörängs Bergsjö
Max. WOMOs: 1-2. **Position:** N 58° 45.066' E 14° 34.374'; 161 m.
Ausstattung/Lage: Badesteg, Raststuga, Grillstelle/außerorts.
Zufahrt: Von Undenäs 19 km nach Norden bis Tived, dann rechts Richtung Askersund/ Nationalpark und nach weiteren 3,1 km wieder rechts Richtung Tivedstorp/Nationalpark.

Es ist tiefe Nacht, und ich krieche noch tiefer in den Schlafsack, als ich es wie wild aufs WOMO-Dach prasseln höre.
Am Morgen hat sich das Wetter "wesentlich" gebessert – es nieselt nur noch!

„Was? Spazierengehen?“
Die Kinder zeigen totales Unverständnis, räumen sogar freiwillig den Tisch ab und beginnen mit "Elfer raus", während die "Alten" sich mit Gummistiefeln und Regenumhängen bewaffnet ins Freie stürzen.
Zwei kleine Touren kann man von **Vitsand** bei jedem Wetter empfehlen: Zunächst stiefeln wir nach Südosten zur 1,6 km entfernten **Steinquelle** (Stenkälla). Die Urkräfte des Eises haben gewaltige Unordnung zurückgelassen. Überall versucht die Natur, kahle Riesenfelsbrocken zu bedecken, mühsam ziehen sich Moos und Flechten am körnigen Granit empor. Die flache Humusschicht, die aus den Nadeln der Kiefern entstanden ist, bietet Nährstoffe für Heidelbeeren und Wiesenwachtelweizen, die pastellzart die schwedischen Farben nachmalen. Ein halbes Stündchen brauchen wir, an sumpfigen Stellen wohl behütet über halbierte Baumstämme, die mit der Flachseite nach oben auf Rundhölzer genagelt sind, bis das Felsgewirr sich dramatisch auftürmt, Hohlräume unter sich freilassend, Platz für Rast und das in Schweden allgegenwärtige Gästebuch.

Sicher ist schon die siebte Runde "Elfer raus" im Gange, als wir kurz nach dem Rechten schauen, uns den Heidelbeerrechen schnappen und auch den nur halbstündigen Rundweg um den **Tärnekulle** (Würfelhügel) machen, wobei wir ab und zu unsere Blåbär-Erntemaschine durch die Büsche am Wege ziehen. Auch dieser Pfad führt zwischen kolossalen Felsblöcken hindurch, hinauf und über eine Felslawine wieder hinab, in der tiefe Höhlungen gähnen.
Was hilft am besten gegen Schlechtwetter-Depressionen?
Ein gutes Essen!
Also setzt die Köchin eine Riesenportion Milchreis auf – denn Kartenspielen macht hungrig – und wir verputzen sie mit den frischen Heidelbeeren in Null-Komma-Nichts.

„Baden wir jetzt?“
Alle schauen mich entsetzt an: „Bei **dem** Wetter?“
Also fahren wir weiter, obwohl **Vitsand** sicher einer der optisch schönsten (aber bei besserem Wetter sicher auch überlaufenen) Badeplätze Schwedens ist.
Unser schon reichlich schlammverspritztes Gefährt rollt durch Pfützen und über Waschbrettwellen zurück zur Verbindungsstraße TIVED – ASKERSUND und dort rechts.
Nach 4,3 km geht es wieder rechts, weiter auf breiter Schotterbahn zum berühmten **Fagertärn** (See). Den kann sich kein Naturfreund entgehen lassen, denn er ist eines der ganz seltenen Refugien der Roten Seerose, einer Farbmutante der Weißen Seerose *(Nymphaea alba)*.
Aber die Seitenstraße bietet noch mehr! Erst locken zwei wunderschöne **Picknickplätze** [**164:** N 58° 48.030' E 14° 38.902'] am **Bosjö**, etwa 1000 m hinter der Abzweigung.
3000 m später kann man rechts in der **Vargaklämma**, der

Wolfsklemme herumklettern, in Felsspalten, deren tiefe Höhlungen kaum Licht hineinlassen, so dass oft noch im Sommer Schnee darin liegt. Nach 5,8 km Schotter endlich bringt uns ein 1300-m-Stichsträßchen nach Süden, zum **Wanderparkplatz** [N 58° 45.883' E 14° 42.114'] am **Fagertärn**; Kaffeezeit!

An der Ostseite des Sees führt ein bequemer Kinderwagenweg in zehn Minuten bis zur Südspitze des Sees; für die gesamte Umrundung (der restliche Weg ist ein Stolperwurzelsteig) braucht man mit Fotopausen 45 Minuten. Für den Botaniker ist alles geboten: Gelbe Teichrosen, weiße Seerosen *(N. alba* und *N. candida)* in Mengen. Die Primaballerina aber ziert sich, und nur weit draußen im See sichten wir einige rosarote, dann auch tiefrote Exemplare. Im Sumpfrand wuchern die saftigen Blätter der Drachenwurz, die Joghurtlöffelblätter des Froschlöffels und der Dreiblättrige Fieberklee, an Schwimmblättern gesellt sich dazu noch das Laichkraut – wahrlich ein botanischer Lehrpfad!

Als **Picknickplatz** ist der Parkplatz am **Fagertärn** mit Tischen und Bänken, Kiosk, Info-Stelle und Klo eine Wucht – aber er liegt im Bereich des Fagertärn-Naturreservates ...
Wir plätschern das Stichsträßchen zurück, biegen rechts nach ASPA BRUK und schwören uns: an der ersten geeigneten Stelle wird so lange am WOMO geschrubbt, bis die schöne weiße Farbe wieder durchschaut.
Die Gelegenheit kommt schneller als gedacht! Nach 6,5 km (die letzten 4,5 km sind bereits asphaltiert) treffen wir auf die »49«, biegen rechts Richtung OLSHAMMAR, und schon nach 900 m weist ein kleines, weißes Schild zum **Badeplatz** von ASPA BRUK an einer kleinen Bucht des **Vättern**. Der Parkplatz ist geschottert, und wir haben keine Bedenken, den Schlamm der letzten Wege mit Schüsseln voller Vätternwasser von Heck und Flanken unseres rollenden Ferienhauses 'runterzuspülen.

(165) WOMO-Badeplatz: Vättern/Aspa Bruk

Max. WOMOs: 2-3. **Position:** N 58° 46.019' E 14° 48.130'
Ausstattung/Lage: Liegewiese, Sprungturm, Klo/außerorts; nahe Straße (Platz einsehbar).
Zufahrt: In Aspa Bruk 900 m auf der »49« nach Süden, dann links zum Badeplatz am Vättern.

Glitzern da nicht die Wassertropfen auf dem sauberen Lack? Völlig verändert sehen Wasser und Badeplatz im Sonnenlicht aus! Da kann man wieder vom Sprungturm hüpfen, Rutschbahn rutschen, zu der kleinen Badeinsel schwimmen, oder ganz faul auf der Liege liegen und ohne Trauer den letzten Wolken hinterherschauen (Anschlusstour 15 siehe Seite 170).

KARTE TOUR 14 a
Norrköping
Roxen
E4
Linköping
Göta-Kanal
Söderköping
154
166
167
Stegeborg
Mogata
Skällvik
C
WC 168
Börrum
E22
43
Museum
Glasbläserei
Gusum
20 km
Valdemarsvik
169
Rånen-See
Fågelvik
Storsjö
Edsbruk
Östra Ed
170
173
B
171
172
174
Syrsan
Gamleby
44
Loftahammar
Segersgärde
175
W
176
Ankarsrum
Västervik
Astrid Lindgreen
Lund
45
Vimmerby
33
E22
Baggetorp
177
Fårbo
Stensjö By
178
Byxelkrok
Fittjö
179a
179
Oskarshamn
Blå Jungfrun
Vånevik
180
Påskallavik
181 WC
E
P
"Emån"
Hammarglo
182
Mönsterås
Oknö
Lövö
183
25
E22
Orrefors
184
Ljungnäs
Borgholm
Ryssby
185
Revsudden
Nybro
25
206
Ljungby
Kalmar
ÖLAND
E22
N

TOUR 14 a (320 km / 3-4 Tage)

Söderköping – Skällvik – Gusum – Östra Ed – Storsjö – Västervik – Oskarshamn – Vånevik – Mönsterås – Lövö – Ljungnäs – Revsudden

Freie Übernachtung:	Mogata (Husbyvik), Rånen-See, Östra Ed (NSG Asvikeland), NSG Segersgärde, Västervik (Gränsö), Stensjö By, Fittjö, Vånevik (Stenhuggar-Museum), Hammarglo, Lövö, Ljungnäs, Revsudden.
Besichtigungen:	Stegeborg, Fågelvik, Västervik (Stadtbild), Stensjö By, Vånevik (Museum), Ryssby (Museum).
Baden:	Mogata (Husby), Rånen-See, Västervik (Gränsö), Fittjö, Stensjö By, Vånevik, Hammarglo, Ljungnäs, Revsudden-Enerevet.
Wandern:	Fågelvik, Östra Ed (NSG Asvikeland), NSG Segersgärde, Västervik (Gränsö), Lövö.

SÖDERKÖPING ist die Stadt am Beginn des **Göta-Kanals**! Das kann auch der vorbeieilende Tourist zu spüren bekommen, wenn plötzlich vor ihm die Straße in die Höhe geht!
Wir stellen 400 m südlich der Abfahrt Ö. HUSBY unser WOMO in einem Schrankenbereich rechts der Straße ab und spazieren hinab zum Kanal. Schon kommt ein tarngefärbtes Schiff der schwedischen Kriegsmarine angeschäumt, tutet einmal kurz – und das Unglaubliche passiert: Quer über die »E22« senken sich zwei Schranken und die gesamte, breite Europastraße klappt senkrecht empor, um die Kriegsmarine passieren zu lassen. Wenig später begegnen wir dem Schiff ein zweites Mal. Am Beginn von SÖDER-

Söderköping; Göta-Kanal

KÖPING biegen wir links (Wegweiser: Slussen); folgt man dann dem Schild "Kanal-Väster-P", so findet man viele **Parkplätze** [N 58° 29.022'; E 16° 19.253'] direkt am Götakanal (max. 4 Std.). Auf der Kanalkrone kann man fein entlangschlendern, Bänke und Picknicktische laden zum Verweilen ein und den Dampfer "Lindön" aus dem Jahr 1915 müssen Sie unbedingt begucken – denn eigentlich war er für den Zaren Nikolaus II. bestimmt. Für einen längeren Aufenthalt rollt man durch das gemütliche Örtchen bis zur Bergaskolan mit ruhigen Parkplätzen ohne Zeitbegrenzung ebenfalls direkt am Kanal **[166:** N 58° 28.826'; E 16° 19.770'].

Wohl 2 km südlich SÖDERKÖPING verlassen wir die »E22« und biegen mit der »210« Richtung S:T ANNA, aber auch mit dieser Nebenstraße sind wir noch nicht zufrieden und schwenken nach 1300 m wieder links Richtung MOGATA/STEGEBORG. Die Nebenstraße der Nebenstraße ist Ihnen immer noch nicht schmal genug? Dann folgen Sie nach 4,5 km, bei der **Kirche** von MOGATA, nach links dem Bademännchen (natürlich erst, nachdem Sie am Friedhofszaun der MOGATA-Kirche [N 58° 27.097'; E 16° 27.073'] den äußerst günstig gelegenen **Wasserhahn** angefahren haben).

Ich hoffe, jetzt ist Ihnen das Wegle schmal genug (und wenn Sie nicht aufpassen und nach dem Bademännchen schauen, landen Sie noch beim Bauern im Stall). Wir passieren nach 2300 m eine Schleuse mit zwei Viehgattern und stehen an einem Idyll: Um uns herum weiden Kälbchen unter knorrigen Eichen auf hügeligen, grünen Wiesen, die direkt in einen kleinen Sandbadestrand übergehen (offen vom 15.5. - 15.9.).

(167) WOMO-Badeplatz: Husbyvik
Max. WOMOs: 1-2.
Ausstattung/Lage: Klo, Liegewiese, Sandstrand/außerorts; Camping verboten. **Position:** N 58° 27.956'; E 16° 28.022'.
Zufahrt: 2 km südlich Söderköping links nach Mogata. An der Kirche links 2,3 km bis zum Badeplatz.

am Nachmittag Schatten!

Auch STEGEBORG ist einen Besuch wert. Auf dem Weg dorthin genießen wir bereits die Landschaft, die in weiten Bereichen ihren Urwaldcharakter bewahrt hat. Nur vereinzelt wurde für Bauernhöfe Weideland freigerodet.

Nach 9,3 km seit MOGATA registrieren wir die Abzweigung nach HAMMANTORP (hierhin werden wir zurückkehren) und können 1 km später, in STEGEBORG, zwei sehenswerte

Abstecher machen: Als erstes besuchen wir die **Slottsruin** STEGEBORG, im 13. Jahrhundert stand hier nur ein dickwandiger Verteidigungsturm (Foto), erst hundert Jahre später wurde daraus eine richtige Burg. Später verfiel die Anlage und wurde als Steinbruch benutzt. Trotzdem gibt's noch viel zu sehen, natürlich kann man auch auf den dicken, runden Turm steigen, um Ausschau nach Feinden des Reiches zu halten [N 58° 26.484'; E 16° 35.985'].

Friedlicher geht es bei der Kirche von SKÄLLVIK zu. Ihr Besuch lohnt sich – und sei es nur, um die gewaltige Holzkonstruktion des separaten Glockenturms (Foto) zu bestaunen. Neben der **Kirche** wurde 1853 auch ein Graf von Schwerin bestattet, sein Grab wird immer noch gepflegt. Der **Parkplatz** [N 58° 25.966'; E 16° 35.347'] liegt ruhig!

Nun lassen wir die Seele baumeln und tuckern gemütlich nach Süden: HAMMANTORP, ASKESUM, YTTERBY und die Kirche von BÖRRUM [**168:** N 58° 20.751'; E 16° 35.934'] mit Picknicktisch **Wasserhahn** und **WC** sind die wenigen menschlichen Niederlassungen in dieser naturbelassenen Landschaft, in der uns immer wieder urgewaltige, dickstämmige Eichen begeistern. Wir folgen dem Wegweiser GUSUM, der uns direkt zur »E22« führt. Unmittelbar vor der Europastraße sollten Sie das kleine **Bruksmuseum** [N 58° 17.098'; E 16° 30.434'] besuchen, es schildert die Geschichte der ehrwürdigen "Gusums Bruks- och

Fabriksaktiebolag". In dieser Firma wurden so wichtige Gebrauchsgegenstände wie Sicherheitsnadeln, Korsetthäkchen, Strumpfhalter.... hergestellt, heute hat man sich mehr auf Messingartikel spezialisiert. Der Museumsbesuch ist kostenlos, die Messingartikel kann man kaufen.

Am Ortsende von GUSUM liegt die **Glashütte** [N 58° 15.833'; E 16° 29.733'] von Milan Vobruba. „??“ glaselch gekauft! 380,-

Richtig geraten, der Besitzer stammt aus der Tschechischen Republik und bringt sicher Kenntnisse der Böhmischen Glasbläserkunst mit. Wir können seinem Sohn bei der Arbeit zuschauen:
Als erstes schlingt er sich ein gerolltes Band um die Stirn, dann zieht er einen gewaltigen weißglühenden Glasklumpen an einer langen Eisenstange aus dem Feuerofen, gibt ihm mit der bloßen Hand Form, nur geschützt durch einen Asbeststreifen. Ein zweiter Glasklumpen wird angesetzt, gezogen und gedrückt, zwei weitere werden plattgedrückt, zerschnitten und gebogen, zum Schluss, fast wie ein Witz, klebt er ein winziges Kügelchen ans gegenüberliegende Ende – nun hat der Elch auch ein Schwänzchen. Wäre das nicht ein schöneres Andenken an Ihren Schwedenurlaub, als dieser blöde schwarze Aufkleber an jedem zweiten WOMO-Alkoven? In der Ausstellung im 1. Stock finden Sie noch wesentlich Anspruchvolleres vom Altmeister!
50 m vor der Glasbläserei rechts findet man einen Brunnen mit dem zweitbesten Wasser von Schweden.

Sie brauchen nicht zur »E22« zurück, die »212« führt Sie genau so gut nach VALDEMARSVIK. Halt, tanken müssen wir noch, gegenüber der Glashütte liegt eine der preiswerten Q-Star-Tankstellen, wo man mit 100 und 500 SKr-Scheinen (oder Visa) rund um die Uhr tanken kann.

Die »212« leitet uns an VALDEMARSVIK vorbei (Wegweiser: SKEPPSGÅRDEN), 2 km südlich des Ortes folgen wir nochmals dem Wegweiser SKEPPSGÅRDEN nach links, nach 6 km sichten wir erstmals den **Rånensee**, halten scharf Ausschau und schwenken 800 m später scharf rechts in einen Schotterweg. Er

führt uns nach 300 m zu einem kleinen Parkplatz im Wald, 100 m neben dem schönen **Schärenbadeplatz**. Es ist optisch ein besonders gelungenes Plätzchen, zum Baden steigt man vom Holzsteg aus ins Wasser.

(169) WOMO-Badeplatz: Rånensee (Foto links)

Max. WOMOs: 1-2. **Position:** N 58° 7.950'; E 16° 37.250'.
Ausstattung/Lage: Liegewiese, Stuga mit Feuerstelle, Badesteg, Klo/außerorts.
Zufahrt: Von Valdemarsvik 6 km weiter Richtung Skeppsgården. Am Rånensee noch 800 m und dann rechts zum Badeplatz; Camping verboten.

2500 m nach unserem Badeplätzchen biegen wir links in eine Schotterstraße Richtung KVÄDÖ. Nach 500 m, beim Hof STJÄRNEBERG, gabelt sich der Weg, wir fahren zunächst links, und weil wir kaum schwedisch können, fahren wir "aus Versehen" in die Privatstraße der Herren von **Vågelvik**. Da ist das schöne **Rokokoschloss**, das mitten im Grünen auf einem Inselchen steht. Schnell drehen wir eine Besichtigungsrunde vor dem Portal. Aber schon werden wir von einem adligen Hund angebellt und treten geschwind den Rückzug an.

Es gibt noch ein zweites **Fågelvik**, nur wenige Kilometer vom ersten entfernt. Ob es am **"F"** lag, dass ihm ein weniger friedliches Schicksal vergönnt war?
Zu Beginn des 15. Jahrhunderts erbaut, wurde es bereits 1542 bis auf die Grundmauern niedergebrannt. Wir biegen am Hof STJÄRNEBERG in die zweite Schotterstraße (Richtung KVÄDÖ) und halten nach 3300 m auf einem Parkstreifen links der Straße [N 58° 6.174'; E 16° 42.111']. Ein Treppchen führt über den Weidezaun. Durch einen beachtenswerten Wachholderhain und über ein kleines Brückchen führt ein orangegelb markierter Pfad in 10 min. zu den spärlichen Überresten der "Borgruin". Lediglich die mächtigen Grundmauern eines quadratischen Turmes ragen aus dem Weideland, die übrigen Reste der ehemals großen Anlage kann man nur noch ahnen.

Wir kehren zur Teerstraße beim Hof STJÄRNEBERG zurück, biegen links. Bereits nach 1 km überqueren wir einen See an seiner engsten Stelle und sehen rechts vor uns den schönen **Herrensitz** HORNSBERG. Die Zufahrt ist mit einer Kette verschlossen, das Gebäude sieht verlassen aus. Wie wär's mit Ihnen als Käufer, im Preis inbegriffen wäre sicher auch ein kleines Lusthäuschen auf einer Insel gegenüber vom Schloss. 3,6 km später, in LÅNGRÅDNA, biegen wir links Richtung ÖSTRA ED (Wegweiser: Ö. EDS K:A). Nach 6,3 km, wir sehen bereits rechts vor uns die weiße **Kirche**, zweigen wir nach links ab zum **Naturreservat Asvikeland**.
Blaue Schilder weisen uns die Richtung zum Rande des NSG, nach 5,4 km und 6,1 km findet man jeweils einen ruhigen **Wanderparkplatz** mit Übersichtstafel, Gästebuch und Wanderkarte im Wald. Von jedem Parkplatz aus führt der etwa 6 km lange Rundwanderweg durch das herrliche Waldgebiet und an der aussichtsreichen Schärenküste entlang.

(170) WOMO-Wanderparkplätze: Asvikeland

Max. WOMOs: je 2-3.
Pos.: N 58° 1.692'; E 16° 45.119'
Ausstattung/Lage: Rundwanderwege (z. B. 25-min.-Wanderweg zu Markens Udde mit Feuerstelle)/außerorts.
Zufahrt: Auf »212« bis Östra Ed. Östlich der Kirche dem Wegweiser Asvikeland bis zum Wanderparkplatz folgen.

In ÖSTRA ED wissen wir nicht, wohin wir unseren Blick als erstes wenden sollen: Geradeaus liegt das schöne **Herrenhaus Åsvik** in dezent-vornehmem Silbergrau, links leuchtet weiß die **Kirche** von ED mit großem, ruhigem **Parkplatz** [171: N 58° 1.726'; E 16° 40.117'].
Das Gotteshaus wurde erst 1960 unter Verwendung alter Kirchenmauern erbaut, die Turmspitze ist gekrönt von einem Schiffsmodell. Es soll den Gläubigen bei ihrer Fahrt über das Meer des Lebens Lotse sein.
Wir biegen vor dem Gutshof rechts, überqueren einen Sund nach SKEPPSGÅRDEN. Links kann man am kleinen Bootshafen parken [N 58° 1.790'; E 16° 39.615'] und 200 m zum idyllischen **Badeplatz** spazieren.
Schnell haben wir wieder die »E22« erreicht, biegen nach links ein Richtung VÄSTERVIKGAMLEBY. Bereits nach 2,2 km kann man zu drei (!) Badeplätzen abbiegen. Zunächst rollen wir rechts nach EDSBRUK, passieren die Kirche mit **Wasserhahn** hinterm Friedhofszaun und haben 600 m weiter den bestens ausgestatten ersten **Badeplatz** [172: N 58° 0.984'; E 16° 28.062'] am **Storsjö** erreicht. Wer es romantischer liebt, dafür auf die Komfortausstattung verzichten kann, muss die Augen

aufsperren, damit er 3,3 km weiter im Westen die (nicht markierte) Abzweigung zum **Liegewiesensandbadeplatz** im Walde [173: N 58° 2.263'; E 16° 26.253'] nicht verpasst (Camp. verboten). Zurück an der »E22« überqueren wir diese, schlagen in HÄLGENÄS einen Haken nach rechts und biegen nach 1700 m, bei Antons Antikhandel, nach links zum **Syrsan-See** mit einem **Rosenbusch-Birken-Wiesenbadeplatz** [174:

N 57° 59.852'; E 16° 29.874'] mit Tisch & Bank, Toilette, Grillstelle und Bocciabahn.

Zurück auf der »E22« verlassen wir sie 6,5 km später (Wegweiser: Loftahammar). Nach 2 km, vor der Kirche von LOFTA (mit **Wasser**hähnen), geht's scharf rechts Richtung NYGARD. Nach 3,8 km, 1 km vor NYGARD, zweigen wir nach links Richtung VÄSTERVIK ab. Nun ist der Weg ganz einfach, denn er führt auf einer schmalen fingerförmigen Halbinsel entlang. In ihrer Mitte durchquert die Straße das **Naturreservat Segersgärde**. Von zwei Parkplätzen aus, von denen der erste besonders ruhig abseits der Straße liegt, können Sie zu kleinen Rundwanderwegen starten. Nach 12 km, bei der Bushaltestelle Värmvik, biegen wir nach rechts zum ersten Parkplatz, überqueren einen Viehrost, nach 500 m einen zweiten und finden dahinter rechts den **Wanderparkplatz** mit Picknickwiesen direkt an der Schärenküste (mit Übersichtstafel und Rundwanderweg).

(175) WOMO-Wanderparkplatz: NSG Segersgärde
Max. WOMOs: 1-2. **Position:** N 57° 50.850'; E 16° 31.255'.
Ausstattung/Lage: Klo, Wanderwege/außerorts. **Zufahrt:** siehe Text.

Die Teerstraße durchquert nach 400 m den Weiler SEGERSGÄRDE (zweiter P), der dem NSG den Namen gegeben hat. 10 km später durchqueren wir PIPERSKÄRR, und nach 12 km, 200 m vor dem Ortsschild von VÄSTERVIK, machen wir nach links einen Abstecher auf das Halbinselchen **Gränsö**. Auch hier wurde neuerdings ein **Naturreservat** eingerichtet (wohl, um die Ferienhausbebauung einzudämmen).
Wir passieren **Gränsö-Slott**, das jüngste Schloss Schwedens. Es wurde erst 1994, nach einem Brand, mit Spenden der Bevölkerung von VÄSTERVIK wieder aufgebaut. Hier finden wir am Parkplatz die erste Übersichtstafel über das NSG und ein Holzkästchen mit Informationsblättern (weitere stehen an jedem Parkplatz). Der Abstecher auf das idyllische Halbinselchen, das vorwitzig bis in die offene See hineinragt, ist genau 7400 m lang. Biegt man nach 5,9 km, im hohen Kiefernwald, links in einen Schotterweg, so kommt man nach 600 m zum einsamen **Wanderparkplatz Skanvik** [N 57° 44.661'; E 16° 42.982'], hier beginnt ein markierter Küstenwanderweg. Toll, wie die hereinwogenden Wellen auf die Schärenfelsen klatschen. Bleibt man auf dem Teersträßchen, so kommt man nach

6800 m zu dem (nomen est omen) **Sandbadeplatz Sandvik**. Er ist von Kiefernwald umgeben, reichlich Parkraum wurde angelegt. Nach 7,5 km endet der Fahrweg mit einem letzten **Wanderparkplatz** hinter einer Wendeschleife [N 57° 44.013'; E 16° 42.584']. An jedem Parkplatz kann man einen markierten Rundwanderweg beginnen oder auch nur ein kleines Stückchen an der Küste entlangschlendern – es lohnt sich!

(176) WOMO-Bade- und Wanderparkplätze: NSG Gränsö
Max. WOMOs: > 5. **Position:** N 57° 44.250'; E 16° 42.550'.
Ausstattung/Lage: Klo, Tisch & Bank, Sandstrand/außerorts. **Zufahrt:** siehe Text.
Hinweis: Am Badeplatz Camping verboten, hinter der Wendeschleife 24 Std. verlaubt.

Wir rollen nun nach VÄSTERVIK hinein, die Straße führt im Halbkreis um einen gewaltigen Felsklotz herum, erst aus der Nähe entpuppt er sich als die **Slottsruin** Stegeholm. Will man sie begucken, so darf man vor ihr links der Straße eine Viertelstunde parken (länger braucht man auch nicht).

Ein langer Damm und eine Hebebrücke führen über den Gamlebyvik zum Ortskern von VÄSTERVIK. Gleich hinter der Hebebrücke rechts residiert in einem repräsentativen Gebäude, dessen Fenster im Halbkreis mit Ziegelsteinblenden abgesetzt sind, das **Informationsamt**. Dahinter geht es rechts zum Centrum – und das gruppiert sich in VÄSTERVIK um den **Fiskaretorg**, dem Fischerplatz hinter dem Hafen mit **WOMO-Stellplatz** [N 57° 45.404'; E 16° 38.777']. Geradeaus weiter führen schmale Sträßchen zur malerischen **Altstadt** um die **Gertrudskirche**. Wendet man sich nach links, in die gemütliche Fußgängerzone Bredgata, so kommt man zum gewaltigen Ziegelsteinbau der **Sankt Petrikirche** und zu einem Quersträßchen, der **Båtsmansgränd**. Winzige bunt gestrichene Häuschen zeigen Ihnen, wie einst die Fischer von VÄSTERVIK wohnten.

Die Ausfallsstraße zur »E22« schlägt einen weiten Bogen links um den Stadtkern herum, ein zweites Mal können wir einen Blick auf die Sankt Petrikirche werfen. Erst 3 km außerhalb münden wir ein in die »E22« Richtung KALMAR.

Nach 9,5 km auf der »E22« passieren wir die Abzweigung der »33« Richtung VIMMERBY (Astrid Lindgreen!) und 1500 m später machen wir einen Abstecher Richtung LUNDS BY. Nur 100 m, und man steht mitten im Dorf [N 57° 42.640'; E 16° 26.730']!

Nun ja, sagen wir Dörfchen :

Es sind 8 Hauptgebäude, die sich um den Marktplatz gruppieren, dahinter liegen die Scheunen und Stallungen. Einst war LUNDS BY nur ein Bauernhof, aber wenn man Söhne bekommt, und von diesen wieder Enkel, so muss eben geteilt werden. Ob auch jetzt noch alle zur gleichen Familie gehören? Die Häuser mit ihren filigranhaft verzierten Vorbauten, an denen sich der wilde Wein emporrankt, sehen sich jedenfalls zum Verwechseln ähnlich.

Nun rauschen wir auf der »E22« nach Süden. Ob wir es wohl schaffen, den Regenwolken zu enteilen? Erst 40 km südlich VÄSTERVIK müssen Sie wieder auf die Wegweiser achten! Wir verlassen die »E22« an der Abfahrt BAGGETORP/FÅRBO, folgen am Kreisverkehr dem Wegweiser FLATHULT und holpern stangengerade 800 m nach Südwesten bis zum einsamen Badeplatz am **Fårbosjö**.

(177) WOMO-Badeplatz: Flathult/Fårbosjö

Max. WOMOs: 3-4.

Position: N 57° 22.160'; E 16° 28.550'.

Ausstattung/Lage: Sandstrand, Klo, Sprungtürme, Badesteg, Grillstelle, Schaukel/außerorts.

Zufahrt: Von Norrköping auf »E22« bis Ausfahrt Farbo. Am Kreisel noch 800 m nach Flathult.

Knapp 4 km weiter südlich zeigen Wegweiser nach links Richtung DRAGSKÄR. Ein kleines Brückchen verbindet die **Schäreninsel Fittjö** mit dem Festland, 900 m später liegt rechts des Weges **Dragskärs bad** mit großem Parkplatz [N 57° 18.685'; E 16° 34.000'], Liegewiese und Sandstrand (das Abstellen von WOMOs ist verboten).

Falls Ihnen statt nach Bad gerade nach Kultur sein sollte, so passieren Sie auf der »E22« die DRAGSKÄR-Abzweigung und fahren stattdessen 600 m später Richtung STENSJÖ BY.

Restauriertes Dorf Stensjö

Dieser Ort hatte ein einmaliges Schicksal:
Wie in vielen Dörfchen lohnte sich die Landwirtschaft nicht mehr, man zog weg, die Gebäude verfielen. Rechtzeitig kaufte die Königliche Akademie der Geschichte das Land auf, restaurierte und sorgte dafür, dass das Land im alten Stil bearbeitet wird. Der Besucher kann jetzt Aussehen und Leben eines Dorfes aus dem letzten Jahrhundert kennenlernen.

Die Zufahrt nach STENSJÖ BY ist von den alten, typischen Stangenzäunen flankiert, die die Weiden und Felder einfrieden. Nach 700 m passieren wir die Abfahrt zu einem kleinen **Badeplatz** [N 57° 20.211'; E 16° 28.314'] links unten am See, 2000 m später endet die Zufahrt am Dorfrand an einem großen **Picknickplatz** [**178:** N 57° 20.674'; E 16° 27.995'] mit Toilette und drei verschiedenen Besichtigungswegen (20, 25 und 50 min.).
Noch 3,5 km auf der »E22«, dann biegen wir links Richtung SALTVIK. 2000 m später schwenken wir nochmals links, passieren den Bootshafen und erreichen nach weiteren 1400 m den **Badeplatz Kvarnviken** [**179:** N 57° 18.148'; E 16° 30.724']. Vom kleinen Parkrund muss man 250 Schritte zum schönen **Schärenbadeplatz** spazieren.

Immer nur aufs Meer hinausschauen und von Seejungfrauen träumen? Von OSKARSHAMN aus kann man mit dem Schiffchen zu einer richtigen Jungfrau fahren, ewig jung und auch noch blau. Von der kleinen Hafenstadt OSKARSHAMN aus legen Fähren ab, nach VISBY auf **Gotland**, nach BYXELKROK auf **Öland** und Ausflugsschiffchen zu dem kleinen Felseninselchen **Blå Jungfrun**, das nur 20 km vor OSKARSHAMN, auf halben Wege zur langgestreckten Ölandinsel, liegt.
Die gesamte Insel mit ihrer umfangreichen Vogelwelt, ihrer artenreichen Flora und Kalksteingrotten ist geschützter Nationalpark. Während der Saison kann man sich mehrmals täglich zu der sehenswerten Insel hinüberschippern lassen.

Wir verlassen die »E22« Richtung OSKARSHAMN N/HAMNEN, folgen nicht den Wegweisern Richtung Centrum, sondern denen zum N Hamnen. Im Hafen angekommen, landen wir links auf einem **Riesenparkplatz** [**179a:** N 57° 16.064'; E 16° 27.365']. Hier starten auch die Ausflugsschiffchen zur "Blauen Jungfrau". Von der anderen Straßenseite blickt das Rathaus über das Hafenbecken. Von seinen Stufen aus können Sie, gute Sicht vorausgesetzt, die "Blaue Jungfrau" aus dem Meer ragen sehen.
Am Rathaus links vorbei und rechts der Järnwegsstation verlassen wir OSKARSHAMN Richtung E22, nach 1,5 km biegen wir am ersten Kreisverkehr links Richtung PÅSKALLAVIK.
7,6 km weiter haben wir VÅNEVIK erreicht, wir schlängeln uns nach links durch das kleine Dörfchen, vielleicht entdecken Sie auch das Hinweisschild zum **Stenhuggarmuseum**. Es führt uns immer an der Küstenlinie entlang zu einem herrlichen, großen **Badegelände**, an dessen Parkplatz das kleine Gebäude des Museums liegt.

(180) WOMO-Badeplatz: Vånevik/Stenhuggar-Museum

Max. WOMOs: 2-3. **Position:** N 57° 10.796'; E 16° 27.580'.
Ausstattung: Klo, Sandstrand, Spielplatz, Tisch + Bank, Badesteg/Ortsrand; Abstellen von WOMOs verboten. **Zufahrt:** Von Oskarshamn 8 km nach Süden bis Vånevik, dort den Wegweiser zum Stenhuggar-Museum beachten).
Ausweichplatz: 600 m nördlich fährt man rechts und am Museumssteinbruch "Ångkransbrottet" vorbei zur Schärenküste [**180a:** N 57° 11.303'; E 16° 27.508'].

Ich mache Klimmzüge hinauf zu den Oberlichtern, denn die Tür ist verschlossen, erspähe Schautafeln und Fotos. Vor dem Gebäude liegen polierte Steinplatten und eine Steinwalze, die nicht in das **Steinhauermuseum** gepasst haben.
Wir trösten uns damit, dass der Badeplatz keine Wünsche offen lässt. Er ragt halbinselförmig als große Liegewiese mit einzelnen Kiefern ins Meer, links stürmt die See an Schärenfelsen, dort steigt der Mutige von einem Leiterchen ins Meer, in der Mitte und rechts bieten ruhige Sandstrände Angsthasen und Kindern gefahrlosen Badespaß. Für sie hat man auch diverse Spielgeräte aufgestellt, wie Wippen, Schaukeln und Rutschen; die übliche Badeplatzausstattung kennen Sie bereits.
Nur 3 km südlich liegt PÅSKALLAVIK. Am Ortsbeginn machen wir einen erstaunten Zwischenstopp bei den eigenwilligen Plastiken im **Källströmsgarden**.
Biegt man vor der Kirche links, so kommt man zum empfehlenswerten "Naturcamping Nötö", wo man gegen geringe Gebühr Toilette, Dusche und Trinkwasser geboten bekommt und sein WOMO in naturbelassener Landschaft dort abstellen kann, wo es einem am besten gefällt.

(181) WOMO-Naturcampingplatz-Tipp: Nötö

Position: N 57° 9.345'; E 16° 28.546'. **Öffnungszeiten:** ganzjähring.
Ausstattung/Lage: Toilette, Dusche, Wasser, Sandstrand, Liegewiesen/außerorts.
Zufahrt: Vor der Kirche von Påskallavik links.

3 km weiter liegt an der »E22« der **Picknickplatz Emån**, den wir einmal hervorheben wollen! Zu seiner Komplettausstattung gehört auch wieder eine Tür mit der Aufschrift "Latrin", wo wir unsere tragbare Campingtoilette ausleeren können.
11 km südlich PÅSKALLAVIK können wir die Europastraße erneut für einen Badeabstecher verlassen:
Dem Wegweiser SVARTÖ/ÖDÄNGLA folgend kommt man durch hohen, dunklen Kiefernwald nach 4,2 km, am Ortsende von HAMMARGLO, zu einer Weggabelung und biegt rechts Richtung ÖDÄNGLA. Wieder sind wir von urigem Wald umgeben, der auch nach 1500 m links (aufpassen!) den Badeplatz beschattet: Liegewiese, Tische und Bänke, Spielgeräte, schmaler Sandstrand und ein Badesteg, der ins tiefe Wasser hinausführt – alles ist da für ein Picknick mit Badespaß.

(182) WOMO-Badeplatz: Hammarglo/Ödängla

Max. WOMOs: 1-2. **Position:** N 57° 3.854'; E 16° 32.846'.
Ausstattung/Lage: Sandstrand, Spielplatz, Liegewiese, Badesteg/außerorts.
Zufahrt: Von Oskarshamn auf »E22« nach Süden. 11 km südlich Påskallavik links ab Richtung Svartö/Ödängla. Am Ortsende von Hammarglo rechts noch 1500 m Richtung Ödängla; Zelten und offenes Feuer verboten.

Die Stichstraße führt nach weiteren 2,2 km zu urigen Rastmöglichkeiten zwischen Wacholderbüschen und endet nach insgesamt 5,0 km bei einem kleinen Bootshafen mit **Picknickplatz** [N 57° 2.781'; E 16° 34.676'].
Wanderwege wird man hier im Urwald wohl kaum finden und wenn, dann würde man vor lauter Bäumen die Gegend nicht sehen. Da lob' ich mir die Parklandschaft im **Naturreservat** LÖVÖ, wo man von bequemen **Wanderparkplätzen** aus aussichtsreich auf markierten Wanderwegen schlendern kann.
Da möchten Sie auch hin?

Sie müssen nur noch 2,8 km auf der »E22« nach Süden rollen und bei MÖNSTERÅS die richtige Zufahrt finden. Es gibt zwei Möglichkeiten:
Entweder Sie nehmen die nördlichste Abfahrt (Wegweiser: MÖNSTERÅS), halten auf den Ortskern zu, schwenken an seinem Beginn nach links Richtung OKNÖ, bis Sie den Wegweiser nach LÖVÖ entdecken. Oder Sie fahren an der ersten Abzweigung vorbei, überqueren 2,3 km später eine Bahnlinie, und nach 2,6 km können Sie direkt nach OKNÖ abbiegen.
Außer LÖVÖ steht TOKÖ, GÅRÖ und KILLINGEHOLM auf den Wegweisern, die nach rechts von der OKNÖ-Straße abzweigen. Nach und nach können wir diese Weiler abhaken, während das Teersträßchen immer schmaler wird. Eine Parklandschaft mit Weideflächen, von denen man die Steinbrocken zusammengelesen und am Rande zu dicken Steinmauern aufgehäuft hat, die jeder Ritterburg zur Ehre gereichen würden. Haben Sie nach 5300 m das kleine Brückchen bemerkt? Gleich dahinter beginnt bei der ersten Informationstafel das Naturreservat, das die **Insel Lövö** und die benachbarten, kleineren Schäreninselchen umfasst.
Wir rollen durch das Dörfchen LÖVÖ und finden kurz dahinter den ersten **Wanderparkplatz**. Hier steht man ruhig unter hohen Birken, ein gut markierter **"Strövstig"** umrundet die Südhälfte des Inselchens. Ein Schotterwegle führt noch 1100 m weiter zum zweiten **Wanderparkplatz**, gleich idyllisch gelegen. Auch dort können Sie in den "Strövstig" einsteigen.

(183) WOMO-Wanderparkplatz 1: NSG Lövö
Max. WOMOs: 2-3.
Position: N 56° 58.713'; E 16° 28.165'.
Ausstattung/Lage: Rundwanderweg/außerorts.
Zufahrt: »E22« nach Süden bis Mönsterås. Dort zunächst Richtung Oknö fahren, dann nach rechts dem Wegweiser Lövö folgen, gleich hinter Lövö.

Es ist entspannend und aussichtsreich zugleich, in dieser Parklandschaft aus großen Birken, Linden, Eichen und Wacholderbüschen, die die flache Moränenlandschaft bewachsen, den Tag zu vertrödeln. Abends hat man auf den Wanderparkplätzen sicher seine Ruhe. gut zum Baden
Ach ja: Eine Rundfahrt um die benachbarte **NSG-Halbinsel Oknö** darf man keinesfalls auslassen - ein Naturtraum!
Knapp 50 km sind es nur noch bis KALMAR mit der berühmten

Ölandbrücke. Kurz vorher haben wir noch zwei besonders schöne **Badeplätzchen** anzubieten. 23 km rollen wir von MÖNSTERÅS auf der »E22« nach Süden, dann müssen wir wieder aufpassen:
Erst kommen nach links Abzweigungen nach PATAHOLM, dann geht es rechts nach KÅREMO, und 200 m später biegen wir links nach LJUNGNÄS. Dieses Teersträßchen schlägt einen Halbkreis zur Küste und kehrt weiter im Süden zur »E22« zurück. Begrenzt wird es wieder von den breiten Mauern aus Moränengeröll, das man mühsam in Jahrhunderten von den Feldern und Weiden zusammengelesen hat. Nur die dicksten Brocken hat man als Findlinge liegengelassen.
Nach 3300 m führt ein Stichsträßchen nach links zum **Badeplatz** von LJUNGNÄS. Ganze 700 m führen uns zu einem "Heide-Badeplatz":

Man kommt sich vor, als läge die Lüneburger Heide an der Ostsee! Auf herrlich grünen Wiesen stehen verteilt Wacholderbuschgruppen, zwischen denen man, auch weiter vom Sandbadestrand entfernt, schön einparken kann.
Weit reicht der Blick über die bewaldeten Moränenschären bis zur Küste der Insel Öland am Horizont. Rechts des Weges liegen die **Toiletten**, einen **Wasserhahn** findet man am Beginn des Bootssteges.

(184) WOMO-Badeplatz: Ljungnäs

Max. WOMOs: 2-3. **Position:** N 56° 49.693'; E 16° 25.078'.
Ausstattung/Lage: Sandstrand, Toilette, Wasserhahn, Waschbecken, überdachte Feuerstelle/außerorts. **Zufahrt:** Von Oskarshamn auf »E22« nach Süden bis zur Abzweigung Ljungnäs. Nach 3,3 km links noch 700 m zum Badeplatz; Camping verboten.

3900 weitere Meter bringen uns auf dem Halbkreissträßchen zurück zur Europastraße. Bereits 2100 m später können wir Ihnen einen Vorgeschmack auf das windgebeutelte **Öland** bieten: Biegt man rechts Richtung ROCKNEBY/RUGSTORP/REVSUDDEN, so findet man nach 200 m links den **"Hembygdsgard"** [N 56° 47.882'; E 16° 21.153'] mit einer sehenswerten, alten, jedoch wohl restaurierten **Bockwindmühle** (Foto), wie sie zu hunderten auf Öland Dienst taten.

Wir kehren zur »E22« zurück und überqueren sie Richtung REVSUDDEN. Dieser Fischerhafen liegt der Karte nach auf einem Inselchen namens **Skäggenäs**. Aber der Damm, der hinüberführt, scheint doch natürlichen Ursprungs zu sein. Dort, wo er sich zur Halbinsel verbreitert, biegen wir links zum **Badeplatz Enerevet**. Dieses Gelände, ein fingerförmiges Halbinselchen, ist ganz den Campern gewidmet.

Die Dauercamper haben den nördlichsten Zipfel mit Beschlag belegt haben. Vorher kommt man an einen schönen **Badeplatz** für alle (**!**)mit rötlich-gelbem Sandstrand in einer ruhigen Bucht. Seicht sinkt der Strand von den Liegewiesen unter Kiefern und Eichen ins Wasser, genau das Richtige für kleine Kinder.

(185) WOMO-Badeplatz: Revsudden/Enerevet

Max. WOMOs: 1-2. **Position:** N 56° 47.087'; E 16° 25.919'.

Ausstattung/Lage: Klo, Liegewiese, Sandstrand/außerorts; Camping verboten.

Zufahrt: Von Oskarshamn auf »E22« bis Abfahrt Revsudden. Hinter dem Damm zur "Insel" Skäggenäs links zum Badeplatz Enerevet.

Wir durchqueren das Halbinselchen nach Osten bis zum kleinen Jachthafen [N 56° 46.577'; E 16° 28.745'] von REVSUDDEN (**Wasserhahn**). Zum Greifen nahe scheint die lange Insel **Öland** zu sein, die wir als nächstes besuchen wollen, denn in KALMAR (Seite 185) treffen wir auf die Süßwasserurlauber, die aus dem Landesinneren auf der Tour 16 zu uns stoßen.

TOUR 15 (250 km / 2-3 Tage)

Motala – Vadstena – Omberg – Rök – Tåkern – Jönköping – Skillingaryd – Åker (Karte s. Tour 14)

Freie Übernachtung:	Motala (Pariservik), Vadstena, Nässja-Jernevid, Rogslösa-Bårstad, Omberg, Tåkern, Lorasjö, Åker (Långasjö).
Besichtigungen:	Motala (Schleusen), Vadstena (Kloster, Stadtbild), Omberg, Röksten, Tåkern (Vogelsee).
Baden:	Motala (3 Plätze), Jernevid, Bårstad, Lorasjö, Åker.
Wandern:	Omberg, Tåkern.

Auf der »49« geht's zur Nordspitze des Vättern. Da unser nächstes Ziel der **längste Binnenbadestrand** Schwedens bei MOTALA ist, schneiden wir den nördlichsten Zipfel des Sees ab, indem wir die Abkürzung nach HAMMAR nehmen und kurz darauf auf der »50« gen Süden sausen (hinter der Stora-Hammarsundet-Brücke links **Picknickplatz** [N 58° 48.618' E 14° 56.256'] mit WC und Entsorgung).
Das Blau des Himmels hat schon längst wieder die Überhand, als wir noch weit vor MOTALA am Informationszeichen bremsen und uns bequem vom Autofenster aus den Stadtplan aus einem Holzkästchen greifen – das ist Service!
Solchermaßen gerüstet fällt es uns natürlich nicht schwer, genau 1100 m hinter dem Ortsschild MOTALA die Abzweigung zum **Badeplatz Varamobad** zu finden. Wir rollen, am **Campingplatz Z-Park** (18 €/Tag) vorbei, schnurstracks auf den Parkplatz am über zwei Kilometer breiten Sandstrand: Motor aus, Klamotten 'runter, über einen Spielplatz gerannt – und schon stehen wir im – allerdings 17°C. frischen Wasser.
MOTALA hat drei Badeplätze (und ein Schwimmbad). Für die Nachtruhe wählen wir **Pariservik**. Es liegt am Südwestzipfel MOTALAS, am Trimm-Dich-Pfad hinter dem dritten Badeplatz **Råssnäsbad**. Dort stehen wir völlig einsam und ruhig unter Kiefern, zwischen denen wir recht vorsichtig wegen einiger sandiger Stellen eingeparkt haben.

(186) WOMO-Badeplatz: Motala/Pariservik
Max. WOMOs: 1-2.
Pos.: N 58° 31.848' E 14° 59.128'
Ausstattung/Lage: Klo, Sandstrand, Liegewiese/Ortsrand.
Zufahrt: In Motalas Südwesten gelegen, auf allen Stadtplänen eingezeichnet.

MOTALA ist Schleusenstation des **Göta-Kanals**. Um den Betrieb bei der fünfstufigen **Schleusenanlage** von BORENSHULT zu bestaunen, fahren wir zunächst ins Zentrum, dort dann links, auf der »34« Richtung LINKÖPING. Nach 2,5 km biegen wir rechts nach BORENSHULT/**Slussar**. Rechts der obersten Schleuse führt eine **Rollbrücke** (!) zum **Parkplatz** [**187:** N 58° 33.331' E 15° 4.704'].

Es sind in erster Linie nur noch Freizeitkapitäne, die sich hier mit ihren Jachten hinauf- oder hinabhieven lassen; kaum zu glauben, dass MOTALA erst 1800 gegründet wurde, weil der Bau des Göta-Kanals Arbeit und Verdienst brachte.

Diesmal rollen wir am Südrand des Wasserweges, zwischen Kanal und Motala-Strom, auf dem Verkstadsväg, zur »50« zurück – unser nächstes Ziel ist VADSTENA.

Haben Sie Sehnsucht nach einem schönen, großen Campingplatz? Kurz vor VADSTENA liegt **Vätterviksbad**, eingeklemmt zwischen Hauptstraße und Vättern – und ist auch noch gut gefüllt!

Hinter dem Ortsschild VADSTENA nehmen wir gleich die erste rechts zum **Klostergebiet**, halten auf einen roten, unübersehbaren Turm mit Treppengiebel zu, den **Rödtorn**, zu dessen Füßen [N 58° 26.951' E 14° 53.595'] wir bequem parken können. Von hier aus wackeln wir auf mehr historischem als bequemem Buckelpflaster zur **Blå Kyrka**, der Klosterkirche der Heiligen Birgitta.

Welche Bedeutung der Birgittenorden hier im Mittelalter hatte, erkennt man am Umfang des Klosterareals. Aber sein geistiger Einfluss umfasste ehemals ganz Europa mit über 80 weiteren Klöstern. Nüchternheit der Architektur, Verzicht auf überflüssige Schmuckelemente sollen die Anordnungen der Heiligen gewe-sen sein? Uns gefällt der lichte, hohe Kirchenraum, der seinen Namen von der Tönung der verwendeten Kalksteinblöcke hat. Die Holzschnitzereien gar sind auserlesene Kunstwerke aus dem 15. und 16. Jahrhundert.

Ein gemütlicher Stadtbummel schließt sich an, durch die **Storgata**, vorbei am **Touristenbüro**, dem alten **Rathaus** mit dem viereckigen Turm, zum **Wasa-Schloss** innerhalb eines

Wallgevierts mit funktionierender Zugbrücke und vier dicken Rundtürmen, die an Gripsholm erinnern. Die Parkplätze nördlich (separat für WOMOs ausgewiesen!) [**188:** N 58° 26.813' E 14° 53.061'] und südlich des Schlosses am Jachthafen kann man als **Picknick- und Übernachtungsplatz** empfehlen!
Südlich von VADSTENA kennen wir noch zwei Badeplätze am **Vättern**. Zum ersten fährt man 2,2 km südlich VADSTENA von der »50« ab (Richtung NÄSSJA). Erst knapp 2 km hinter dem Ortsschild NÄSSJA, sein eigenwillig gestaltetes Kirchlein mit dem Schindeldach liegt schon weit hinter uns, geht es rechts ab Richtung JERNEVID und 400 m später folgen wir vertrauensvoll nach rechts dem Schwimmersymbol. Kurz darauf haben wir den **Badeplatz** gefunden. Zwischen Weg und langem Sandstrand zieht sich ein Baum- und Gebüschstreifen hin, in dessen Einbuchtungen das WOMO einen bequemen Platz findet. Leider wohnt gegenüber eine Meckertante, die jeden Besucher mit: „You can't stay here for the night!" empfängt.

(189) WOMO-Badeplatz: Vättern/Jernevid

Max. WOMOs: 1-2. **Position:** N 58° 27.257' E 14° 47.393'
Ausstattung/Lage: Sandstrand, Liegewiese, Badesteg, Klo/Ortsrand.
Zufahrt: Von Motala auf »50« nach Süden. 2,5 km südlich Vadstena rechts nach Nässja und 2 km hinter dem Ort rechts nach Jernevid. 400 m später Badeplatzsymbol.

Das Wetter nimmt uns auf den Arm!
Bei strahlendem Sonnenschein haben die Kinder die Minuten bis zum Essen verplätschert; der Genuss unserer Gemüsepfanne wird wieder begleitet von zartem Regengetröpfel.

Badeplatz Vättern/Jernevid

Das romanische Kirchlein von ÖRBERGA links des Weges zurück zur »50« muss man angeschaut haben, und sei es nur wegen des verrückten, mehrfach versetzten Schindelturmes. Aber auch die vielen gut erhaltenen Malereien im Gewölbe des Kirchenschiffes sind sehenswert. Die ungewöhnlichen Natursteinmauern verdankt sie der Mitarbeit von Steinmetzen des Vadstenaer Klosters. Durch eine prächtige, aber äußerst schmale Linden-Allee gelangen wir wieder auf die »50«.

Sie suchen einen einsamen **Badeplatz**, weit weg von jedem Gebäude?

Dann fahren Sie mit uns 6,3 km auf der »50« nach Süden, biegen dann rechts zur Kirche von ROGSLÖSA ein – und wenn Sie schon hier sind, können Sie sich auch das schwere Holzportal mit der reichen, schmiedeeisernen Verzierung anschauen (im Inneren beeindrucken der Flügelaltar und die Frontbilder der Empore)!
Dann geht es an der nächsten Gabelung rechts Richtung BORGHAMN und 800 m darauf wieder rechts Richtung BÅRSTAD. Nachdem Sie, im Zickzack zwischen hochstehenden Roggenhalmen, 1600 m dem schmalen Asphaltweg nachgefahren sind, entdecken Sie eine kleine, rote Hütte neben einem doppelt so hohen Baum. Hier zeigt das Badeplatzsymbol nach rechts in einen Schotterweg, der nach 400 m an einer großen Wiese endet. Über die Vättern-Bucht winken uns vier Growiane zu.

(190) WOMO-Badeplatz: Vättern/Rogslösa-Bårstad

Max. WOMOs: 2-3. **Position:** N 58° 23.741' E 14° 42.646'
Ausstattung/Lage: Schaukel, Badesteg, Liegewiese, Klo/außerorts.
Zufahrt: Von Motala auf »50« nach Süden. Rechts nach Rogslösa (oder Borghamn) abbiegen. Wieder rechts Richtung Bårstad, 800 m später dem Badeplatzsymbol folgen.

Bei der Weiterfahrt auf der »50« wölbt sich ein riesiger, dunkelgrün bewaldeter Buckel aus der Ebene – der **Omberg**. Er ist eine geologische Attraktion, denn beim Einbruch des Grundgebirges entstand eine tiefe Spalte, die mit Wasser gefüllt den heutigen **Vättern** bildet, und am Ostufer knickte eine steile Kante nach oben, an der die Gletscher der Eiszeit recht vergeblich herumnagten – der Omberg.
Durch die reiche Vegetation führt eine Unzahl von Wanderwegen, Lehr- und Trimm-Dich-Pfaden – das richtige für gemischte Witterung. Deshalb biegen wir 4,6 km südlich der Abzweigung VÄVERSUNDA K:A, rechts ab (weißes Hinweisschild: Omberg/Naturum) und kurven hinauf bis zum großen Wander-

parkplatz von STOCKLYCKE neben einem Wandererheim. Hier lassen wir bei einer großen Tasse wärmendem Tee den Tag Revue passieren, planen den nächsten und bauen die Betten.

(191) WOMO-Wanderparkplätze: Omberg/Stocklycke

Max. WOMOs: >5. **(191a) Position:** N 58° 18.579' E 14° 38.063'
Max. WOMOs: 1-2. **(191b) Position:** N 58° 18.421' E 14° 37.668'
Ausstattung/Lage: Toilette, Rundwanderwege, Naturum/außerorts.
Zufahrt: Von Motala auf »50« nach Süden bis Abzweigung Omberg. a) Hinauf zum Wanderparkplatz von Stocklycke. b) Von dort rechts hinab zum Parkplatz Stocklycke Hamn.

„Eine Wanderung wäre nicht schlecht“, beschließen wir beim nächsten Frühstück, während liebliches Tröpfeln aufs WOMO-Dach pocht. Links des Baches folgen wir – Gummistiefel und Regencape sind schon selbstverständlich – dem mit großen Lettern empfohlenen **"Naturstig"** bis STOCKLYCKE HAMN, wo ein einsamer Angler und ein noch einsamerer, verrosteter Bootsländekran dem Schwappen der Vätternwellen lauschen (stilles WOMO-Übernachtungsplätzchen mit Grillhütte; Zufahrt: hinterm Wandererheim rechts, dann sofort links hinab).
Wir setzen unsere Rundwanderung nach Norden fort, rasten am Oxbåset, einem Aussichtsfelsen steil über dem Felsabbruch, an dessen Flutlinie das nagende Wasser Grotten ausgehöhlt hat (kurz nach Erreichen der Teerstraße links). Dann marschieren wir auf dem Teersträßchen, am **Per Sten**, einem eindrucksvollen Würfelfindling vorbei, bis zu einem WOMO-Aussichtspark- oder Übernachtungsplatz. Hier zweigt, scharf rechts, unser orange markierter Rückweg (Wegweiser: STOCKLYCKE) ab; durch Wald und Heide erreichen wir nach eineinhalb Stunden wieder unser WOMO.
Jetzt ist auch das **"Naturum"** neben dem Wandererheim geöffnet (11-17 Uhr), in dem außerdem das Touristenbüro untergebracht ist. Eine liebevoll gestaltete Ausstellung informiert über Entstehung, Fauna und Flora des Ombergs, und an einem plastischen Modell, etwa im Maßstab 1:3000, können kleine (und große) Kinder knöpfchendrückend die Attraktionen des ehemaligen Kronparks aufleuchten lassen.
Aber nicht nur vom Omberg gibt's Informationsmaterial!

Die Fülle des Angebots lässt uns das Wetter vergessen, und den Schoß voller Papier dirigiere ich meine Chauffeuse (was übrigens auf gut deutsch Heizerin bedeutet) Richtung »50S«/Alvastra bis zur Südspitze des Ombergs und an der Vorfahrtsstraße links zum **Parkplatz** [**192:** N 58° 17.799' E 14° 39.649'] vor der **Alvastra Klosterruin**.

Leider hatte König Wasa für die ersten Zisterzienser auf schwedischem Boden nichts mehr übrig und ließ die wohlbehauenen Steine ihrer Gebäude für den Bau seines Schlosses in VADSTENA verwenden. Aber auch die Ruinen der **Klo-**

sterkirche und der sie umgebenden Gebäude zeigen, welchen Umfang das frühere Klosterleben hatte.

Nach der Klosterbesichtigung halten wir noch 800 m nach Nordosten, dann überqueren wir die »50«, fahren direkt auf RÖK zu. Auf dieser kurzen Strecke sind wir vom Jahre 1143, als die Zisterzienser ihr Kloster gründeten, noch 300 Jahre weiter in die Vergangenheit geeilt, als der wohl berühmteste Runenstein der Welt, der **Rökstenen**, über und über mit Heldensagen und Geheimzeichen behauen wurde.

Rührige alte Damen der Kirchengemeinde RÖK servieren den Hobbyarchäologen Kaffee und sind mit Erläuterungen bei der Hand. Der Stein der Bewunderung, der über 1000 Jahre allen Unbilden der Witterung getrotzt hatte, ist nun von einem Schindeldach behütet – oder dient es den bebrillten Paläographen als Regenschutz? Eine umfangreiche Ausstellung vor dem Gelände [N 58° 17.669' E 14° 46.491'] macht die Bedeutung des Steines (Übersetzung auch ins Deutsche) deutlich.

Kaum haben wir das WOMO wieder am Rollen, treffen wir auf die "alte" »E4«. Wir reihen uns aber nicht in den Verkehrsstrom ein, sondern kreuzen sie und machen zunächst einen Abstecher nach Süden Richtung TREHÖRNA!

Er führt uns durch eine Schären- und Findlingsparklandschaft. Nach 4 km lockt uns das Hinweisschild "Sättra ängar" 300 m nach rechts zu dem **Wanderparkplatz** [**193:** N 58° 15.824' E 14° 48.760'] eines winzigen Naturreservats, das den Schmetterlingsreichtum artenreicher Wiesen schützt.

1200 m weiter überqueren wir die »E4«. Danach geht es auf Naturstraße weiter, bis wir nach 2,5 km zum Badeplatz "Lorabadet" am Lorasjö abbiegen können. Waldparkplatz / toller See

(kurzer Weg zum See)

(194) WOMO-Badeplatz: Lorasjö/Lorabadet

Max. WOMOs: 3-4.
Position: N 58° 14.262' E 14° 49.044"
Ausstattung/Lage: Sandstrand 100 m, Liegewiese, Spielplatz, Feuerstelle, Klo/ außerorts.
Zufahrt: Von Rök knapp 7 km Richtung Trehörna nach Süden.

Zurück an der alten »E4« biegen wir dahinter rechts Richtung Tåkern/RENSTAD. Nach 2600 m passieren wir die Kirche von SVANSHALS (mit Kirchhof und **Wasserhahn**) und bei »km 4,1« biegen wir links in einen geschotterten Feldweg (Wegweiser Tåkern/Fågeltorn), der am **Wanderparkplatz Glänås** am **Vogelsee Tåkern** endet.

(195) WOMO-Wanderparkplatz: Tåkern/Glänås

Max. WOMOs: 1-2. **Position:** N 58° 19.882' E 14° 49.356"

Ausstattung/Lage: Vogelturm, Info-Stelle, Wanderweg/außerorts.

Zufahrt: Von Motala auf »50« bis Abzweigung Rök. Hinter Rök links und über Renstad nach Svanhals. 1500 m nach der Kirche links zum Beobachtungsplatz Glänås am Tåkern.

Der Beginn eines überaus empfehlenswerten Vogelbeobachtungs-Wanderweges führt uns zunächst zu einem ersten, großen Beobachtungsturm, in dessen Erdgeschoss umfangreiches Info-Material ausliegt und eine kleine Ausstellung über die Arbeit der Ornithologen informiert.
Vom ringsum verglastem Aussichtsraum hoch oben (Fernrohr nicht vergessen!) haben wir einen prächtigen Blick auf See, Sumpf und Vogelwelt: Höckerschwäne und Haubentaucher, Blässhühner und Tafelenten kurven zwischen den Schilfinselchen umher, über ihnen schießen Rohrweihen dahin auf der Suche nach besetzten Nestern, die sie ausrauben können. Im Frühjahr und Herbst, bei der Rast der Zugvögel, wächst die Vogelzahl des Tåkern auf viele Zehntausende an.
Weiter zieht der 2-km-Wanderweg auf Stegen durch Schilf (mit Beobachtungsverstecken), Urwald und über offene Uferwiesen zu einem weiteren, kleineren Beobachtungsturm. Die Wanderung ist nicht nur für Vogelliebhaber interessant, sondern gibt einen unmittelbaren Einblick in die gesamte Flora und Fauna der Kalkfeuchtwiesen.

Jetzt sind wir vollgestopft mit Beobachtungen, haben uns die Beine vertreten und am Birkenwaldparkplatz eine leckere Bärlauchpesto-Version Spaghetti verdrückt: Lehnen wir uns zurück, lassen wir das WOMO die »E4« nach Süden fressen! Über KYLEBERG und durch mit dem Lineal gezogene, einbahnstraßenschmale Linden- und Kastanien-Alleen gelangen wir bei VÄDERSTAD zur »E4«.
Diese nähert sich immer mehr dem Rand des **Vättern**, so dass wir weit hinüber schauen können, über die grasgrüne, topfebene **Insel Visingsö**, an der schon unsere Steinzeitvorfahren Gefallen gefunden hatten, bis zum westlichen Ufer. Weiße Ausflugsschiffchen eilen, wie hintereinander an der Schnur gezogen, von der Insel nach GRÄNNA, dem Geburtsort des Luftschiffers und Polarforschers Andrée, der 1897, beim Versuch, den Nordpol zu überfliegen, abstürzte. Seine Leiche wurde erst Jahrzehnte später im ewigen Eis gefunden. Ein Museum in GRÄNNA erinnert an ihn, zeigt Teile seiner Ausrüstung.
Sie wollen in Ruhe die Aussicht genießen? Dann halten Sie am **Parkplatz Brahehus** [N 58° 3.143' E 14° 30.482']! Von den malerischen Ruinen aus hat man eine prächtige Sicht und einen pittoresken Vordergrund fürs Fotoalbum. Ihnen ist der

Blick in eine frisch-leere Campingtoilette wichtiger? Dann rollen Sie hinaus zum **Parkplatz Vista Kulle** (kurz vor HUSKVARNA) mit Entsorgung [N 57° 51.176' E 14° 15.953']!
Übernachten sollte man hier nicht – sogar die schwedische Polizei warnt vor nächtlichen Dieben! Aber wer käme auch schon auf diese Idee, statt einem ruhigen Badesee eine laute Autobahn als Schlafplatz zu wählen!?
Das Industriezentrum HUSKVARNA/JÖNKÖPING kommt in Sicht. Wer seine Gasflasche füllen lassen möchte, nimmt die Ausfahrt 96 "Eurostop" und fährt geradeaus über zwei Kreisel (Solåsvägen/Barnhemsgatan) genau 2 km nach Westen bis zur Fa. Kem-Gas [N 57° 45.692' E 14° 9.717'].
Südlich JÖNKÖPING zweigt an einem Verkehrskarussell die »E4« nach rechts und Süden ab, schlägt eine Bresche durch den endlosen Kiefern- und Fichtenwald.
Gut 34 km südlich JÖNKÖPING verlassen wir die »E4« an der Ausfahrt SKILLINGARYD-Süd: **Store mosse**, das größte Moorgebiet Süd-Schwedens und, mittelfristig, das **Glasland** stehen auf dem Programm, für den Abend brauchen wir aber erst einmal einen schönen **Badeplatz**!
Wir folgen nach der AB-Ausfahrt der »152« Richtung BREDARYD. 7,6 km später, an der nächsten Kreuzung, fahren wir links nach ÅKER und 500 m weiter, hinter Fußballplatz und Kirche, weist uns ein großes Badeplatz-Symbol nach rechts zum 1000 m entfernten **Långasjö**.
Wenig später liegen wir auf einer "Golfrasenliegewiese", auf der Bänke und Tische verteilt sind, Badesteg und Wasserrutschbahn erfreuen das Kinderherz – wirklich ein schönes Plätzchen (Camping verboten)!

(196) WOMO-Badeplatz: Långasjö/Åker

Max. WOMOs: 1-2. **Position:** N 57° 22.439' E 13° 59.205*

Ausstattung/Lage: Sandstrand, Liegewiese, Klo, Badesteg/außerorts.

Zufahrt: Von Jönköping auf E4 nach Süden bis Skillingaryd-Süd. Auf »152« Richtung Bredaryd 7,6 km, dann links nach Åker und 500 m später rechts zum See.

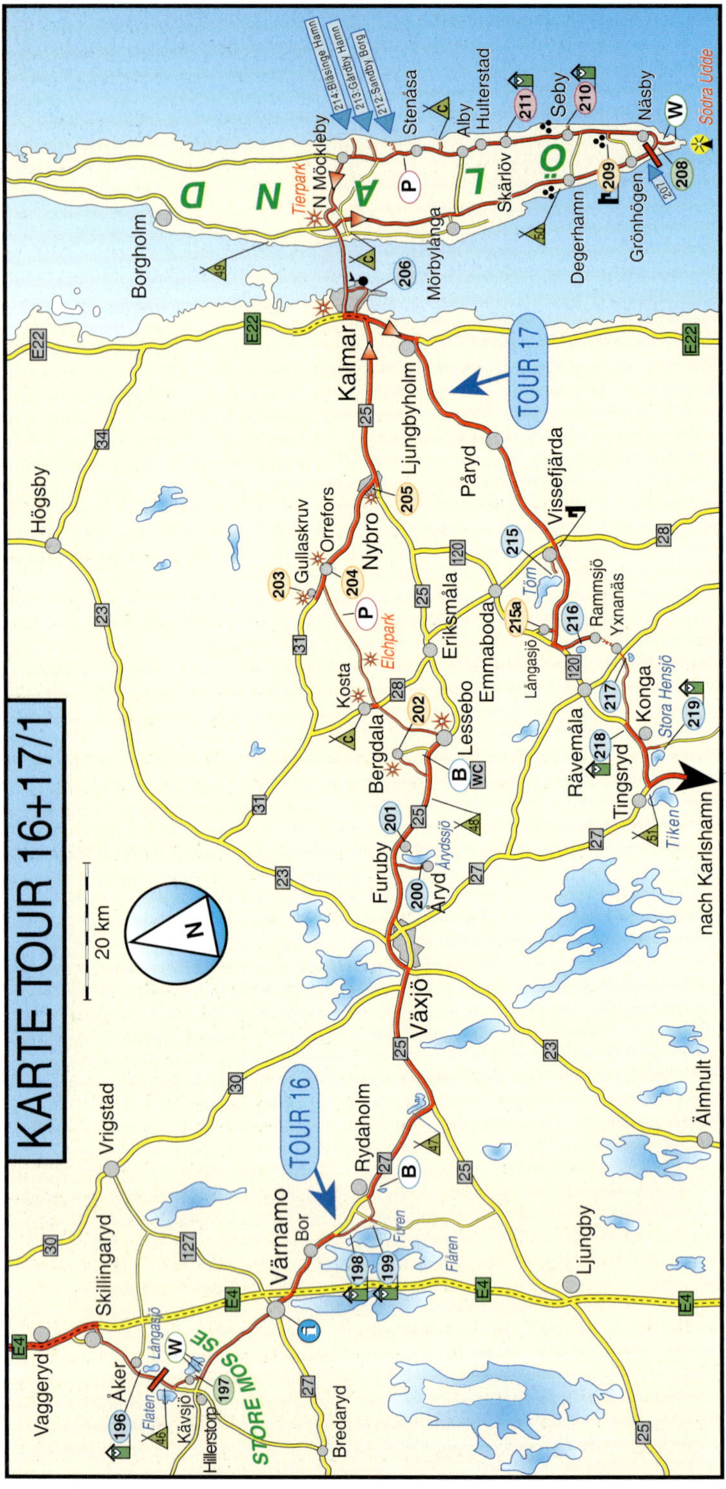
KARTE TOUR 16+17/1
20 km
N
TOUR 16
TOUR 17
Vaggeryd
Åker
Kävsjö
Hillerstop
Skillingaryd
Långasjö
Flaten
STORE MOSSE
Värnamo
Bor
Bredaryd
Vrigstad
Rydaholm
Furen
Flåren
Ljungby
Växjö
Älmhult
Åryd
Furuby
Åryssjö
Bergdala
Lessebo
Kosta
Eriksmåla
Emmaboda
Elchpark
Gullaskruv
Orrefors
Nybro
Högsby
Rävemåla
Tingsryd
Konga
Stora Hensjö
Tiken
nach Karlshamn
Långasjö
Rammsjö
Yxnanäs
Törn
Vissefjärda
Påryd
Ljungbyholm
Kalmar
Mörbylånga
Borgholm
Tierpark
N Möckleby
Stenåsa
Alby
Hulterstad
Skärlöv
Seby
Degerhamn
Grönhögen
Näsby
Södra Udde
ÖLAND
214:Bläsinge Hamn
213:Gårdby Hamn
212:Sandby Borg
E4
E22
23
25
27
28
30
31
34
120
127
196
197
198
199
200
201
202
203
204
205
206
207
208
209
210
211
215
215a
216
217
218
219
46
47
48
49
50
51
B
WC
P
W
C

TOUR 16 (300 km / 3-4 Tage)

Store mosse – Värnamo – Växjö – Furuby – Årydssjö – Lessebo – Nybro – Kalmar – Öland

Freie Übernachtung:	Store mosse, Furen-See (2 Plätze), Årydssjö (2 Plätze), Glashütten (4 Plätze), Kalmar, Grönhögen (Öland).
Besichtigungen:	Store mosse, Glashütten (Bergdala, Kosta, Gullascruv, Orrefors, Nybro), Lessebo (Papierfabrik), Kalmar (Schloss, Stadtbild), Ölandbrücke, Öland (u.a. Windmühlen).
Baden:	Flaten, Furen, Rydaholmsbad, Årydssjö, Grönhögen (Öland).
Wandern:	Store mosse, Öland.

Am nächsten Nachmittag setzen wir unseren Weg fort. An der Kreuzung von ÅKER geht es nach links, auf der »152« Richtung BREDARYD. Wir rollen am Westufer des **Flaten-Sees** vorbei. Auch hier wurde ein schöner Badeplatz angelegt, jedoch auf dem Areal des Campingplatzes **Flaten badet** (14 €/ Tag, Badegäste frei)!

Vor HILLERSTORP können wir zur »151« über KÄVSJÖ abkürzen. Dort, am Ortsende links hinter Kirche und Friedhof, beginnt der erste **Wanderweg** zum Natur- und Vogelschutzgebiet **Store mosse** an einem ersten **Wanderparkplatz** mit Informationstafel:

Südschwedens schönstes und größtes Hochmoorgebiet, ein Traum für Ornithologen, nordisch geprägte Flora, eine Urlandschaft jenseits menschlicher Zeit – das sind nur einige der Trümpfe, die uns hierher gelockt haben.

(197) WOMO-Wanderparkplatz: Store mosse/Kävsjö

Max. WOMOs: 2-3. **Position:** N 57° 18.827' E 13° 55.274'

Ausstattung/Lage: Info-Stelle, Wanderweg/Ortsrand.

Zufahrt: Von Åker bis kurz vor Hillerstorp. Dort links nach Kävsjö Ortsende.

Hinweis: Dies ist der einzige Wanderparkplatz vom Store Mosse, der nicht im NG liegt, auf den anderen ist Übernachtungsverbot – und sie sind ohnehin zu laut!

Nach 200 m treffen wir auf die »151« HILLERSTORP-VÄRNAMO, und 1,6 km später liegt links der große **Park- und Informationsplatz Store mosse** [N 57° 18.006' E 13° 55.790'], von dem aus ein kinderwagen- und behindertenfreundlicher Bohlenweg zum 300 m entfernten Beobachtungsturm führt. Da wir schon am **Tåkern** vogelturmgestiegen sind, suchen wir hier mehr nach Beinmuskelgymnastik. Diese wird gleich dreistufig angeboten:

* Umwanderung des **Kävsjö** (14 km) – das ist ein Tagesausflug für Gummistiefel-, Rucksack- und Fernglaswanderer.
* Rundweg von KITTLAKULL nach LÖVÖ (8 km). Nach KITT-

LAKULL führt ein schlaggelöcherter Schotterfahrweg auf der anderen Straßenseite der »151« nach Süden.

* Rundweg bei **Östra Rockne** (4 km).

Den **Wanderparkplatz** [N 57° 17.253' E 13° 57.363'] Östra Rockne findet man 2,4 km weiter dort, wo der Schotterweg von KITTLAKULL wieder zur Teerstraße zurück führt.

Wir entscheiden uns für **Östra Rockne**, die Ausrüstung besteht nur aus Turnschuhen, Autan und dem Blåbär-Rechen. Über kiefernbestandene Flugsanddünen und durch Sumpfstreifen, die bequem auf Bohlen überquert werden können,

NSG "Store Mosse": Rundweg bei Östra Rockne

führt unser Abendspaziergang; eine Markierung aus gelben und orangen Ringen weist uns den Weg. Ein Stündchen dauert der stille und beschauliche Blaubeerernteausflug durch die vom Nährstoffmangel bestimmte Flora aus Krüppelkiefern, Torfmoosen, Heidekraut, Zwergbirken, Wollgras – und Unmengen von Heidelbeeren. Das Abendessen besteht folglich aus einer Mischung aus Wurstbrot und Heidelbeer-Långfil – lecker!

Dann starten wir die erste Nachtfahrt!

Ab VÄRNAMO folgen wir den Wegweisern: Reichsstraße »27/ KARLSKRONA/VÄXJÖ«. Die Rollbahn gehört fast nur uns, folglich äugen wir etwas ängstlich zu den düsteren Waldrändern – will sich vielleicht ein Elch mit dem WOMO anlegen?

3,2 km südlich BOR machen wir nach rechts einen Umweg zum **Furen-See** Richtung HYGGESTORP (auch ein Badeplatzsymbol ist zu sehen). Nach 3,8 km liegt direkt rechts der Straße der angekündigte **Badeplatz** unter Kiefern, dazwischen Picknicktische, davor ein herrlicher Sandstrand. Die Schlängelpisten in den Strandwald sind (leider) mit Felsen verbarrikadiert.

(198) WOMO-Badeplatz: Furen-See 1

Max. WOMOs: 2-3. **Position:** N 57° 2.824' E 14° 10.647'
Ausstattung/Lage: Sandstrand, Klo/außerorts; Camping verboten.
Zufahrt: Von Jönköping auf der »E4« bis Värnamo. Dort links auf die »27« Richtung Växjö. 4 km südlich Bor rechts ab Richtung Hyggestorp. Nach 3,8 km Badeplatz rechts der Straße am See.

Einen weiteren, schönen **Badeplatz** am **Furen-See** findet man, wenn man an der nächsten Kreuzung nicht links Richtung HORDA zur »27« zurückkehrt, sondern rechts (Richtung HÖRDA) zum Furen abschwenkt und noch 1800 m fährt.

(199) WOMO-Badeplatz: Furen-See 2

Max. WOMOs: 1-2. **Position:** N 57° 0.854' E 14° 9.523'
Ausstattung/Lage: Sandstrand, Badesteg/außerorts.
Zufahrt: Von Jönköping auf der »E4« bis Värnamo. Dort links auf die »27« Richtung Växjö. 4 km südlich Bor rechts ab Richtung Hyggestorp. Nach 7,5 km an der Kreuzung rechts Richtung Hörda noch 1800 m zum Furen-See.

Wir notieren uns beide Badeplätzchen fürs nächste Mal, kehren zur letzten Kreuzung zurück, wenden uns rechts, an der nächsten Gabelung links, pirschen uns durch bereits finsteren Tann zur »27« zurück.
Es ist aber noch hell genug, um südlich RYDAHOLM ein großes **Badeplatzschild** zu erspähen (gleichzeitig wird ein **"Bilmuseum"** angepriesen). Links vom Automobilmuseum liegt ein erster Parkplatz, ein zweiter folgt nur 300 m weiter [N 56° 58.159' E 14° 19.912'] . Dieser Badeplatz **Rydaholmsbad** ist sehr schön, die Parkplätze liegen uns aber für geruhsamen Nachtschlaf viel zu nahe an der Straße.
Folglich sind wir noch nicht müde!
20 km vor VÄXJÖ biegen wir auf die »25« (kurz vorher, links am See, Sjöatorp Camping). Ihr folgen wir jetzt, auf einem Auto-

bahnring um VÄXJÖ herum, Richtung KALMAR. Daueraufblendlicht ist gestattet – wir sind mutterseelenallein auf eintöniger, einschläfernder Rollbahn. Jetzt hätten wir nichts dagegen, am Morgen an einem stillen See zu erwachen!
Die Karte zeigt zwei "**B**" am Årydsjö, ca. 10-15 km hinter VÄXJÖ – wir biegen ab und gehen auf die nächtliche Pirsch, verfranzen uns im mitternächtlichen Tann, landen schließlich mehr zufällig am Ziel unserer Wünsche.
Bei Tageslicht sähe alles ganz einfach aus:
Man verlässt die »25« (Wegweiser: ÅRYD) und fährt 4,7 km schnurstracks nach Süden bis ÅRYD. Dort folgt man nach links dem Badeplatzschild zum Badeparkplatz.

(200) WOMO-Badeplatz: Årydsjö 1/Åryd

Max. WOMOs: 2-3. **Position:** N 56° 49.657' E 14° 59.209'
Ausstattung/Lage: Sandstrand 80 Schritte, Liegewiese, Schatteneichen, Badesteg, Tisch+Bank, Klo/Ortsrand.
Zufahrt: Von Växjö auf der »25« bis Abzweig Åryd. Im Ort Åryd links zum See.

Vom hübschen Schärenbadeplatz äugen wir fernglasscharf nach Nordosten über den See und entdecken einen zweiten Badeplatz. Zu diesem findet man wie folgt:
13 km hinter VÄXJÖ biegt man nach FURUBY ab, fährt zwischen Kirche und Friedhof (**Wasserhahn** hinter der Mauer) hindurch, dann nicht links Richtung FÄGERSTAD, sondern geradeaus in einen Schotterweg (Byväg), dem man schnurstracks (nicht abbiegen!) folgt.

(201) WOMO-Badeplatz: Årydsjö 2/Furuby

Max. WOMOs: 2-3. **Position:** N 56° 50.908' E 15° 1.371'
Ausstattung/Lage: Sandstrand, Badesteg, Tisch+Bank, Klo/außerorts.
Zufahrt: Von Växjö auf der »25« bis Furuby. Im Ort zwischen Friedhof und Kirche hindurch, dann geradeaus (Byväg) zum Waldparkplatz vor dem See.

Glasreich, wir kommen!
Eine zweistellige Zahl von zum Teil uralten "Glasbruken", Glasbläsereien und -schleifereien, häuft sich im Raum zwischen VÄXJÖ und KALMAR. Wie so manches altes Handwerk, das Schönes, aber auch Teures hervorbringt, kämpft es gegen die billige Industrieware an. Kosta und Orrefors sind bereits Konzerne, die aufgegebene Glashütten aufgekauft haben.

Wir suchen eine kleine, eigenständige Glashütte – und landen als erstes bei **Bergdala Glasbruk** mit großem, nachts ruhigem Parkplatz daneben [**202:** N 56° 50.085' E 15° 13.337'].
Bergdala hat "Blå traditioner", folglich ist bei fast jedem Produkt ein Blauanteil vertreten! Unseren Vorschlag, die schönen Saftkrüge ohne Schnepfe als Bierseidel zu produzieren, will man wohlwollend prüfen.
Wir kehren zur »25« zurück; 3,2 km weiter östlich liegt direkt neben der Straße, aber abgeschirmt durch Büsche und Erdwall, der **Bade- und Picknickplatz Hyllsjö**, eher ein Tipp für Durchgangsgäste [N 56° 46.918' E 15° 13.791'].
Unseren nächsten Stopp machen wir vor der **"Pappersbruk"** in LESSEBO. Hier wird seit fast 300 Jahren handgeschöpftes Papier produziert – und wirtschaftliche Probleme kennt man nicht, denn im Hintergrund dampfen die Schornsteine einer modernen Papierfabrik, und die Handpapiermühle führt ein geehrtes, finanziell sorgloses Leben im Altenteil. Während im Hauptwerk in der Minute etwa 50 kg Papier aus den Maschinen quellen, geht es in der Handwerksfiliale beschaulicher zu – für diese Menge braucht man zwei volle Tage!

Die Handpapiermühle hat von Mo-Fr von 7-16.30 Uhr geöffnet, Führungen finden um 9.30, 10.30, 13.00 und 14.15 Uhr statt: Wir beugen uns über große Rührbottiche, von denen der Papierstoff zur Küpe geleitet wird. Hier taucht der Former den Holzrah-

men mit Metallgewebe, auf dem das Muster für das Wasserzeichen aufgenäht wurde, in den dampfenden Papierbrei – das Wasser läuft ab, die Fasern werden vorsichtig schüttelnd verteilt. Der Gautscher übernimmt den Rahmen, kippt den feuchten Bogen auf einen Filz. Bogen-Filz-Bogen- Filz, so werden sie gepresst, dann einzeln getrocknet, zum Teil geleimt, um noch bessere Tintenfestigkeit zu erlangen.
Ein bisschen Ehrfurcht begleitet uns nun, die wir die Papierflut unserer Zeit bisher so selbstverständlich hinnahmen.

Aber eigentlich sind wir ja im Glasreich, und direkt in LESSEBO können wir Richtung KOSTA abzweigen.

Hier stehen wir staunend vor dem Glutofen, aus dem der Meister mit dem Metallrohr den orange leuchtenden Glasklumpen herausangelt, nicht zu groß, nicht zu knapp, ihn dreht, aufbläst, weiterreicht. Der zweite im Team formt die Glasblase mit einer feuchten Holzkelle, kühlt und festigt die Hülle. Der dritte bedient die zweiteilige Hohlform, pustet die Glaskugel an ihre Innenwände. Wie herbeigezaubert hebt er die fertige Vase heraus, reicht sie zur langsamen, langsamen Abkühlung weiter zum Schachtofen. Wir schauen und schauen: Genial ruhig die Bewegungen, einfachste Handlungen vortäuschend – Schwerstarbeit!
Kurz darauf werden einige Kunstwerke sorgfältigst in den entstandenen Hohlräumen der Konservenkiste verstaut, bleibende Erinnerung an kräftig pustende, schwitzende Gestalten mit freiem Oberkörper vor dem feuerglühenden Glasbrei.

Aber nicht nur Glas gibt es im Glasland! 3 km östlich (Richtung ORREFORS) können wir mal wieder Elche im Elchpark [N 56° 50.270' E 15° 26.759'] begucken, bevor wir am Rande eines "Skjutfälts" weiter nach Osten ziehen (ein bezaubernder Picknickplatz liegt bei »km 8,7« rechts der Straße am See [N 56° 50.889' E 15° 34.883']. Auf die »31« gestoßen, schwenken wir zunächst links – die **Glashütte** von Señor Carlos R. Pebaqué aus Uruguay liegt 2,7 km nördlich in GULLASKRUV. Da soll mal einer behaupten, nur die Schweden seien Glaskünstler! Besonders haben uns die feinen Stücke mit den meisterlich übertragenen Felsritzungen von Vitlycke gefallen – und der schöne **Picknickplatz** [**203:** N 56° 52.480' E 15° 40.446'] "Stationsparken" mit Tischen, Bänken, Kinderspielplatz und einem überdachten "Lusthuset", was Sie sich auch immer darunter vorstellen mögen ....
Knapp 6 km weiter südlich biegen wir links ab zur **Glasbruk** von ORREFORS. Diese hat einen riesigen Parkplatz direkt vor den Verkaufs- und Produktionsgebäuden – aber auch einen 500 m abseits gelegenen, gut ausgeschilderten **Stellplatz** für Wohnwagen und Wohnmobile [**204:** N 56° 50.603' E 15° 45.035'].

Unsere letzte Station im Glasreich ist **Pukeberg** in NYBRO. Diese Glashütte liegt fast direkt an der »25«, am Südrand von NYBRO, 46 km östlich LESSEBO und nur noch 30 km vor KALMAR (gut ausgeschildert, ruhige **Parkplätze** [**205:** N 56° 43.898' E 15° 55.377'], 600 m entfernt Joelskogens Camping).

Vor KALMAR treffen wir auf die »E 22«, biegen wieder Richtung KALMAR/Centrum ab, schließlich rechts: **Slottet**! Davor gibt es reichlich **Parkplätze** am Park [N 56° 39.333'; E 16° 20.903'] und in den Seitenstraßen. Für die ruhige Übernachtung empfiehlt sich der große Parkplatz **Långviken** vom **Kalmarsundsbad** 1000 m westlich [**206:** N 56° 39.122'; E 16° 20.289'], Camping verboten.
Seit dem 12. Jahrhundert standen nach Zerstörungen immer neu und gewaltiger errichtete Festungen auf dem Inselchen vor KALMAR. Das heutige Bild bietet ein gewaltiges **Renaissanceschloss**, das nach einer Übergangszeit als Schnapsbrennerei prächtig eingerichtet ist und besichtigt werden kann.

Das Schloss von Kalmar

Das alte Stadtzentrum auf der **Insel Kvarnholm** ist **Fußgängerzone**. Wir marschieren vom Schloss 400 Schritte nach Norden, queren die Bahnlinie, dahinter einen kleinen Park und stehen im Nu am Beginn der **Norra Långgatan.** Nicht nur dort bieten die meisten Gaststätten preiswertes "Dagens rätt" an, Vielessern empfehlen wir das Thai Silk Palace [N 56° 39.835' E 16° 21.682'], wo man für einen festen Betrag vom Buffet so viel essen und trinken kann wie man mag. Zum **Stortorg** mit dem **Barockdom** gelangen wir nach einigen weiteren Bummelminuten durch die Einkaufszone.
Öland ist eine Reise wert!
Nicht nur wegen der genau 6070 m langen, und damit einer der

längsten Straßenbrücken Europas, die die gurkenförmige Insel seit 1972 mit dem Festland verbindet.

Wir haben beschlossen, diesmal nur den südlichen Teil des immerhin 140 km langen und nur 5-15 km breiten Kalkplateaus (höchster "Berg" Ölands 57,4 m) zu umkreisen, denn dieser Teil ist touristisch noch am wenigsten überlaufen. Also biegen wir östlich FÄRJESTADEN nach Süden Richtung OTTENBY, nachdem uns heftige Böen auf dem Betonband über den 153 Pfeilern weidlich gebeutelt hatten, vor allem am westlichen Beginn, wo die Brücke einen gewaltigen Hügel zu überqueren scheint, um auch große Seeschiffe unter sich durchzulassen. Nein, der Name Öland hat leider nichts mit "Öl", also Bier zu tun, wie sich mancher Schwede wünscht, sondern mit öde. Zornige Winde zerren an allem, was sich vorwitzig über den Boden erhebt – und deshalb haben die Öländer aus der Not eine Tugend gemacht und **Windmühlen** gebaut. Windmühlen über Windmühlen – von den über 2000 drehbaren „Klohäuschen mit Windantrieb“, die im 19. Jahrhundert ihre Arme schwangen, sind noch etwa 400 erhalten. Wie funktioniert so ein Ding? Unsere Neugier wird ausgerechnet am Grabfeld von GETTLINGE, nachdem wir etwa 33 km auf der Westseite nach Süden gerollt sind, befriedigt, denn dort, südlich KLINTA, sehen wir beim Herumschlendern zwischen den Felsfingern einer riesigen **Schiffssetzung** jemanden aus dem Bauch eines der normalerweise verschlossenen Holzkästen herausklettern.

Vorsichtig! Die alten Mühlen sehen zwar recht stabil aus, stehen aber auf wackligem Fuß. Mit angehaltenem Atem taste ich mich hinein. Ein einfaches, aber massives Holzgetriebe setzt die Bewegung der horizontalen Windflügelachse in die vertikale des Mühlsteins um. Die solide Handwerksarbeit macht einen durchaus ge-

brauchstüchtigen Eindruck – aber auf ganz Öland ist keine einzige der alten Windmühlen mehr in Betrieb! Nein, der Wind pfeift immer noch über die Steppenlandschaft – die Schweden haben lediglich auf die neue Technik umgestellt: Ganze Batterien hoher Growiane stehen in Reih und Glied, um die Windkraft in elektrische Energie umzuwandeln. Auch am Boden bemüht sich heftiger Seitenwind, unser WOMO in Segelboot-Schräglage zu versetzen.

Jetzt muss ein toller Wellengang sein!

In GRÖNHÖGEN, wo es an der großen, schwarzen Windmühle links zur mittelalterlichen **Wehrburg Eketorp** geht, biegen wir rechts Richtung PARBOÄNG, halten auf die Küstenlinie zu. Dort geht's noch etwa 1,6 km nach Süden, fast bis zur "Karl X:s mur", dann stehen wir auf wohlgemähtem Rasen am **Badeplatz**.

(207) WOMO-Badeplatz: Öland/Grönhögen

Max. WOMOs: 2-3. **Position:** N 56° 15.318' E 16° 24.544'

Ausstattung/Lage: Sandstrand, Windschutz, Klo/außerorts; Camping verboten.

Zufahrt: Von Kalmar über die Ölandbrücke. Ab Färjestaden nach Süden bis Grönhögen, dort rechts. Am Hafen noch 1,6 km nach Süden bis zum Badeplatz.

Alternativplätze: Südlich des Hafens bei der Bocciabahn [N 56° 15.886' E 16° 23.995'] und westlich des Golfplatzes (Cemenväg) zur Küste [N 56° 16.147' E 16° 23.517'].

Außer einem wackeligen Klohäuschen bietet der Platz hölzerne Windschutzbarrieren hinter dem flachen Sandstrand, auf den der Westwind krachend schäumende Wellenberge wirft. Wir tauchen durch sie hindurch, die Haut wird durch die pfeifende Luft so weit heruntergekühlt, dass das Eintauchen in die 17°C. kalten Fluten ein Wärmegenuss ist.

Ganz schön frech kann man dann aus einem gemütlichen, warmen WOMO herausschauen, wo sich das Schilf tief vor der Gewalt des Sturmes verneigt, während der Leuchtturmwärter im **Långe Jan**, an **Ölands södra udde**, der Südspitze, seinen Langstreckenstrahler in Gang bringt.

TOUR 17 (350 km / 3-4 Tage)

Öland – Kalmar – Konga – Mörrum – Hörvik – Kristianstad – Nyehusen (Karte z. T. Tour 16)

Freie Übernachtung: Seby, Skärlöv, Sandby Borg, N. Näsby, Bläsinge Hamn, Vissefjärda, Rammsjö, Yxnanäs, Stora Hensjö, Mien-See, Hörvik, Nogersund, Torsö, Sandviken, Nyehusen.

Besichtigungen: Ölands Vogelwarte, Eketorp, Seby (Runenstein), Mörrum (Lachsaquarium), Kristianstad (Stadtbild).

Baden: Sandby Borg, N. Näsby, Bläsinge Hamn, Vissefjärda, Rammsjö, Yxnanäs, Stora Hensjö (bei Konga), Mien-See (2 Plätze), Hörvik, Torsö, Sandviken, Nyehusen.

Wandern: Ölands Südspitze, Listershuvud, Stora Hensjö (bei Konga).

„Deutsche Bucht, Windstärke 7-8", tönt es knisternd am Ende der Nachrichten des DLF auf Langwelle 154 kHz. Öland kann da locker mithalten, und die Surfer, die noch gestern fast waagerecht über die Wellenberge zischten, verzurren ihre Plastikflundern auf dem VW-Dach.

Wir setzen unsere Rundfahrt nach Süden fort, halten kurz an der Schneise durch die Mauer Karls X., die dieser 1650 aufschichten ließ, um seine Hirsche bequemer jagen zu können.

„Zugvögel oder mittelalterliche Burg?"

Die Wahl trifft nicht etwa nur die **Vogelwarte** beim Leuchtturm an der Südspitze – oder die alte "Fornborg" Eketorp, sondern beide Ziele!

Folglich machen wir unseren ersten Abstecher 2 km nach der Mauer rechts zu **Ölands Södra Udde**. Bereits nach 200 m kommt man an die Grenze vom **Oddenby Naturreservat**. Unmittelbar davor liegt der einzige **Wanderparkplatz**, auf dem man auch übernachten könnte [**208:** N 56° 13.951' E 16° 25.071']. 2000 m später kann man links auf einem weiteren **Picknick- und Wanderplatz** stoppen und in verschiedene Richtungen zu Vogelbeobachtungstürmen losmarschieren.

Der aussichtsreichste "Vogelturm" ist der Leuchtturm an der Südspitze der Insel. Auf der Weiterfahrt sind Verkehrsstaus üblich, denn weidende Kühe und Schafe haben längst herausbekommen, dass sie im NSG Vorfahrt haben – und nutzen ihre Vorrechte schamlos aus.

Der Parkplatz vor dem Leuchtturm [N 56° 11.875' E 16° 23.931'] und der Vogelwarte ist gebührenpflichtig! Im Preis inbegriffen sind allerdings die Besteigung des Leuchtturmes und der Besuch aller Ausstellungen.

Vogelfang im Watt

Haben Sie kurz vor dem Parkplatz rechts die Ruinen der Johanneskapelle entdeckt?

Nein?? Nur äußerst spärliche Reste sind davon übrig. Der Großteil der Steine ging drauf, als man 1748 den **Lången Jan** erbaute, der mit 42 m immerhin der höchste Leuchtturm Skandinaviens wurde: 171 Steinstufen und 25 Metalltreppenstufen führen zur Beobachtungsplattform hinauf – das bringt den Kreislauf in Schwung!

Im "Naturum" wird die Tier- und speziell Vogelwelt Ölands anschaulich in Bild und Ton vorgestellt. Nur wer sich dort rechtzeitig anmeldet, kann auf eine Führung in der Vogelwarte hoffen, bei der vor allem Vogelfang und Vogelberingung erläutert und vorgeführt werden!

Wir kehren zur Öland-Ringstraße zurück, queren bald (auf der Ostseite der Insel) wieder die Mauer Karls X.

Knapp 6 km nördlich von ihr machen wir einen Abstecher in unsere Vergangenheit – zur **Fornborg von Eketorp** (offen: 10-17 Uhr). Diese Fluchtburg beherbergt wiedererrichtete Wohnhäuser, Ställe und Getreidespeicher, freilaufende Schafe und Schweine kann man kraulen, im Museum sind die besten Fundstücke ausgestellt. Insgesamt bekommt man einen sehr lehrreichen Einblick in das Leben zur Zeit der Völkerwanderung im 3. Jahrhundert (Eisenzeit).

(209) WOMO-Stellplatz: Öland/Eketorps Borg

Max. WOMOs: >5. **Position:** N 56° 17.542' E 16° 29.025'

Ausstattung/Lage: Freiluftausstellung, WC, Wasserhahn (gegenüber dem Kassenhäuschen an der Mauer)/außerorts. **Zufahrt:** 6 km nördlich der Mauer Karls X. links.

Das nächste Plätzchen, das wir entdecken, ist genau das richtige für einsamkeitssuchende Sonnenanbeter – eine große, von Büschen und Mäuerchen umgebene **Liegewiese**, aber statt Sandstrand führen Kalkplatten, Ausläufer der Alvaret-Steppe, flach ins Wasser. Die Picknickwiese allerdings ist ein romantisches Idyll.

Falls Sie nicht baden wollen: **Picknickplatz bei SEBY**, Hinweisschild: "Seby Läge 1" etwa 500 m nördlich der Abzweigung nach DEGERHAMN und noch 900 m südlich des Runensteins von SEBY.

(210) WOMO-Picknickplatz: Öland/Seby (Foto)

Max. WOMOs: 1-2. **Position:** N 56° 19.908' E 16° 32.579'

Ausstattung/Lage: Liegewiese, Tisch & Bank, Grillstelle, Klo/außerorts.

Zufahrt: Von der Südspitze Ölands auf der Ostseite nach Norden. 500 m nördlich der Abzweigung nach Degerhamn rechts (Wegweiser: Seby Läge 1).

An dem Runenstein von SEBY (dem größten Ölands) und dem Grabfeld von SEBY geht's vorbei, dann erreichen wir SKÄRLÖV. Am Ortsende schwenken wir (unbeschildert) nach rechts und erreichen nach 1,8 km Skärlövs Hamn mit einem gepflegten Wiesenparkplatz (geringe Gebühr).

(211) WOMO-Picknickpl.: Öland/Skärlövs Hamn
Max. WOMOs: 2-3.
Position: N 56° 25.479' E 16° 34.819'
Ausstg./Lage: Liegewiese, Tisch & Bank, Klo/Ortsrand.
Zufahrt: Am Nordende von Skärlöv rechts (unbeschildert) noch 1,8 km.

Wir rollen durch das alte Reihendorf HULTERSTAD (dort eine Schiffssetzung rechts der Straße). In SLAGERSTAD führt wieder eine Stichstraße zum inzwischen über 3 km entfernten Ostufer Ölands. Dort liegt der Campingplatz **Stenåsabad**. Wie findet man den Geheimtipp **Sandby Borg**, einen langen Küstenabschnitt mit Sandstrand und Kalksteinplatten vor weiträumigen Wiesenflächen mit den Resten einer weiteren **Fornborg**? Erst kommt N. KVINNEBY, nördlich davon der **Picknickplatz N. Kvinneby** links der Straße. Genau 2000 m nach diesem Picknickplatz geht's rechts in eine Steinplatten-Schotter-Piste (ein Viehgatter muss geöffnet und wieder geschlossen werden), die nach 1500 m am Sandstrand ankommt.

(212) WOMO-Badepl.: Öland/Sandby Borg
Max. WOMOs: 2-3.
Position: N 56° 33.270' E 16° 38.562'
Ausstg./Lage: Sandstrand, Liegewiese, Klo/außerorts.
Zufahrt: 2 km nördlich des Picknickplatzes von N. Kvinneby rechts auf Piste noch 1500 m zum Sandstrand.

Ein total ruhiges Badeplätzchen hat auch GÅRDBY.
Im Ort, 300 m nach der Abzweigung Richtung FÄRJESTADEN, hält man sich rechts (Wegweiser: N. Näsby) und biegt nach 1900 m (an der Kreuzung) links zum Badeplatz.

(213) WOMO-Badeplatz: Öland/Gårdby Hamn
Max. WOMOs: 1-2.
Position: N 56° 36.304' E 16° 42.067'
Ausstattung/Lage: Schöner Sandstrand, Badesteg, Tisch & Bank, Klo/ außerorts.
Zufahrt: In Gårdby nach rechts (Wegweiser N. Näsby.

Weiter rollen wir auf der Öland-Ringstraße nach Norden, durchqueren eine Pineta, wie sie im Süden Frankreichs oder Spaniens nicht prächtiger sein könnte und biegen genau 3,5 km seit dem letzten Abstecher rechts Richtung BLÄSINGE HAMN. Das Teersträßchen sucht sich im Zickzack seinen Weg zunächst zwischen Ferienhäusern, dann zwischen Kuhweiden, um schließlich direkt nach Osten auf die Küste zuzuhalten. Nach nochmals 3,5 km macht es an der See eine Kurve nach links zum kleinen Fischerhafen, während wir rechts auf einer großen Wiesenfläche ausrollen – dem **Badeplatz** von BLÄSINGE HAMN.

(214) WOMO-Badeplatz: Öland/Bläsinge Hamn

Max. WOMOs: >5.
Position: N 56° 37.134' E 16° 41.833'
Ausstattung/Lage: Riesige Liegewiese, Sandstrand,Klo/außerorts.
Zufahrt: 3,8 km nördlich Gårdby rechts (Wegweiser: Bläsinge Hamn); dann noch 3,5 km.
Hinweis: Geringe Gebühr.

Aber nicht nur das weitläufige Wiesenareal wird Ihnen gefallen, sondern auch der weite Sandstrand, der so flach ins Wasser absinkt, dass sich goldgelbe Sandbänke gebildet haben. Im benachbarten Hafen bekommen Sie sicher Ihren Freitags-Mittags-Fisch direkt vom Kutter – wenn Sie nicht zu spät aufstehen!

Nur noch 2 km benutzen wir die Ringstraße nach Norden, dann schwenken wir in N. MÖCKLEBY nach links, auf FÄRJESTADEN zu, wo unsere Öland-Insel-Halbumrundung endet.

Nach dem Verlassen der Ölandbrücke nehmen wir zunächst die »E 22« Richtung MALMÖ, 3 km südlich von LJUNGBYHOLM verlassen wir sie schon wieder, biegen nach rechts Richtung PARYD/TVÄRSKOG/HAGBY ab.

Der Wind hat uns von **Öland** vertrieben, die waldgeschützte Seenlandschaft **Smålands** wird uns nicht nur ein ruhiges, idyllisches Badeplätzchen bieten können!

Die Strecke LJUNGBYHOLM - PÅRYD - VISSEFJÄRDA hatte einst die Straßennummer »120«. Im Zuge der Straßenreform verlor Sie ihren Reichsstraßenstatus; um so einsamer und bequemer rollen wir auf ihr nach Westen. Die schmale Straßenschneise zieht zunächst durch Laubmischwald aus Erlen, Birken, Eichen und Wacholderbüschen. Hinter PÅRYD wandelt sich die Vegetation langsam, Kiefern und Fichten übernehmen die Regie. Auf der 20-km-Strecke bis VISSEFJÄRDA begegnen uns genau fünf Fahrzeuge (ein einsamer Radfahrer mitgezählt!).

Lust auf einen kleinen Bummel?
Am Ortsbeginn von VISSEFJÄRDA, links bei der Kirche (Kirchhof mit **Wasserhahn**) kann man parken und um einen kleinen See spazieren. Einen Schlafplatz findet man hinter der Schule [N 56° 32.176'; E 15° 35.784'].

VISSEFJÄRDA hat aber auch einen **Super-Badeplatz**, naturbelassen, mit altem Baumbestand aus Birken und Eichen, Liegewiese, Badestegen, Nichtschwimmerbecken, Toiletten, ..., ...

Badeplatz Törn/Vissefjärda

(215) WOMO-Badeplatz/Naturcamping: Törn/Vissefjärda
Max. WOMOs: 2-3. **Position:** N 56° 32.264'; E 15° 33.966'.
Ausstattung/Lage: Toilette, Liegewiese, Sandstrand; geringe Gebühr/außerorts.
Zufahrt: Am Ortsende von Vissefjärda über die Bahnlinie, dahinter sofort 200 m rechts und dann 1200 m links (Törnsjöväg) zum Badeplatz/Naturcamping (100 SEK/Tag).

Weiter geht unsere Fahrt nach Westen Richtung TINGSRYD. 10 km westlich von VISSEFJÄRDA empfiehlt sich ein kurzer Abstecher nach LÅNGASJÖ mit gepflegtem **Bade- und Picknickplatz** zwischen Kirche und See [**215a:** N 56° 34.766'; E 15° 26.725'].
Kurz darauf treffen wir auf die (neue) »120«, biegen links, verlassen sie nach genau 1600 m wieder, schwenken nach links ein (Wegweiser: RAMMSJÖ/Badeplatzsymbol).
In HÄLJANÄS (2 km später) liegt direkt rechts der Straße der schöne **Badeplatz** am **Flaken-See**. Die Wiese neben dem Parkplatz (mit Toilette) wurde von der Gemeinde mit einem **Wasserhahn** versehen und Kraft solchen Komforts zum **Campingplatz** erhoben. Immerhin liegt die Gebühr mit 60 SKr/Tag niedriger als auf manchem Parkplatz.

(216) WOMO-Badeplatz/Naturcamping: Flaken-See/Häljanäs
Max. WOMOs: >5. **Position:** N 56° 32.731'; E 15° 23.707'.
Ausstattung/Lage: Klo, Wasserhahn, Tisch & Bank, Liegewiese, Sandstrand/außerorts; geringe Gebühr.
Zufahrt: Von Vissefjärda nach Westen bis zur Kreuzung mit der »120«. Nach 1600 m auf der »120« (Richtung Tingsryd) links und 2 km bis zum Badeplatz von Häljanäs.

Das schmale Asphaltsträßchen schlängelt sich weiter durch die verträumte Landschaft bis RAMMSJÖ. Dort wenden wir uns links nach YXNANÄS. Das geringe Verkehrsaufkommen erklärt die schmale Schotterbahn, auf der wir durch einsamste Landschaft ziehen. Der einzige Gegenverkehr besteht aus

einem rechtsgelenkten Postauto. Solchermaßen englisch ausgestattet, kann der Postbote bequem die stets am Straßenrand postierten Briefkästen füllen.
In YXNANÄS erreichen wir wieder die Zivilisation in Form der breiten, asphaltierten »122«, in die wir nach rechts einschwenken, um sie nach 200 m ebenfalls nach links wieder zu verlassen (Wegweiser: Naturcamping). Auch hier landen wir auf einem herrlichen **Erholungsbadeplatz** am **Djupasjö**, neben dem eine Liegewiese als preiswerter **Campingplatz** ausgewiesen ist (Wasserhahn, Toiletten, Duschen und Telefon im Naturidyll sind für geringe Gebühr zu haben).

(217) WOMO-Badeplatz/Naturcamping: Djupasjö/Yxnanäs
Max. WOMOs: >5. **Position:** N 56° 29.920'; E 15° 18.535'.
Ausstattung/Lage: Klo, Dusche, Liegewiese, Sandstrand/außerorts.
Zufahrt: Von Vissefjärda nach Westen bis zur Kreuzung mit der »120«. Nach 1600 m auf der »120« (Richtung Tingsryd) links und über Häljanäs und Rammsjö nach Yxnanäs. Dort auf der »122« rechts und nach 200 m wieder links zum See.

Nochmals kehren wir für 300 m auf die »122« zurück, dann geht es links. Während wir über KÅLLEBO nach DÅNGEBO kurven, diskutieren wir die drei letzten Plätzchen und kommen zu folgendem Ergebnis: Sie sind genau die "richtige Mischung", die wir uns als WOMO-Urlauber wünschen! Ein naturbelassenes Plätzchen, wo man sich willkommen fühlt; kein überflüssiger Komfort, den man nicht braucht und ein angemessener Preis für das, was man nutzt – und wo man auch ohne schlechtes Gewissen seine Markise ausrollen und Campingtisch und -stühle aufstellen kann.
In DÅNGEBO stoßen wir wieder auf die »120«, biegen links ein sofort wieder rechts zum **Naturcamping** "Näset" **[218:** N 56° 30.751'; E 15° 8.733'], die Gebühr ist gering, das Serviceangebot kann man als komplett bezeichnen.
1700 m weiter westlich treffen wir auf die Straßenkreuzung von KONGA mit Tankstelle. 3300 m hinter dieser Kreuzung geht es nach links Richtung BLÖTAN, und 1200 m weiter stehen wir am wunderschönen Badeplatz des **Stora Hensjö**.

Badeplatz am Stora Hensjö

(219) WOMO-Badeplatz: Stora Hensjö/Konga
Max. WOMOs: 2-3. **Position:** N 56° 29.247'; E 15° 4.747'.
Ausstattung: Klo, Badesteg, Liegewiese, Sandstrand, Wanderwege; schönster Parkplatz 100 m später rechts der Straße. **Zufahrt:** Von Konga 3,3 km auf der »120« nach Westen Richtung Tingsryd, dann links noch 1200 m Richtung Blötan zum Stora Hensjö.

Die Golfrasenliegewiese ist umrahmt von ausgesucht prächtigen Solitärbuchen, deren Zweige bis zum Boden reichen, eine Stelle für ein Lagerfeuer ist gerichtet, Holz daneben aufgeschichtet – der Abend damit vorprogrammiert! Auch ein kurzer Nieselregen kann uns die Vorfreude darauf nicht trüben – und kurz darauf gibt's Würstchen vom Handgrill.
Im Birkenwald beiderseits der Straße tragen die Heidelbeerbüsche reichlich Frucht, dazwischen leuchten kupferrot behütete Birkenpilze mit weißen, schwarz gepunkteten Stielen – und alle Röhrenpilze, die keinen roten Stiel haben, sind essbar! Frühstück und Mittagessen des folgenden Tages sind somit auch schon gesichert, und zwischen den Mahlzeiten genießen wir die empfohlenen **Wanderwege**, die im **Naturreservat Hensjönäset**, direkt von unserem Platz aus, zwischen dem kleinen und dem großen **Hensjö**, angelegt sind.

Der Nachmittag gehört wieder der Straße! Auf TINGSRYD geht's zu, angesichts des **Tiken-Sees** jedoch links auf die kombinierte »29/27« (an der Einmündung großer Picknickplatz mit **Toiletten** für die Klo-Entsorgung).
5,5 km südlich trennt sich die »29« von der »27«. Wir nehmen die rechte Gabel auf KARLSHAMN zu. Nach nochmals 1400 m sichten wir rechts ein schmales Teersträßchen, in das Sie mit uns Richtung STENFORS einbiegen sollten, falls Sie Sehnsucht nach einem weiteren, total einsamen Badeplatz haben! Die Einsamkeit kündigt sich bereits nach 100 m in Form von Schotterbelag an; nach 2500 m rollen wir zwischen den paar Häusern von STENFORS hindurch und ziehen durch dichten Wald mit riesigen Felsklötzen darin (die abzweigenden Waldwege sind preußisch korrekt mit Namen versehen!).
Bei »km 5,2« seit der »29« stehen wir am Ortsschild von TÖRNAMÅLA, bei »km 5,5« treffen wir auf eine Teerstraße und halten links Richtung HUNNAMÅLA. Bei »km 6,1« passieren wir das Ortsschild von HUNNAMÅLA und schwenken bei »km 10,3« rechts in den Schotterweg zum **Badeplatz** am Miensee (links geht's nach KORNALYCKE).

(220) WOMO-Badeplatz: Mien-See/Hunnemåla

Max. WOMOs: 1-2.
Pos.: N 56° 24.943'; E 14° 54.525'.
Ausstattung/Lage: Liegewiese, Sandstrand/außerorts. **Zufahrt:** Auf der »29/27« nach Süden. Nach der Gabelung noch 1400 m »29«, dann rechts ab (»km 0«) nach Stenfors. Über Törnamåla und Hunnamåla zum Mien-See. Bei »km 10,3« rechts zum Badeplatz.

Der Parkplatz liegt mitten in der Einsamkeit zwischen Büschen, Bäumen und Gras. 100 Schritte führen (durch eine offenstehende Schranke) zu einem lauschigen Wiesenplätzchen am Mien-See-Sandstrand, umringt von hohen Birken. Dieses Plätz-

chen ist genau das richtige, um die Seele baumeln zu lassen. Weiter geht es am Mien-See entlang nach Süden. Wir passieren KÄLLEHULT, wo wir nicht links zur »29« zurückkehren, sondern rechts auf GÄDDEVIKSÅS zuhalten. Nach diesem Weiler kommen wir wieder an eine Gabelung, an der wir links Richtung KARLSHAMN zur »29« zurückkehren werden.
Vorher machen wir jedoch noch einen kurzen Abstecher nach rechts Richtung RYD, denn 1700 m später kommt man nochmals zu einem schönen, komfortablen (aber längst nicht so einsamen) **Badeplatz** am **Mien-See**.
Die Komplett-Ausstattung wird ergänzt durch eine kleine Imbissbude.

(221) WOMO-Badeplatz: Mien-See (Süd)
Max. WOMOs: 2-3. **Position:** N 56° 23.753'; E 14° 49.804'.
Ausstattung/Lage: Klo, Kinderspielplatz, Sandstrand, Imbissbude/außerorts.
Einfache Zufahrt: Von Tingsryd auf der »29/27« nach Süden. Nach der Gabelung 18 km auf »29« weiter Richtung Karlshamn. Dann rechts Richtung Ryd bis zum Badeplatz.

„Småland ade, hallo Blekinge“, heißt es 3 km südlich des Sees. Jetzt führt die Straße neben dem **Mieån-Fluss** dahin, der über und über mit weißen Seerosenblüten bedeckt sind.
Noch 2 km vor der »E22« und KARLSHAMN führt eine Verbindungsstraße nach MÖRRUM. Im Ort geradeaus, dann direkt vor der Kirche [N 56° 11.625'; E 14° 45.033'] parken! Ein paar Schritte weiter, zwischen Friedhof und **Mörrumsån-Fluss**, führt ein geteerter Fußweg zum **Laxakvarium** und zur Lachsaufzuchtanstalt (Laxens Hus). Petrijünger werden Augen machen, welche Prachtburschen aus der Familie der Salmonoidei es gibt, Fischstäbchenlaien sind nicht minder beeindruckt (auch vom Eintrittspreis; offen 8-17 Uhr).
Außerhalb des Aquariums können im Fluss sogenannte **Lachswannen**, hölzerne Fangeinrichtungen besichtigt werden, und in der **Lachszuchtanlage** werfen wir vom Besucherraum aus einen (kostenlosen) Blick in die Aufzuchtbecken, in denen zigtausende von Jungfischen fern aller Umweltgefahren hochgepäppelt werden. Angesichts der vielen Lachse meldet sich der Magen. Da trifft es sich doch gut, dass hinter der Brücke rechts "Mörrums Rökeri" nicht nur Fische räuchert (und verkauft), sondern auch eine feine Gaststätte mit aussichtsreichen Sitzplätzen über dem Fluss betreibt ...
Die »E22« Richtung MALMÖ rauscht unter uns dahin, Probeblicke aufs Meer sind gestattet. Bevor die Europastraße die Halbinsel Listerlandet abschneidet, verlassen wir sie Richtung LÖRBY. Am Ortsbeginn von MJÄLLBY halten wir uns links, gelangen über MJÄLLBY LJUNGA zum Fischerdorf HÖRVIK. 400 m hinter dem Ortsschild führt eine Stichstraße links nach KROKÅS. Ihr folgen wir, biegen aber schon nach 300 m rechts

in den **Badstrandsväg**. Kurz darauf stehen wir am **Badeplatz**, wo wir reichhaltiges Spielgerät, eine Kletterwand, einen Wasserhahn (links des Weges) und eine Parkplatzwiese unter Birken rechts vor dem prächtig-flachen Feinsandstrand vorfinden.

(222) WOMO-Badeplatz: Hörvik
Max. WOMOs: 2-3.
Position: N 56° 2.547'; E 14° 45.594'.
Ausstattung/Lage: Sandstrand, Wasserhahn, Klo/Ortsrand; Camping verboten.
Zufahrt: Von Karlshamn auf der »E22« nach Westen bzw. Süden bis zur Abfahrt Lörby. Über Mjällby und Mjällby Ljunga nach Hörvik. Dort 300 m links Richtung Krokås und wieder rechts zum Strand.

Hinweis: Offizielle Stellplätze (incl. Strom und Dusche) für 100 SKr/Tag am Hafen.

Sie haben genug vom Baden? Dann folgen Sie uns zurück Richtung MJÄLLBY, an der ersten Gabelung links und nach 500 m wieder links ins **Listerhuvud Naturreservat**. Diese erste Abzweigung führt (vorbei an einer riesigen Nerzfarm) nach 2000 m zum **Listerhuvud** mit **Wanderparkplatz** [N 56° 1.948' E 14° 45.866']. 1 km weiter ist die nächste Zufahrt, der **Wanderparkplatz** [N 56° 1.487' E 14° 44.720'] heißt **Getabjär** und ist ein Idyll. Beide Wanderparkplätze liegen im Naturreservat, sind also tabu für den WOMO-Nachtschlaf! Aber 3,5 km weiter südlich liegt NOGERSUND mit seinem kleinen Fischerhafen! Dieser beglückt Sie mit vielen Wasserhähnen sowie einem großen **Picknickplatz** [**223:** N 56° 0.297' E 14° 44.356'].

Listerlandet hat noch mehr Sandstrandmeer! Über HÄLLEVIK halten wir auf SÖLVESBURG zu, bis wir links über ISTABY nach TORSÖ kommen. Dort rollen wir bis zum Hafen [**224:** N 55° 59.982'; E 14° 38.908']. Für Rasenpicknickplatz, WC, Dusche und Strom kassiert der Hafenmeister 100 SKr/Tag. Der schöne Sandstrand ist 300 m weiter links.
Zurück in ISTABY weiter durch MÖRBY auf SOLVESBORG zu, dann links Richtung V NÄS/SANDVIKEN. Dort, wo wir aufs Meer stoßen, liegt links ein Schotterparkplatz und rechts eine gigantisch große Parkplatzwiese. Zum blendenweißen, flachen Sandstrand sind es nur wenige Schritte.

(225) WOMO-Badeplatz: Sandviken
Max. WOMOs: > 5.
Position: N 56° 1.297'; E 14° 35.865'.
Ausstattung/Lage: Toilette, Sandstrand, Pizzeria, Mülleimer/Ortsrand.
Direkte Zufahrt: Von der »E22« (Abfahrt Sölvesborg) nach Süden bis zur Abzweigungung V Näs.

Wenig später entern wir wieder die »E22« bei SÖLVESBORG, rauschen auf ihr 3 km bis zum gleichnamigen **Picknickplatz** (mit Entsorgungsmöglichkeit) und weitere 17 km bis KRISTIANSTAD. Die ehemalige Grenzfestung der Dänen hat sich mit ihren breiten Boulevards zum Mittelpunkt Schonens entwickelt, würdig, von uns mit einem Stadtbummel beehrt zu werden!

Wir parken auf dem **Stora Torg**, dem großen Marktplatz, auch wenn es ein paar Kronen kostet, denn dieser zentrale Platz bietet nahezu alles gleichzeitig: die **Touristeninformation**, das ehrwürdige **Rathaus**, das **Zeughaus** und den reichlich verhungert wirkenden **Ikarusbrunnen** (Foto). Dann marschieren wir die Vestra Storgata entlang bis zum Lilla Torg mit einem wohlklingenden Glockenspiel und auf der Östra Storgata wieder zurück, am WOMO vorbei bis zur **Dreifaltigkeitskirche**, deren hohes Gewölbe von überaus zierlichen Granitsäulen getragen wird und die in Fachkreisen als die "schönste Renaissancekirche des Nordens" gehandelt wird.

Wieder auf der »E22« rollen wir eine Abfahrt Richtung KALMAR, also **nach Osten zurück**, verlassen sie dann Richtung ÅHUS. „Wer kam eigentlich auf die Idee, ausgerechnet nach ÅHUS zu wollen“, fragen wir uns wenig später. Der alte Fischerhafen ist heute ein überfüllter, von Ferienhäusern und Campingplätzen umringter Badeort. Wir haben uns umgeschaut! Gute Badeplätze kommen erst ab 10 km südlich der Abzweigung ÅHUS! Dort geht es links Richtung NYEHUSEN, 1600 m nachdem die »118« den Fluss **Helge Å** überquert hat. Nach 700 m stehen wir am Beginn einer Parallelstraße zur »118«, von der aus eine ganze Reihe von Stichsträßchen zum Meer abzweigt (lassen Sie sich nicht von den Camping-Verbots-Schildern schrecken; 24 Std. parken und baden darf dort jedermann!).
Die erste ist der **Kaptenensväg**, auf dem wir über vier "Vägbulor", wellenförmige Geschwindigkeitsbremsen 1200 m zum Badeplatz am einsamen Ostseestrand schleichen.
Hier, am Südrand der Helge Å-Mündung, richten wir uns hinter den Dünen im Fichtenwald gemütlich ein. Am Rande des großen Parkplatzes (man kann auch bis zur Flussmündung vorfahren), studieren wir eine Info-Tafel, die uns eine ganze Reihe weiterer Badeplätze im Anschluss nach Süden aufzeigt.

(226) WOMO-Badeplatz: Nyehusen/Kaptenensväg

Max. WOMOs: 2-3. **Position:** N 55° 51.273'; E 14° 14.071'.
Ausstattung/Lage: Dünensandstrand, Klo/außerorts.
Zufahrt: Von Karlshamn auf der »E22« nach Süden bis Kristianstad. Dort Abfahrt Åhus, an Åhus 10 km vorbei. 1600 m hinter der Brücke über den Helge Å-Fluss links nach Nyehusen und 700 m später wieder links in den Kaptenensväg zum Strand.

Am Abend bekommen wir Besuch! Eine ganze Schar junger Wildkaninchen schlägt Haken um unser WOMO, beäugt verwundert die neuen Gäste, die direkt vor ihrem Bau unter dem großen Holunderbusch parken.

TOUR 18 (230 km / 3-5 Tage)

Nyehusen – Kivik – Stenshuvud – Gyllebosjö – Gladsax – Tomelilla – Glimmingehus – Skillinge – Kåseberga – Ystad –Trelleborg

Freie Übernachtung:	Holmaboda, Kivik, Knäbäckshusen, Gyllebosjö, Mälarhusen, Nybrostrand, Abbekås, Gislövs Läge.
Besichtigungen:	Kivik (Königsgrab, Stenshuvud), Järrestad (Steinritzung), Tomelilla, Glimmigehus (Schloss), Sandhammaren (Dünen); Ales stenar (Schiffssetzung), Ystad (Ortsbild), Smygehuk.
Baden:	Kungaboda, Stockholmsboda, Holmaboda, Gyllebosjö, Borrby, Sandhammaren, Mössbystrand, Gislövs Läge.
Wandern:	Haväng (Dolmen), Stenshuvud, rund um den Gyllebosjö.

Wehmütig nehmen wir Abschied vom NYEHUSEN-Strand mit seinen Sonnenbadedünen, den Holderbuschkaninchen, dem langen Abendspazierweg am Kiefernwald mit den vielen schmackhaften Sandröhrlingen. Aber wieder einmal hat uns die schaurige Wassertemperatur vertrieben – hier erreicht sie manchmal auf Grund einer kalten Unterströmung nicht einmal die 10°C.-Marke!

Nachdem wir über die vier "Vägbulor" zur Vorfahrtsstraße

zurückgekehrt sind, wenden wir uns links. Diese Straße führt, wie gesagt, parallel zum Strand, und von ihr aus gehen alle paar Meter Stichstraßen zu weiteren Badeplätzen ab. Wir haben viele angeguckt. Sie enden an großen Parkkarrees, die nicht immer so gemütlich sind wie der erste Platz.

Bereits nach 1000 m geht es in den **Hommeväg**. Auch an seinem Ende steht man schön hinter den Dünen zwischen schattenspendenden Kiefern [N 55° 50.710'; E 14° 13.587'].

Nach weiteren 4,4 km führt eine Stichstraße (500 m) zum **Badeplatz Friseboda**. Der geteerte, große Platz mit Toilette liegt ruhig im Kiefernwald, leider sind es zu Fuß weitere 400 m bis zum Strand (Camping verboten).

(226a) WOMO-Badeplatz: Nyehusen/Friseboda

Max. WOMOs: 2-3. **Position:** N 55° 48.658'; E 14° 12.465'.

Ausstattung/Lage: Dünensandstrand, Klo/außerorts.

Zufahrt: 1600 m hinter der Brücke über den Helge Å-Fluss links nach Nyehusen und 5,4 km später wieder links 500 m zum Strand.

800 m weiter südlich die nächste Stichstraße (700 m) zum **Badeplatz Kungaboda**. Auch hier steht man ruhig und ungestört mitten im Kiefernwald und bis zum herrlichen ***Sandstrand vor den Dünen sind es weniger als 100 m.

(226b) WOMO-Badeplatz: Nyehusen/Kungaboda

Max. WOMOs: 2-3. **Position:** N 55° 48.222'; E 14° 12.389'.

Ausstattung/lage: Dünensandstrand, Klo/außerorts, Camping verboten.

Zufahrt: 1600 m hinter der Brücke über den Helge Å-Fluss links nach Nyehusen und 6,2 km später wieder links 700 m zum Strand.

Kurz nach der Abfahrt zum Kungaboda-Strand hört die Teerstraße auf, die Fortsetzung ist eine erträgliche, ziemlich schmale Sandpiste, die nach 1900 m auf eine geteerte Querstraße stößt. Diese führt nach links (400 m) zum **Badeplatz Stockholmsboda**. Vom geschotterten Parkplatz sieht man das nur wenige Schritte entfernte Meer mit endlosem, einsamem Sandstrand, denn die Dünen sind hier sehr flach. Wir meinen: Der schönste und bequemste Ostseebadepatz an dieser Ecke.

(227) WOMO-Badeplatz: Nyehusen/Stockholmsboda

Max. WOMOs: 2-3. **Position:** N 55° 47.267'; E 14° 12.047'.

Ausstattung/Lage: Dünensandstrand, Klo/außerorts, Camping verboten.

Zufahrt: 1600 m hinter der Brücke über den Helge Å-Fluss links nach Nyehusen und 7,3 km später wieder links 400 m zum Strand.

Fährt man immer weiter nach Süden, so passiert man den **Badeplatz Rigeleje** (mit einem Wohnwagencamp im Kiefernwald dahinter). Die Straße endet 1800 m später mit dem **Badeplatz Holmaboda** unmittelbar vor dem Panzerschießgelände Ravlunda. Wenn die Schweden nicht gerade feindliche Panzer attackieren, steht man dort ruhig, ja einsam am endlosen Sandstrand (noch kein Camping-verboten-Schild).

(228) WOMO-Badeplatz: Nyehusen/Holmaboda

Max. WOMOs: 2-3. **Position:** N 55° 45.947'; E 14° 11.755'.

Ausstattung/Lage: Dünensandstrand, WC, Waschbecken/außerorts.

Zufahrt: 1600 m hinter der Brücke über den Helge Å-Fluss links nach Nyehusen und nach Süden am Strand entlang, bis es nicht mehr weitergeht.

Bei MAGLEHEM treffen wir auf die »19«, rauschen auf ihr genau 4,7 km nach Süden, schwenken in BRÖSARP links auf die «9« Richtung SIMRISHAMN/KIVIK ab (hier Touristen-Info). Durch eine wellenförmige Moränenlandschaft, die stark an die Königsgräber von GAMLA UPPSALA erinnert, windet sich das Teerband. Nach 4 km machen wir einen Abstecher nach HAVÄNG/Skeppardsgarden. Auf dem großen Parkplatz des Wandererheims [N 55° 43.474'; E 14° 11.564']. Je nach Interessenlage marschiert man hinauf zum sehenswerten Dolmen oder hinab zum traumhaften Sandstrand.

Weiter geht's nach KIVIK.

Erst 400 m nach der Abzweigung zum Zentrum entdecken wir das gesuchte Hinweisschild: **Kungagraven**. 900 m später stehen wir auf dem großen Parkplatz [N 55° 40.998'; E 14° 13.998'] vor einer Riesenschildkröte, Durchmesser 75 Meter, erbaut aus unzähligen Steinbollen im Bowlingkugelformat. Ehemals vermutlich zwölf Meter hoch, ist der Kugelfladen über der Steingrabkiste aus der Bronzezeit jetzt nur noch flach gewölbt. Die Zugangsrampe ist natürlich nicht ursprünglicher Natur – der sagenhafte König wollte im Grab sicher seine Ruhe

haben. Erst bei der neuzeitlichen Grabschändung wurde ein touristenfreundlicher Weg zur bereits vor langer Zeit geplünderten, aber wegen ihres Figurenschmuckes immer noch sehenswerten Grabstätte angelegt (9-17 Uhr). Das Kistengrab besteht aus zehn Steinplatten mit hineingeritzten Zeichnungen, die schwierig zu deuten sind: Eine Begräbnisprozession vielleicht, Schiffe, Tiere, Waffen und magische Zeichen wie Wellenlinien und Sonnensymbole...

Für einen längeren Aufenthalt fährt man links hinab zum **Sportplatz** [N 55° 41.065'; E 14° 14.157'] oder vorher links hinab zum **Hafen** [**229:** N 55° 41.180'; E 14° 13.855'].
Zweieinhalb Kilometer sind es auf der »9« weiter gen Süden bis zum Hinweisschild: **Nationalpark Stenshuvud**.
Haben Sie Lust auf gemütliche Wanderwege und eine prächtige Aussicht über die Ostsee? Dann biegen Sie hier links!!
Nach gut drei Kilometern können Sie sich neben dem großen **Wanderparkplatz** [N 55° 39.355'; E 14° 16.049'] (tags Gebühr, nachts geschlossen) im **Naturum** über die Veränderung des Geländes seit der Urzeit auf riesigen Panoramabildern belehren lassen, bevor Sie Ihren Spaziergang, vielleicht zum 1 km entfernten Aussichtspunkt, beginnen!? Durch einen schattigen Hainbuchen- und Eichenwald schnaufen wir auf den 97 m über das Meer aufragenden **Stenshuvud-Berg** mit einer Fliehburg aus der späten Eisenzeit.
4,5 km später kann man nach KNÄBÄCKSHUSEN abbiegen. Nach 2,2 km liegt rechts der **Badeparkplatz** [**230:** N 55° 38.501'; E 14° 16.502'], von dem man auf Stufen, vorbei an der **St.Nikolaus-Kapelle**, zum Sandstrand hinabsteigt.
Ihnen schaudert noch bei der Erinnerung an das eiskalte Ostseewasser? Dann rollen Sie mit uns noch ein paar Meter nach Süden. Hier biegen wir zunächst rechts nach RÖRUM ab und dort geht's weiter Richtung Ö. VEMMERLÖV.
Nach weiteren 4,4 km zweigen wir nochmals rechts nach GYLLEBO ab. Kurz darauf sehen wir Wasser durch hohe Buchen und Eichen schimmern, und statt auf dem Teersträßchen links zum Schloss von GYLLEBO, biegen wir rechts zum Badeplatz am **Gyllebosjö**: Die Schnauze unseres WOMOs zeigt direkt auf zwei Bänke, zwischen denen eine Feuerstelle wartet und ins erfreuliche 20°C. warme Wasser kann man sich von drei verschiedenen Sprungtürmen stürzen.

(231) WOMO-Badeplatz: Gyllebosjö

Max. WOMOs: 2-3.
Ausstattung/Lage: Liegewiese, Badesteg, Klo, Grillstelle/außerorts.
Position: N 55° 36.075'; E 14° 12.101'.
Zufahrt: Von Brösarp auf der »9« bis Rörum. Dort rechts Richtung Ö. Vemmerlöv und nach 4,4 km rechts zum Badesee von Gyllebo.

Ihre Kinder haben bis jetzt schon einiges über sich ergehen lassen müssen: Besichtigungen, Besichtigungen, Besichtigungen ...
Unsere trösteten sich dabei immer wieder mit einem Begriff: T O S S E L I L L A !
Sie hatten bereits auf der Fähre einen Prospekt dieses Vergnügungsparkes gefunden – und nun liegt das Ziel ihrer Träume nur noch 20 km entfernt. Also starten wir früh am nächsten Morgen. Großzügig wird ein winziger Umweg gestattet, denn das große Kindervergnügen öffnet erst um 10 Uhr.
In Ö. VEMMERLÖV biegen wir links nach GLADSAX, kurz vor dem Ort geht's weiter Richtung JÄRRESTAD. Nach 600 m entdeckt der aufmerksame Beifahrer rechts einen winzigen Parkplatz vor einer rot-gelben Schranke. Wir quetschen unser WOMO an den Straßenrand [N 55° 33.049'; E 14° 16.880'] und tappen den rasenbewachsenen Feldweg 120 m bis zu einem Türchen durch einen Weidezaun. Die **Felsritzungen aus der Bronzezeit** (Schiffe, Sonnen, Fußumrisse, Reiter) werden bewacht von kleinen, süßen, zotteligen Hochlandkühen und -stieren (!!) mit riesigen, spitzen Hörnern. Da sie aber ausgesprochen freundlich schauen, wagen wir uns vorsichtig bis zu der flachen Felsplatte in der Mitte der Weide. Wer TANUM in Bohuslän nicht aufgesucht hat, bekommt hier ähnliches geboten; kaum beachtet, nicht farblich nachgezogen, und doch gleich beeindrukkend.

Jetzt aber haben die Kinder das Sagen!
Am Kreisverkehr 3 km hinter TOMELILLA (knapp 20 km weiter im Westen) geht es links [N 55° 33.382'; E 13° 54.457'].

Kurz darauf berappen wir einen geradezu unverschämt hohen Eintrittspreis. Damit sind jedoch (fast) alle Vergnügungen bezahlt – und die sind in reicher Auswahl geboten: Rutschbahnen, Schiffe und Boote aller Art, BMX-Räder, Tarzandschungel, Trampoline, Riesengummiblasen für 100 hüpfende Kinder und – die Höhepunkte – vier verschiedene Wasserrutschbahnen, eine in einer dunklen Röhre, eine andere im "Wildwasser".
Das wichtigste ist also, dass in TOSSELILLA Sonnenschein und angenehme Temperaturen herrschen – und dass Sie WOMO-Besitzer sind, denn der Parkplatz ist im Parkinneren. Man kann also im WOMO essen, sich dort (nach der Wasserrutschbahn) umziehen, sich mit dem Bähnle zu den Attraktionen fahren lassen, oder man geht zum Picknickgelände, wo Grills und Holzkohle (alles gratis) auf den Grillfreund warten.

Aber auch ein **Restaurang** wartet mit preiswertem "Dagens rätt".
Nach fast sieben Stunden sinken unsere Lieben völlig erschöpft in die Polster – Vergnügen satt!
Hinweis: Viel preiswerter ist das Draisinefahren (www.dressin.se) in TOMELILLA. Direkt am westlichen Ortsschild kommt man an der Einstiegsstelle [N 55° 39.094'; E 13° 56.345'] vorbei. Die Fahrt geht durchs liebliche Fyledal. Das WOMO parkt man gleich nebenan bei der Folkhögsskola.

Wir kehren auf der »11« bis Ö. TOMMARP nach Osten zurück, biegen 300 m nach dem Ortsschild nach Süden ab (rechterhand Friedhof mit **Wasserhahn** an der Außenwand).
Glimmingehus ist mehrmals groß ausgeschildert. Es soll das einzige mittelalterliche Schloss Schonens sein, das in seiner

ursprünglichen Gestalt erhalten blieb. Auf uns macht es überhaupt keinen "schlossigen" Eindruck, es gleicht mit seinen winzigen Fenstern und seiner hohen, schmalbrüstigen Gestalt mehr einem verbarrikadierten korsischen Wohnturm aus der Zeit der Blutrache (Besichtigung: 8-18 Uhr).

Glimmingehus wurde von 1499-1505 erbaut. Auf dem großen, gepflasterten Platz vor dem Wassergraben hat man die Bauhütten (samt Inhalt) rekonstruiert und vermittelt damit dem Besucher einen geradezu greifbaren Eindruck von der Bautechnik längst vergangener Zeit.

Im "Schloss-Krug" kann man ein Lunch-Buffet einnehmen – aber auch "à la carte" speisen. Der große Parkplatz (Mit WC) [**232:** N 55° 30.076'; E 14° 13.632'], schön von Bäumen und verschnittenen Hecken umringt, liegt nachts sicher völlig ruhig.

Wie kommt man jetzt wieder ans Meer?

Weiter bis Ö. HOBY, dort links Richtung SIMRISHAMN bis zur Vorfahrtsstraße, auf ihr nur 100 Meter nach links, und dann wieder rechts ab nach SKILLINGE.

Dieser kleine Fischerort hat sich große Mühe gegeben: Am Hafen kann man parken, flanieren und gut speisen – oder hinter dem Sportplatz. 600 m südlich des Ortsschildes warten Wiesenplätze am Sandstrand [N 55° 27.969'; E 14° 16.767'].

Nach 1300 m (200 m vor dem Ortsschild von NORREKÅS) gibt es gar eine Schotterpiste, die durch die Pineta bis zu schattigen **Parkmöglichkeiten** [N 55° 27.515'; E 14° 16.493'] vor den welligen Dünenliegewiesen führt.

Auch auf den folgenden Kilometern findet sich immer wieder ein Stichsträßchen zum Strand. Dort, wo die Ferienhausdichte am geringsten ist, sucht man mit dem besten Erfolg.

Gut hatte uns einst **Kyls Strand** gefallen! Man rollte links zum Parkplatz, vor diesem aber rechts auf einer schmalen Sandpiste durch die Pineta bis zu Waldparkplätzen direkt hinter dem Sandstrand (leider ist diese Zufahrt jetzt gesperrt, also nur auf den Parkplatz)!

(233) WOMO-Badeplatz: Kyls Strand
Max. WOMOs: 2-3.
Pos.: N 55° 26.350'; E 14° 14.182'.
Ausstattung/Lage: Sandstrand, Klo/außerorts, Camping verboten.
Zufahrt: Von Skillinge 5,3 km nach Süden bis zum Hinweisschild Kyls Strand, dort links zum Parkplatz.

Nur 400 m weiter, am Hinweisschild **Borrby Strandbad**, wartet eine besonders erfreuliche Attraktion auf den kaltwassergeschockten Meerwasserbader: Biegt man nach der Abzweigung wieder rechts zum Parkplatz [N 55° 26.071'; E 14° 13.982'] im Kiefernwald neben dem **Campingplatz**, so muss man zwar 150 Schritte bis zum Meer marschieren. Hält man sich dabei

allerdings etwas rechts, so landet man nicht am lausig kalten Ozean, sondern an einem netten Salzwasserschwimmbecken, das kostenlos mit 19°C. warmem Wasser aufwartet.
Sie haben keine Lust, über 220 SKr (ohne Strom) für einen WOMO-Stellplatz auf dem Campingareal auszugeben?
Dann fahren Sie mit uns einfach weiter nach Süden. Die nächste Abzweigung führt zur Ferienhaussiedlung SANDBY STRAND. Hält man sich nach der Abzweigung rechts, so kommt man zum **Parkplatz** (mit Toilette/Waschbecken) direkt hinter dem Dünensandstrand [N 55° 25.037'; E 14° 13.383'].
Besser beschildert ist 1000 m später die Zufahrt zum **Badeplatz** MÄLARHUSEN. Dort erwartet uns ein weitläufiges Parkplatzgelände mit verschwiegenen Nischen im Wald und einer Grillstelle in den Dünen.

(234) WOMO-Badeplatz: Mälarhusen

Max. WOMOs: 3-4.
Position: N 55° 24.498'; E 14° 12.997'.
Ausstg./Lage: Sandstrand, WC, Waschbecken, Grillstelle/außerorts.
Zufahrt: Von Simrishamn (oder Glimmigehus) nach Skillinge. An der Küste weiter nach Süden bis zur Abzweigung in die Stichstraße nach Mälarhusen.

Dann biegen wir links zum 1800 m entfernten SANDHAMMAREN, einem **NSG** mit Düneneichenwald und eigenem, wahrhaft leuchtendrotem Leuchtturm. Unendliche Sandstrände mit schöner Dünung warten auch hier auf Sie, und in den Sandgebirgen dahinter könnte man ganze Volksstämme in windgeschützten Lagerplätzchen verstecken. Beim Badeparkplatz schreckt von Juni-August ein Wohnmobil-Verbotsschild (man sollte dann mit dem Parkplatz 650 m weiter im Hinterland, am Rande des Naturschutzgebietes, Vorlieb nehmen).

(235) WOMO-Badeplatz: Sandhammaren

Max. WOMOs: > 5.
Sept.- Mai: N 55° 23.164'; E 14° 11.744'.
Juni-August: N 55° 23.459'; E 14° 11.348'.
Ausstattung/Lage: Sandstrand, WC, Kiosk/außerorts.
Zufahrt: Von Skillinge an der Küste nach Süden bis zur Abzweigung in die Stichstraße.

Auch der nächste Badeplatz liegt in einem Naturschutzgebiet! Wir zweigen nach 2,6 km ab zum **NSG Hagestad**, das durch

seine Riesendünen bekannt ist und sind begeistert von den weitläufigen **Bade-/Picknickplätzen** hinter dem Sandstrand [N 55° 22.794'; E 14° 8.352'], an dem das Meer mit Macht herumknabbert (wie uns die abgestürzten Bäume beweisen).

Wie begräbt man einen berühmten Seefahrer?
Natürlich in seinem Schiff!
Und damit das Ganze die Jahrhunderte überdauern kann, haben es seine Mannen aus 58 Findlingen nachgebildet – **Ales stenar**, das Grab des Wikingerfürsten Ales.

Wir biegen zu seiner Besichtigung links nach KÅSEBERGA.
Dem Touristenansturm ist der kleine Hafen nicht gewachsen. Deshalb sollte man gleich rechts nach der Abzweigung auf der großen Wiese parken **[236:** N 55° 23.313'; E 14° 3.767'] (eine Übernachtung ist dort erlaubt; saisonale Gebühr).
Der Hafenparkplatz [N 55° 23.010'; E 14° 3.804'] (mit **WC**, Duschen und **Wasserschlauch**) ist wie immer gesteckt voll mit Touristenautos; erst am Ende der Straße, bei "Ales Fischräucherei", werden wir fündig: Ein Parkplatz fürs WOMO, eine saftig geräucherte Lachsforelle und ein halbes Weißbrot für die Mannschaft, die jetzt den Hang hinaufstiefelt, denn ein Wikinger will auch nach seinem Tode noch übers Meer schauen!
Zehn Minuten – dann können wir Schiffssetzung, Aussicht und den delikaten Räucherfisch genießen. Eine Fähre zieht vorbei – und bei uns Wehmut auf: Bald schließt sich der Kreis unserer Schwedentour – und dann ade, du blau-gelbes Urlaubsland!
Wir kehren zurück zur Küstenstraße und kreuzen sie Richtung VALLEBERGA. Im Ort überqueren wir die Vorfahrtsstraße, parken direkt dahinter am Friedhof [N 55° 25.756'; E 14° 3.749'].
Die einzige **Rundkirche** Schonens, ein Bau aus dem 11. Jahrhundert, ist integriert in ein neueres Kirchenschiff, Reste

farbenfroher **Fresken** leuchten aus dem Gewölbe.

Durch INGELSTORP gelangen wir wieder zur Küste bei NYBROSTRAND. Die paar Kilometer zwischen diesem Badeort und YSTAD führen an einem prächtigen **Sandstrand** vorbei und sage und schreibe zehn Hinweisschilder zu Bade- und Parkplätzen, oft direkt in den Dünen, machen die Wahl zur Qual. Nur den ersten (Abzweigung beim Ortsschild) können wir als Übernachtungsplatz [**237:** N 55° 25.677'; E 13° 57.437'] empfehlen. Immer wieder schön ist ein Bummel durch den mittelalterlichen Stadtkern von YSTAD mit seiner kopfsteingepflasterten Fußgängerzone, den Fachwerkhäusern und dem ziegelroten **Franziskanerkloster**.

Bis TRELLEBORG sind es keine 50 km mehr, und der letzte Übernachtungsplatz vor der Fähre fehlt uns noch.

MÖSSBYSTRAND [N 55° 25.036'; E 13° 38.165'], ein prächtiger **Badeplatz** an der Abzweigung der »101« nach MALMÖ, hat nicht nur einen Feinsandstrand, sondern auch viele Lagerplätze im welligen Dünengelände. Aber der Parkplatz liegt direkt neben der Straße ....

Ein schönes Plätzchen findet man, wenn man in ABBEKÅS links zum Hafen abzweigt. Er wartet mit großem Parkplatz, Tisch & Bank & **Wasserhahn** & **WC** auf [**238:** N 55° 23.646' E 13° 36.146'].

Wenig später ist SMYGEHUK an Schwedens südlichstem Punkt erreicht. Dort darf man auf der großen Wiese zwischen Straße und Info-Stelle für 50 SKr nächtigen [**239:** N 55° 20.349'; E 13° 21.682']. An der Info-Tafel hängt aber gutes Kartenmaterial! Es weist einen abseits der Straße gelegenen **Badeplatz** bei GISLÖVS LÄGE aus. Der ist leicht zu finden, wenn man hinter GISLÖVS STRANDMARK nicht der die Küste verlassenden »9« folgt, sondern dem Wegweiser "Trelleborg Fahrradweg". 600 m später zeigt das **Badeplatzsymbol** nach links zu einer großen Wiese mit zwei Bolzplätzen, der Strand ist nur wenige Schritte entfernt.

(240) WOMO-Badeplatz: Gislövs Läge

Max. WOMOs: 2-3. **Position:** N 55° 21.198'; E 13° 14.785'.
Ausstattung/Lage: Sandstrand, Liegewiese/Ortsrand.
Zufahrt: Von Ystad auf der »9« Richtung Trelleborg. Ab Gislövs Strandmark 600 m dem Symbol "Trelleborg Fahrradweg" folgen, dann links zum Badeplatz.

Hier machen wir das WOMO fährenfertig, schlagen die letzte Wasserballschlacht im frischen Ostseewasser, verbringen eine letzte, ruhige Nacht auf schwedischen Boden ....

Am nächsten Morgen, wir hängen alle abschiednehmend an der Reling, winken uns noch lange die Growiane von KÄMPINGE nach – oder begrüßen sie schon die nächsten Urlauber?

Tipps und Tricks – alphabetisch geordnet

ABWASSER-/Müllentsorgung

Nicht jedermann betrachtet WOMOs mit wohlwollendem Auge!
Mit Sicherheit beschwört man jedoch Ärger herauf und versaut den Ruf der ganzen Sippe, wenn man sein Abwasser seelenruhig unter dem Fahrzeug heraustrielen lässt!

Tipps:

>> *Für die Entleerung der Campingtoilette findet man alle paar Kilometer eine "Latrin" oder eine Toilette. Was aber macht man mit dem Abwasser, auch "Grauwasser" genannt?*

>> *Alle Tankstellen (auch die vollautomatisierten) haben einen großen Gulli, dort kann man unbesorgt sein Abwassertank entleeren.*

>> *Keine Tankstelle in der Nähe, aber eine Toilette? Dann empfiehlt es sich, die geleerte Campingtoilette mehrfach mit dem Grauwasser zu spülen. Auch ein Faltkanister wäre nicht schlecht, um das Grauwasser los zu werden. Aber bitte nicht ein kleines Plumpsklo vollschütten, sondern nur ein WC oder ein großes Trockenklo mit Absaugestutzen!*

>> *Seinen Müll stopft man nicht in einen beliebigen Mülleimer, sondern bringt ihn zu einer der allgegenwärtigen "Återvinningsstationer", auf gut deutsch einer Mülltrennanlage.*

ADRESSEN

Im Ausland ist man ein Fremder! Was tun, wenn die Polizei bei einem Verkehrsunfall den Pass einzieht und man sich ungerecht behandelt fühlt? Was tun, wenn das ganze Geld oder sogar das Auto geklaut wurde? Was tun, wenn man einfach nicht mehr weiter weiß?

Tipps:

>> *Jeder größere Ort hat seine Touristeninformation (Touristbyrå). Dort erhält man nicht nur Prospektmaterial und Stadtpläne, sondern von den stets fremdsprachenkundigen Angestellten auch Rat und Hilfe.*

>> *Die Konsulate tun in solchen Fällen wirklich alles, manchmal sogar mehr und vor allen Dingen erfolgreicheres, als man sich vorstellen kann:*

Deutsche Botschaft:	*Stockholm, Skarpögata 9, Tel.: 0046-(0)8-670 15 00 Fax: 0046-(0)8-661 52 94*
Österreichische Botschaft:	*Stockholm, Kommendörsgata 35, Tel.: 0046-(0)8-23 34 90 Fax: 0046-(0)8-662 69 28*
Schweizerische Botschaft:	*Stockholm, Birger Jarlsgata 64, Tel.: 0046-(0)8-676 79 00 Fax: 0046(0)8-21 15 04*
Schwedische Botschaft:	*10787 Berlin, Rauchstraße 1 Tel.: 030-50 50 60 Fax: 030-50 50 66 56; www.sweden.org*

>> *Sie möchten sich zu Hause noch genauer über Ihr Urlaubsziel informieren: Visit Sweden GmbH, Tel.: 069-22223496
eMail: germany@visitsweden.com Internet: www.visitsweden.com*

ÄRZTLICHE HILFE

Krank im Urlaub? Das ist so ziemlich das letzte, was man sich wünscht. Manchmal ist es jedoch nur das kleine Unwohlsein, das den Tag vermiest oder es ist ein Medikament ausgegangen. Was tun?

Tipps:

>> *Medizinische Tipps im Internet vor der Reise einholen: www.fit-for-travel.de*

>> *Alle schwedischen Ärzte sprechen französisch, englisch oder deutsch.*

Auskunft erteilt Ihnen das Touristenbüro.

>> *Die ärztliche Versorgung in Schweden ist perfekt, Spötter nennen sie überperfektioniert. Bei Problemen (oder Problemchen) wendet man sich am besten an die Ambulanz (Akutvårdscentralen) des nächsten Krankenhauses (sjukhus). Außer einem geringen Eigenbetrag (10 €) ist die Behandlung kostenlos (Ausnahme: Zahnarzt!), das gleiche gilt für Medikamente.*

>> *Genauere Auskunft über die Sozialhilfeabkommen, die auch die ärztliche Hilfe in Schweden regeln, sowie über die Mitnahme von nötigen Papieren, wie der Europäischen Krankenversicherungskarte EHIC (European Health Insurance Card) erteilt die AOK. Privatpatienten sei angeraten, außer einer ausführlichen Rechnung die Umtauschquittung einer Bank bei der Krankenkasse einzureichen. So kann bequem von Schwedischen Kronen in € umgerechnet werden.*

>> *ADAC-Arzt: 0049-89-22 22 22.*

ANGELN

Urlaub ohne Angel ist für einen Schweden undenkbar. Wollen Sie es auch einmal in einem der 95.000 Seen oder im Meer probieren?

Tipps:

>> *In weiten Teilen Schwedens ist das Angeln kostenfrei: An den Meeresküsten und in den großen Seen Vänern, Vättern, Hjälmaren und Mälaren.*

>> *Ansonsten muss man in den Touristenbüros oder Sportgeschäften eine Angelkarte (Fiskekort) für ca. 6-20 €/Tag erwerben.*

>> *Vorherrschende Süßwasserfische sind: Hecht, Barsch, Forelle und Lachs.*

AUTOHILFSDIENSTE

Irgendwann passiert es jedem einmal: Das Auto gibt keinen Mucks mehr von sich.

Tipps:

>> *Obwohl Schweden dünn besiedelt ist, sind Sie bei einer Panne nie allein. Pannenhilfe leistet der Alarmdienst = Larmtjänst, unter dieser Bezeichnung steht er in jedem Telefonbuch.*

>> *In Zusammenarbeit mit dem schwedischen Automobilclub hat der Larmtjänst deutschsprachige Notrufzentralen eingerichtet, sie gelten landesweit und sind rund um die Uhr besetzt:*

Stockholm: 08-24 10 00
Göteborg: 031-25 10 00
Malmö: 040-10 00 00
Örebro: 019-14 00 00

>> *Trotzdem sollten Sie sich vor dem Urlaub von Ihrer Autowerkstatt ein internationales Kundendienstverzeichnis besorgen lassen. Sie können ja Glück im Unglück haben und in der Nähe einer Reparaturwerkstätte Ihrer Automarke sein.*

>> *Polizeinotruf und Unfallrettung haben in Schweden die einheitliche Rufnummer 112.*

>> *Die ADAC-Notrufzentrale in München ist rund um die Uhr besetzt:*
Tel. 0049-89-22 22 22.

BABY

Mit einem Baby oder Kleinkind in den WOMO-Urlaub? Wir haben nur gute Erfahrungen gemacht. Kinder ändern ihr Verhalten im Urlaub wesentlich weniger als Erwachsene, sie kämen z. B. nie auf die Idee, sich wie Fleisch in der Sonne braten zu lassen. Vorsicht ist stets bei Sonnenschein, speziell im Gebirge und am Meer, angeraten. Magen- und Darmkomplikationen bleiben meist aus, wenn man noch Babykost füttert.

Tipps:

>> *Schon vor der Reise mit Sonnenbaden und Eincremen anfangen.*
>> *Hütchen und baumwollenes T-Shirt sind Pflicht, der Rest des Körpers ist wesentlich unempfindlicher.*
>> *Nach dem Baden sofort abtrocknen, erneut mit Sonnenschutzcreme einreiben.*
>> *Babykost, Windeln und spez. Medikamente (Kinderarzt fragen!) von zu Hause mitbringen. Selbstverständlich erhält man alles auch in Schweden, aber Vertrautes erspart Ärger.*
>> *Buggy oder Babyrückentrage sind für Besichtigungen unentbehrlich. Kein noch so geduldiges Kleinkind trippelt freiwillig durch Gegenden, denen es kein Interesse abgewinnen kann.*
>> *Getränkewünsche unbedingt erfüllen und zwar mit schwach gesüßtem Tee (als Pulver mitnehmen). Gekaufte Getränke sind oft zu zuckerhaltig, um erfrischend zu wirken.*
>> *Wasser unbedingt entkeimen (s. "Trinkwasser").*
>> *Wichtigste Urlaubsutensilien für Ihr Kind sind: Lieblingsschmusetier, Sandelsachen, Schwimmflügel, Schwimmreif, Malsachen für die Fahrt.*
>> *Landschaften erleben Kinder unter 15 Jahren nicht als Erlebnis, das sollten Sie bei einer Rundreise beachten.*
>> *Machen Sie öfter Station: Ein Kletterhügel, ein Sandstrand, ein Spielbach, ein Streicheltier, das sind die Erlebnisse, die Ihre Kinder brauchen!*

BERGWANDERN/WILDNISWANDERN

Schweden besteht zum größten Teil aus – Wildnis. Seine schönsten Abschnitte sind schon seit Jahrzehnten vom schwedischen Touristenverein für Interessenten zugänglich gemacht worden – über 5000 km markierte Wanderwege werden von ihm unterhalten.

Tipps:

>> *Zu jeder Fjäll-Tour gehören vernünftiges Schuhwerk, regendichter Anorak (oder Regencape), Rucksack mit Feldflasche, Proviant, Wanderkarte und Kompass (oder noch besser: GPS-Gerät).*
>> *Beim vernünftigen Schuhwerk streiten sich die Fachleute: Gummi- oder Bergstiefel? Wir werden uns in diesen Streit nicht einmischen, lassen Sie Ihre Füße bzw. das Wetter entscheiden!*
>> *Die Wanderwege sind mit Hinweisschildern und Farbklecksen markiert, an den Winterwanderwegen und Loipen stehen lange Stangen mit roten Kreuzen an der Spitze.*
>> *Abseits der Haupttrampelpfade begegnen Sie kaum einem Menschen. Gehen Sie deshalb nie allein auf Tour. Wenn Sie sich verirren oder verletzen, findet Sie so bald niemand!*
>> *Gebirge haben nie beständiges Wetter. Brechen Sie eine längere Tour lieber ab, wenn das Wetter umzuschlagen beginnt. Regen, ja sogar Schneefall oder Hagelschauer, aber auch dichter Nebel können zu wahrhaft ungemütlichen, mit Kindern zu unverantwortlichen Situationen führen.*
>> *Jede Wandertour, sei sie ein Gipfelsturm oder eine mehr gemütliche Rundwanderung, belohnt Sie mit atemberaubenden Blicken auf eine grandiose Landschaft.*
>> *Für die erforderlichen Wanderkarten s. "Kartenmaterial".*
>> *Weitergehende Fragen beantwortet Ihnen gerne der:*
Schwedische Touristenverein STF

Vasagata 48
S-10120 Stockholm
Tel. 08/790 31 00.

>> *Wir haben bei unseren Touren nicht nur Fjällwanderungen ausprobiert! Auch Wanderungen im Flachland, durch Naturschutzgebiete und Urwälder sind unvergessliche Erlebnisse.*

DEVISEN

Bargeld in einheimischer Währung oder der des Urlaubslandes, Euroscheck-Karte, Reiseschecks, Kreditkarten, oder, oder? Vor jeder Reise das gleiche Problem?

Tipps:

>> *Für die An- und Rückfahrt durch Deutschland muss genügend Bargeld vorhanden sein, um Treibstoff sowie eventuelle Gaststätten- und Übernachtungskosten bezahlen zu können. Ein Blick auf Ihre Karte oder die Entfernungstabelle zeigt Ihnen, wie viele Euro Sie dafür brauchen.*

>> *Ob Sie Ihre Schwedischen Kronen in Deutschland oder in Schweden einkaufen, gegen Bargeld, Reiseschecks oder ec-Karte, spielt kaum eine Rolle, was den Umtauschkurs anbetrifft. Überall wird man Sie jedoch mit Gebühren traktieren.*

>> *An vielen, rund um die Uhr geöffneten Automaten, kann man per ec-Karte und Geheimzahl die benötigten Schwedenkronen abholen. Unabhängig von der Höhe der Abhebung zahlt man pauschal ca. 2,50 €.*

>> *Beim Bezahlen haben wir beste Erfahrungen mit unserer Visa-Karte gemacht! Sie ist in Schweden weit verbreitet und bietet speziell beim Tanken einen enormen Vorteil: Viele Tankstellen haben kein Personal, sondern nur Geldschein- oder Kreditkartenautomaten. Während man beim Geldschein vorher die benötigte Kraftstoffmenge schätzen muss, kann man mit der Kreditkarte problemlos volltanken, denn der Betrag wird erst anschließend exakt abgebucht – und Tankautomaten sind die billigsten Tankstellen Schwedens (Treibstoff gibt's für max. 400 SKr)!*

EINREISE/AUSREISE

Für Urlauber aus Deutschland, Österreich oder der Schweiz gilt folgendes: Personalausweis, Führerschein, Kraftfahrzeugschein, Grüne Versicherungskarte (obwohl nicht vorgeschrieben) und Nationalitätenkennzeichen nicht vergessen.

Tipps:

>> *Infos im Internet z.B. unter: www.skandinavienreisen.de/einreise-skandinavien/einreise-schweden.htm*

>> *Reisebedarf für den persönlichen Gebrauch kann zollfrei eingeführt werden, als Reiseproviant darf jede Person ab 12 Jahren 15 kg mitschleppen. Dabei sollte man sich im wesentlichen auf Konserven beschränken, bei Frischwaren bestehen Einfuhrbeschränkungen. Aber bedenken Sie beim Packen: Fast alles gibt es auch in Schweden zu vergleichbaren Preisen!*

>> *Besonders ärgerlich reagieren die schwedischen Zollbehörden bei Alkoholschmuggel. Erlaubt sind aber inzwischen (bei Personen über 20 Jahren) 90 Liter Wein, 10 Liter Schnaps und 110 Liter Bier und (bei Personen über 18 Jahren) 800 Zigaretten – das dürfte wohl reichen!?*

>> *Die hohen Schweden-Preise beruhen nicht zuletzt auf dem sagenhaften Mehrwertsteuersatz von 25 %. Durch das Taxfree-System wird Ausländern, die (unbenutzte) Waren ausführen, diese Mehrwertsteuer bei der Ausreise zurückerstattet. Leider jedoch nicht den EU-"Ausländern", folglich können sich nur unsere Schweizer Leser freuen!*

FÄHREN

Schweden ist im wesentlichen durch Fähren mit dem Rest Europas verbunden. Deshalb ist der Fährverkehr perfektioniert und recht preiswert. Der Preisdruck hat sich noch verstärkt, seit der Öresund-Tunnel fertiggestellt ist!

Tipps:

>> *Die meisten Fährverbindungen können Sie selbst buchen, ohne Gebühr und Reisebüro, per Postkarte, Telefonanruf, Fax – oder im Internet (siehe "Anreise").*

>> *Lassen Sie sich nicht einreden, vor Ort bekäme man seine Tickets billiger. Zur Hauptsaisonzeit könnte das zu einer unfreiwilligen Übernachtung im ungemütlichen Hafengelände führen.*

>> *Sie haben Bedenken, ob Sie auch pünktlich an der Fähre sind (Unfall, Krankheit)? Dafür gibt es Reiseausfallversicherungen.*

>> *Kommen Sie frühzeitig zum Fährhafen. Wer als erster auf das Schiff rollt, verlässt es meist auch als erster.*

>> *Haben Sie auf der Fähre Ihr WOMO verlassen, können Sie während der Überfahrt oft nicht hinein (Enge, Verbote). Machen Sie sich schon vorher eine Liste, was Sie an Deck alles brauchen (Ausweise, Geld, Verpflegung, Kinderspielzeug, Lektüre, Badeklamotten für Schwimmbad oder Sauna) und packen Sie alles vor an Bord gehen in eine Tasche. Speziell auf den Skandinavienfähren ist es nicht möglich, während der Überfahrt zum Fahrzeug zu gelangen.*

>> *Schließen Sie das WOMO gut ab, schalten Sie die Alarmanlage ein, für Wertsachen haben Sie hoffentlich gute Verstecke oder einen angeschraubten Tresor.*

>> *Laut Vorschrift ist der Betrieb von Gasanlagen auf Fähren verboten, das gilt auch für Kühlschränke! Andererseits sind nach unseren Beobachtungen kaum 220-V-Steckdosen vorhanden ...*

>> *Zudem kann der Stromanschluss untersagt werden, wenn gefährliche Ladung auf dem Cardeck ist.*

FAHRZEUG

Wenn das Auto nicht mehr läuft, "läuft" gar nichts mehr im Urlaub. Nur das beruhigende Gefühl, alles getan zu haben, damit Motor, Zündanlage, Reifen und Fahrgestell mehrere tausend Kilometer ohne Murren durchhalten, kann stressfreie Urlaubstage garantieren.

Tipps:

>> *Kundendienst vor dem Urlaub nicht vergessen; besonders wichtig: Ölwechsel, Luftdruck erhöhen, 2 x Batteriedienst.*

>> *Ersatzteile mitnehmen (evtl. als Paket von der Werkstatt mit Rückgaberecht bei Nichtgebrauch):*
** Reservezündkerzen*
** Reserve-Birnenset komplett?*
** Reserve-Keilriemen*
** Ersatz-Sicherungen*

>> *Pannenausrüstung komplett?*
** Reservekanister, voll?*
** 1-2 Liter Öl*
** Reserverad mit Profil, Luftdruck o.k.?*
** Ersatzschlauch (auch bei schlauchlosen Reifen!)*
** Abschleppstange, ausprobiert?*
** passender Wagenheber, ausprobiert?*
** Klappspaten*

** Warndreieck/Warnblinkleuchte*
** Luftpumpe*
** Erste-Hilfe-Koffer komplett?*
** Werkzeugkoffer komplett?*
** Verzeichnis der Auslandskundendienststätten meiner Automarke, neu!*
** Reflektierende Warnweste(n) an Bord?*

>> *Scheibenwaschanlage gefüllt, "Scheibenkratzer" mit Gummilippe und Schaumstoffwulst (Insekten!) vorhanden?*

>> *Feuerlöscher o.k..?*

>> *Am Tag vor der Abfahrt mit allen Teilnehmern und dem fertig gepackten WOMO auf die öffentliche Waage fahren (z. B. Raiffeisenlager). Übergewicht, abbauen. Jedes Kilo zusätzliches Gepäck erhöht nicht nur den Treibstoffverbrauch, sondern beeinflusst Fahrverhalten, Bremsweg, Lenkbarkeit und Steigfähigkeit negativ.*

FOTOGRAFIEREN/VIDEO

Zweifelsohne verstärken die mitgebrachten optischen oder sogar akustischen Urlaubserinnerungen die Vorfreude auf die nächste Reise. Für jegliches Foto/Videomaterial gilt: Reichlich von zu Hause mitbringen, die Preise in den Urlaubsländern sind stets höher, von der Auswahl ganz zu schweigen.

Tipps:

>> *Kaufen Sie rechtzeitig Filmmaterial, nutzen Sie Sonderangebote im Frühjahr. Im Kühlschrank hält das Filmmaterial jahrelang, ohne zu altern.*

>> *Für Aufnahmen in Kirchen und Bergwerken brauchen Sie Ihr Blitzgerät.*

>> *Denken Sie an einen Vorrat der benötigten Batterien oder steigen Sie auf wiederaufladbare NiMH-Akkus um.*

>> *Schauen Sie öfter nach dem Objektiv. Seeseitiger Wind bläst Salzwasserspritzer auf die Linse. Vorsichtig mit einem angefeuchteten Läppchen abtupfen, dann trockenwischen.*

>> *Digital- und Videokameras sind wahre Stromfresser. Sie brauchen mindestens zwei Batteriesätze/Akkus und das passende 12-V-Ladegerät (oder einen Wechselrichter, der macht aus 12-V-Gleichstrom 220-V-Wechselstrom für das 220-V-Ladegerät).*

>> *Ist Ihre Speicherkarte groß genug? Rechnen Sie mit 1 MB pro Foto!*

FLORA/FAUNA

In Schweden haben Sie dauernd Kontakt zur Natur, genießen Sie diese Freiheit, die Ihnen aber auch besondere Pflichten auferlegt.

Tipps:

>> *Mehr als die Hälfte Schwedens ist mit Wald bedeckt, der überwiegende Teil davon sind Nadelbäume: Tannen, Fichten und Kiefern. In den Wäldern dürfen Sie Beeren sammeln (Heidelbeeren, Moltebeeren, Preiselbeeren, Brombeeren), Pilze suchen und Blumen pflücken, sofern sie nicht unter Naturschutz stehen.*

>> *Für Ihr Lagerfeuer dürfen Sie Äste auflesen.*

>> *Im Fjäll, der schwedischen Gebirgsregion an der Grenze zu Norwegen, ist die Flora alpin. Hier bestimmen Moose, Flechten, Wacholder und Zwergbirken, in den sumpfigen Senken Wollgras und Sauergräser das Bild, dazwischen blühen im Sommer die fleischfarbenen Doldentrauben der Alpenazaleen und die weißen Glöckchen der Preiselbeeren.*

>> *Die Tierwelt hält sich versteckt, außer den auch bei uns vorkommenden Hirschen, Rehen, Füchsen und wilden Kaninchen stößt man im Süden nur*

durch Zufall auf einen aufgescheuchten Elch. Wesentlich gefährlicher wäre er bei einer nächtlichen Kollision, denn der mächtige Schaufler bringt bis zu 800 kg auf die Waage. Gefahrlos lässt er sich in den drei Elchparks an unseren Touren begucken. Auch einen Bärenpark haben wir im Programm.

>> *Das wilde Rentier ist längst ausgestorben. Von den großen Rentierherden der Lappen, die im Frühjahr nach Norden ziehen, werden Sie im Fjäll – wenn Sie Pech haben – nur die "Rengärda", die Zäune für den winterlichen Zusammentrieb, sehen.*

>> *Die Vogelwelt lässt sich (besonders im Frühjahr und im Herbst beim Vogelzug) gut von den vielen Vogeltürmen an den Vogelseen beobachten.*

FREIES CAMPING/CAMPINGPLÄTZE

Der Begriff des freien Campings ist in Schweden, noch stärker als in Norwegen und Finnland, mit dem Begriff des **Allemansrätten**, dem **Jedermannsrecht** verknüpft. Dieses Gewohnheitsrecht, das nicht gesetzlich fixiert ist, regelt seit Menschengedenken die Rechte und Pflichten aller Menschen in Schweden und damit auch der Touristen, gegenüber der Natur. Natürlich ist es nicht direkt für WOMO-Urlauber verfasst worden!

Die wesentlichen Punkte lauten:

Es ist überall erlaubt, eine Nacht zu zelten, sofern das Grundstück nicht landwirtschaftlich genutzt wird oder in der Nähe eines Wohnhauses liegt. Je näher (Hör- oder Sichtweite) Sie anderen Personen kommen, um so größer ist der Grund, um Erlaubnis zu fragen.

Es ist verboten, mit Motorfahrzeugen außerhalb der dafür bestimmten Straßen und Plätze zu fahren, Sie dürfen neben der Straße parken, wenn Sie niemanden behindern.

Sie dürfen Feuer machen, wenn keine Brandgefahr besteht, jedoch nie auf Klippen, die platzen können. Sie tragen selbst die Verantwortung, löschen Sie also das Feuer vor dem Verlassen des Platzes sorgfältig. Sie dürfen überall baden sowie Wasser aus Quellen und Seen entnehmen. Sie müssen Ihren Unrat in die Abfallbehälter werfen oder wieder mitnehmen.

Es ist verboten, Chemikaltoiletten in der Natur auszuleeren.

Sie dürfen kostenlos an allen Küsten und in den Seen Vänern, Vättern, Mälaren, Hjälmaren und Storsjö angeln, für andere Gewässer brauchen Sie Angelscheine.

Sie dürfen wilde Blumen und Beeren pflücken, Pilze sammeln, Äste fürs Lagerfeuer auflesen, aber nicht Bäume beschädigen.

Tipps:

Wir interpretieren das schwedische Gewohnheitsrecht für Wohnmobilisten folgendermaßen:

>> *Das Abstellen von Wohnmobilen und das Übernachten ist für einzelne Tage auf Parkplätzen und an Straßenrändern gestattet.*

>> *Von den Verbotsschildern "Gäller ej husvagn" fühlten wir uns im Normalfall nicht angesprochen. Sie sollen die schwedische Unsitte unterbinden, Wohn**wagen** an den schönsten Stellen monatelang als Wochenendhäuser aufzustellen. Lautet das Schild "Camping förbjuden", dann dürfen Sie dort **parken**, aber **nicht campieren** (also Markise ausspannen und Grill, Tisch und Stühle rausstellen).*

>> *Befindet sich Ihr ausgewähltes Plätzchen in der Nähe eines Grundstückes, so fragen Sie, falls jemand zu finden ist:*
„Får man campa här, tack (Darf man hier campen, bitte)?“

>> *Wir haben in ganz Schweden keinen Badeplatz gefunden, wo nicht mindestens Klo und Mülleimer aufgestellt waren. Es gibt also keinerlei Entschuldigung für "griechische Verhältnisse", will heißen, Kackhaufen hinter den Büschen und Plastikmüllbeutel an den Straßenrändern.*

>> *Manches Toilettenhäuschen enthält nur einen Plastikeimer mit Sitz und*

Deckel, viele sind jedoch richtige WCs oder Plumpsklosetts mit Absaugestutzen für die Kanalreinigung. Hier könnte man zur Not auch seine Campingtoilette entleeren.

\>> *Der allgegenwärtige Mülleimer ist nur für Restmüll gedacht! Flaschen, Dosen, Plastikmüll und Papier bringt man selbstverständlich zu den Recyclingstationen (Återvinningsstationer), die man in jeder Ortschaft findet!*

\>> *Eine ausführliche Broschüre zum Jedermannsrecht erhalten Sie bei den Touristenbüros oder von:*

Naturvårdsverket, S-10648 Stockholm; www.environ.se

Hilfen bei der Platzsuche:

\>> *Schöne Badeplätzchen gibt es in Schweden wie Sand am Meer: An Ost- und Nordsee, an Seen und Flüssen. Und das schönste: Sie sind auf manchen Straßenkarten sogar eingetragen. Wir empfehlen deshalb dringend, die unter "Kartenmaterial" empfohlenen Titel bereits zu Hause zu erwerben und für die Planung zu studieren: Ein "B", meist begleitet von einem kleinen, blauen Quadrat mit Schwimmersymbol, weist auf jedermann zugängliche, eingerichtete Badeplätze hin, wo Sie meist auch übernachten können.*

\>> *Im Verlauf unserer Touren haben wir von jedem aufgesuchten Platz Zufahrt, Lage und Ausrüstung beschrieben.*

Campingplätze in Schweden:

\>> *Unterhaltene Campingplätze gibt es in Schweden reichlich, sie sind leider nicht mehr so preiswert wie noch vor wenigen Jahren. Für einen Stellplatz (incl. aller Personen) reicht die Preisspanne (in der Hauptsaison) von 120-250 SKr, also etwa 15-30 €/Tag, Strom, falls vorhanden, extra.*

\>> *Plätze mit dem "Quick-Stopp-Zeichen bieten bei einmaliger Übernachtung (von 21.00 - 9.00 Uhr) 35-50% Rabatt.*

\>> *Die meisten Campingplätze sind durch ein blaues Quadrat mit Zeltsymbol auf den o. a. Straßenkarten gekennzeichnet.*

\>> *Ein Gesamtverzeichnis der schwedischen Campingplätze erhalten Sie kostenlos vom schwedischen Fremdenverkehrsamt (siehe bei "Adressen") und im Internet unter www.camping.se bzw. www.camping.se/index_en.html*

\>> *Die schönsten Campingplätze an unseren Touren haben wir auf den Karten eingezeichnet und durchnummeriert:*

01: Dalabadets Camping; an der >9< östl. von Trelleborg.
02: Röstånga Camping, an der 108 am Ortsbeginn.
03: Råbocka Familjecamping; 2 km westl. Ängolholm am Meer
04: Krono Camping; am Meer nördl. von Torekov.
05: Marias Camping; nördl. Mellbystrand am Meer.
06: Björkängs Camping; 13 km südl. Varberg am Meer.
07: Haverdals Camping; 12 km nördl. Halmstad in Meeresnähe.
08: Hansagårds Camping; 4 km südl. Falkenberg am Meer.
09: Getteröns-Camping, westlich Varberg Zentrum.
10: Vallerviks Familjecamping; südl. Frillesås am Meer.
11: Kärralunds Camping; siehe Tour 3.
12: Stocken Camping; auf Orust am Meer.
13: Rörviks Camping; 2 km südl. Hamburgsund am Meer.
14: Långsjö Familjecamping; 4 km nördl. Fjällbacka.
15: Tanum Camping; bei den Felsritzungen.
16: Natura Camping Gröne Backe; westl. Ed am See.
17: Mellerud SweCamp; östl. Mellerud am Vänern.
18: Örnäs Camping; südöstl. Åmål am Vänern (See).
19: Bomstad-Badens Camping; 9 km westl . Karlstad am Vänern.
20: Frykenbadens Camping; 3 km nordöstl. Kil am Fryken-See.

21: Kolsnäsuddens Camping; südl. Sunne am See.
22: Björkebo Camping; 5 km südl. Norra Ny (Stöllet) am Klarälv.
23: SweCamp Klarälvens Camping; nördl. Norra Ny (Stöllet) am Klarälv.
24: Bullsjöns Camping; Nordrand Malung am Västerdalälv.
25: Kläppens Camping; 14 km südl. Sälen am Västerdalälv.
26: Särna Camping; in Särna.
27: Älvdalens Camping; nördl. Älvdalen am Österdalälv.
28: SweCamp Orsa Camping; westl. Orsa am Orsasjö-See.
29: Siljansbadets Camping; in Rättvik am Siljan-See.
30: Bjursbergets Camping; nördl. Bjursås am Bjursen-See.
31: SweCamp Lugnet Camping; nordöstl. Stadtrand von Falun.
32: Bredang Camping; 10 km südl. Stockholm im Vorort Bredang.
33: Långholmens Husbilscamping; in Stockholm von der E4S Richtung Södermalm, nach der Brücke Västerbron rechts Richtung Insel Långholm.
34: Mariefreds Camping; 3 km östl. Mariefred am Mälarensee.
35: Trosa Havsbads Camping; 3 km südl. Trosa auf Edanö.
36: Kolmårdens Camping; 4 km westl. Tierpark Kolmården.
37: Gustavsvik Camping, 1 km südl. Örebro-Centrum am Bad.
38: Otterbergets Camping; am Südufer des Skagern (See).
39: Hadders Camp; nördl. Tived am Unden-See.
40: Z-Parkens Camping; am Nordrand Motalas am Vättern.
41: Vätterviksbadets Camping; 3 km nördl. Vadstena am Vättern.
42: Getingaryds Familjecamping; 10 km nödl. Gränna am Vättern.
43: Yxningens Camping; bei Gusum am Ysingen-See.
44: Tättö Havsbad; 1 km südwestlich Loftahammar.
45: Lysingsbadets Semesteranläggning; ab Västervik ausgesch.
46: Flatenbadets Camping am Flaten südwestlich Åker.
47: Sjöatorps Camping; westl. Alvesta am Sjöatorpssjö (See).
48: Gökaskratts Camping; südl. Hovmantorp am Rottnen-See.
49: Ekerums Camping; 20 km nördl. Ölandsbrücke am Sund.
50: Sandvik Camping; 3,5 km nördl. Degerhamn.
51: Tingsryds Camping; westl. von Tingsryd am Tiken-See.
52: Långasjönäs Camping; 3 km nordöstl. von Asarum.
53: Strandängens Camping; westl. Bromölla am Ivosjö (See).
54: Regenbogen Camping; bei Åhus 300 m vom Meer.
55: Kiviks Familjecamping; nördl. Kivik am Meer.
56: Löderups Strandbads Camping; beim Strandbad Löderup.
57: Sandskogens Camping; 2 km östl. Ystad in Meeresnähe.

GAS

Außer der Zweitbatterie die einzige Energiequelle im Wohnmobil (weitab einer Steckdose). Bei einer vierköpfigen Familie muss man mit einem Gasverbrauch von 3 kg pro Woche rechnen. Einen ordentlichen Happen "frisst" davon der Kühlschrank.

Tipps:

>> Sie haben eine graue Camping-Europa-Umtauschflasche? In Schweden gibt es nur ganz wenige Umtauschstellen!

>> Die in Schweden vielen Tankstellen vorrätigen Propangasflaschen werden nur gegen gleiche getauscht. Die Anschlüsse passen nicht! Was tun?

*>> **1. Möglichkeit:** Sie leihen sich zu Hause bei Ihrem Flaschner eine zusätzliche 11-kg-Flasche. Oft wird eine Leihgebühr verlangt.*

*>> **2. Möglichkeit:** Sie kaufen im Campingfachhandel einen sog. Europa-Flaschenset (Zwischenstutzen). Damit können Sie ausländische Gasflaschen an Ihr Druckminderventil anschließen. Nach Auskunft bei den schwedischen OK-Tankstellen können Sie dort gefüllte schwedische Propangasflaschen kaufen (11-kg-Flasche mit Füllung etwa 100 €, Füllung 25 €) und nach Entleerung an jeder OK-Tankstelle sozusagen als*

Leergut wieder verkaufen (Kaufbeleg aufheben!).

*>> **3. Möglichkeit:** Sie lassen Ihre deutsche Gasflasche füllen/tauschen in:*

Bolmen, Haganäsväg, Gasoldepån [N 56° 49.462' E 13° 42.480'](Tour 2/2)

Eskilstuna , Kungsgata 87, Fa. Barkmans [N 59° 22.884' E 16° 28.724'] (Tour 13)

Jönköping, Barnhemsgatan 20, Kem o Gas AB [N 57° 45.696' E 14° 9.716'](Tour 14/15)

Karlstad, Kulinggatan 15, Lööfs Gasol [N 59° 23.231 E 13° 33.372'] (Tour 6/2)

Klippan/Ö. Ljungby, Gasol LPG [N 56° 10.114' E 13° 2.893'](Tour 1)

Mora, Dössjönsväg 21, Norsk Hydro [N 60° 59.439' E 14° 32.052] (Tour 9)

Södertälje, Södra Hamn, Solviksväg, Air Liquid [N 59° 10.184' E 17° 39.407'] (Tour 12/13)

Stenungsund, Kraftverksväg, Air Liquid [N 58° 4.965' E 11° 49.883'] (Tour 4)

Svedala, Bäckgatan 8, Flaskgascentralen (Tour 1)

*>> **4. Möglichkeit:** Haben Sie schon einmal an den Kauf einer Tankflasche gedacht? Diese hat Format und Aussehen einer 11-kg-Flasche (passt also in Ihren Gasflaschenkasten, darf aber wie ein Gastank an jeder Autogas-tankstelle gefüllt werden (weil ein automatischer Fülllstopp eingebaut ist). Bezugsadresse z.B. Wynen-Gas, 41747 Viersen, Tel.: 02162-356699, www.wynen-gas.de. Preis ca. 300 €.*

Gastankstellen an unseren Touren in Schweden:

Göteborg-Högsbo N (Preem) (Tour 3) [N 57° 38.856' E 11° 55.932']

Helsingborg (Statoil), Florettgatan 43, E 4 (Nähe Tour 1)

Jönköping (Kem o Gas AB) Barnhemsgata [N 57° 45.696' E 14° 9.716] (Tour 15)

Karlstad (OK) Hagalundsväg 29, E18 [N 59° 23.046' E 13° 28.762'] (Tour 6)

Klippan (Gasol LPG) Straße »13« Rtg. Ängelholm [N 56° 10.114' E 13° 2.893'] (Tour 1)

Stockholm-Nacka (Preem) Vattenverksvägen [N 59° 18.527' E 18° 10.879'] (Tour 12)

>> Achtung! "Fordongas" ist Erdgas, also nichts für Ihre Tankflasche.

GETRÄNKE

Über die Versorgung mit Kaffee, Tee oder Fruchtsäften brauchen wir nicht zu sprechen, da geht es in Schweden mitteleuropäisch zu. Wer jedoch Bier, Wein oder gar Schnaps zu seinen Getränken zählt, der wird hier (vielleicht) zum Abstinenzler.

Tipps:

>> Wegwerfflaschen oder -dosen gibt es in Schweden kaum noch, für alles zahlt man Pfand, alles wird gegen Bares zurückgenommen.

>> Cola und Limo in der 1 1/2-l-Flasche erhält man für etwa 2 € - 3 €.

>> Bier ist nicht gleich Bier! In "normalen" Läden erhalten Sie Dünnbier=Lättöl mit 1,8 % Alkohol noch für -,30 €/0,5 Liter. Bier der Klasse II mit 2,8 % Alkohol kostet schon 0,70 €/0,5 Liter. Steht Ihr Sinn gar nach "normalem" Bier, dann müssen Sie sich ins staatliche Systembolaget bemühen, dort liegt der Halbliterpreis für "starköl" mit 3-4 % Alkohol bei knapp 2 €.

>> Wenn Sie schon im Systembolaget sind, können Sie gleich feststellen, wie preiswert der Wein zu Hause ist: Hier beginnt die Preisliste erst bei 5 €. Die Abende in Schweden können recht frisch werden. Auch Cognac & Co. bekommen Sie zu Hause viel billiger.

>> "RUM 200 m" ist kein Hinweisschild auf "Selbstgebrannten", sondern bedeutet soviel wie "Zimmer frei, 200 m".

>> Müssen Sie aber Alkohol trinken? Schweden ist das Land der Milchtrinker (wen wundert's), die Auswahl ist entsprechend:

Vollmilch	*= Mjölk 3%*	*0,80 €/l*
Entrahmte Milch	*= Mellanmjölk 1,5%*	*0,75 €/l*
Schwedenmilch (Sauermilch)	*= Filmjölk 3%*	*0,95 €/l*
Schwedenmilch (bes. dick)	*= Långfil 3%*	*1,05 €/l*
Schwedenmilch (entrahmt)	*= Lättfil 0,5%*	*0,90 €/l*

HAUSTIERE

Bei Einreise aus einem EU-Land:
ID-Kennzeichnung (mit Microchip oder Tätowierung); Tollwutimpfung; Antikörpertest (mind. 0,5 IE/ml); Entwurmung auf Zwergbandwurm mit Wirkstoff Praziquantel innerhalb 10 Tagen vom Tierarzt; Dokumentation all dieser Maßnahmen im neuen EU-Heimtierausweis.
ACHTUNG! Nicht alle Fähren befördern Haustiere!
An den meisten schwedischen Badeplätzen ist Hundeverbot, im NSG muss der Hund an die Leine.

INSEKTENPLAGE

Stechmückenschwärme gibt es nicht nur in Finnland, sondern überall dort, wo stillstehendes Süßwasser ihre Entwicklung gestattet – und Seen gibt es in Schweden tausende! Aber Sie können auch von Holzböcken geplagt werden – mit höherem Gesundheitsrisiko!

Tipps:

>> *Schmieren oder sprühen Sie sich in entsprechenden Gebieten vor Sonnenuntergang mit Autan ein.*

>> *Im schattigen Tann, bei Wildniswanderungen oder bei der Heidelbeersuche lauern die gierigen Saugrüssel auch am Tage, Autan gehört also zur Dauerausrüstung.*

>> *Außer Autan werden in Schweden "Myggstift US 622" und "Jungelolja" angeboten. Alle drei Mittel sind gleichermaßen wirksam. Besonders gut wirken die Mittel, wenn sie als Spray auch auf die Kleidung aufgetragen werden können (nur im Notfall, Fleckengefahr)!*

>> *Fenistil kühlt Stichwunden und vermindert das Jucken.*

>> *Während Mückenstiche schmerzhafte, aber relativ schnell vergehende Schwellungen hervorrufen, sind die Bisse der Holzböcke (Zecke, Ixodes ricinus) gefährlicher, denn dabei können Krankheiten übertragen werden:*
a) FSME (Frühsommermeningoencephalitis), eine Viruserkrankung, die zu Gehirnentzündungen führt (eine Schutzimpfung ist möglich). Verbreitung in Skandinavien: Nur Südost-Schweden, ca. 0,1-5 % der Zecken.
b) Borreliose (Lyme-Krankheit), hervorgerufen durch das Bakterium Borrelia burgdorferi , führt zu schwerwiegenden Gelenkerkrankungen (ca. 20 % der Zecken sind infiziert, eine Schutzimpfung gibt es nicht, die Krankheit kann jedoch mit Antibiotika geheilt werden. Verbreitung in Skandinavien: Ganz Südskandinavien, ca. 5-30 % der Zecken sind infiziert. Erkennbar ist eine Infizierung durch die sog. Wanderröte, ein rotvioletter Fleck um die Einbissstrelle, der sich vergrößert.

>> *Zecken sitzen auf den Ästen von Büschen und im Gras und lassen sich von Spaziergängern, Beerensuchern usw. abstreifen! Tragen Sie bei jedem Waldspaziergang langärmlige Hemden, lange, <u>helle</u> Hosen und suchen Sie sich anschließend gegenseitig nach Zecken ab.*

>> *Bedenken Sie: Alle Öffnungen nach außen müssen verschlossen sein, auch Türen und Dachluken. An der Eingangstür ist es praktisch, die Gaze in der Mitte mit einem Reissverschluss zu unterteilen oder zwei Bahnen überlappen zu lassen.*

>> *Sprühen Sie eine Stunde vor dem Zubettgehen das WOMO mit Insektenspray aus. Gegen Mücken im Wageninneren hilft auch keine Moskitogaze!*

>> *Sie sind nur zu zweit? Ab 25 € bekommen Sie in Kaufhäusern und Campingläden Moskitonetze, unter denen Sie sich wie im Himmelbett fühlen.*

>> *Im Campingfachhandel gibt es jetzt auch elektrische Mückenvernichter auf Pyrethrumbasis mit 12-V-Anschluss. Ihr Stromverbrauch ist bei einer*

Leistung von 6 Watt recht hoch.

>> *Die (auch im Campingfachhandel) angebotenen Insektenstrips auf DDVP-Basis (Wirkstoff: Dichlorvos) sind weder fürs Schlafzimmer noch fürs Wohnmobil gedacht.*

KARTENMATERIAL/AUTOATLAS

Während wir uns in südlichen Urlaubsländern häufig von der Intuition, dem Sonnenstand oder den hilfreichen Eingeborenen leiten lassen mussten, gibt es für Schweden sehr gutes Kartenmaterial:

Übersichtskarte für Skandinavien: Michelin, Skandinavien/Finnland 1:1,5 Mio, ca. 7,50 € (gibt's beim WOMO-Verlag).

Übersichtskarte für Schweden: Freytag & Berndt, Schweden 1:600.000 9,80 € (gibt's beim WOMO-Verlag).

Standardwerk: MotormännensSverige Vägatlas, Autoatlas von Schweden, 1:250.000 - 1:400.000 mit vielen Stadtplänen (gibt's in deutschen Buchhandlungen über GeoCenter, Stuttgart).

In diesem Autoatlas (und in guten Autokarten) sind auch Bade- und Campingplätze sowie alle Sehenswürdigkeiten markiert und (leider nur auf schwedisch) erläutert.

Wir haben für Sie die wichtigsten Ausdrücke übersetzt:

1700-talet .... 18. Jahrhundert
älv .... Fluss
äng .... Wiese
artrik vågelsjö ...... artenr. Vogelsee
barrskog .... Nadelwald
bok .... Buche
bro .... Brücke
bronsåld .... Bronzezeit
by .... Dorf
dal .... Tal
domarring(ar) ...... Richterkreis(e)
dopfunt .... Taufbecken
fäbod .... Sennhütte
fornborg .... altertümliche Burg
fornminne .... Altertümer
frit.(id) omr.(åde) . Freizeitgelände
fyr .... Leuchtturm
gammal .... alt
gånggrift .... Ganggrab
gård .... Anwesen
gran .... Fichte
grav(ar) .... Grab, Gräber
gravfält, gravhög. Friedhof, Grabh.
hällristning .... Felszeichnung
hemb.(ygd) gård . Heimatmuseum
hög .... Haufen, Hügel
högmosse .... Hochmoor
huvud .... Haupt, Kopf
inredn.(ing) .... Einrichtung
järnåld .... Eisenzeit
järnbruk, järnverk Eisenhütte, -werk
källa .... Quelle
klockstapel .... Glockenturm
kulle .... Hügel
kungshögen .... Königs(grab)hügel
kvarn .... Mühle
led(er) .... Weg(e)
måln(ing) .... Malerei
medeltids kyrka .. Mittelalterl. Kirche
mellan .... mittel, zwischen
myr .... Sumpf
näckros(or) .... Seerose(n)
offerplats .... Opferplatz
område .... Gebiet
radby .... Reihendorf
ravin .... Schlucht
rengärda .... Rentierzaun
rundk:a .... Rundkirche
runsten .... Runenstein
sjö .... See
skeppssättn.(ing) Schiffssetz. (Grab)
skidspår .... Loipe
skog .... Wald
skoterled .... Motorschlittenweg
slott .... Schloss
springkälla .... Springquelle
stenåld .... Steinzeit
stig(ar) .... Pfad(e)
stor .... groß
stuga(or) .... Hütte(n)
takmåln.(ing) ...... Dachmalerei
tall .... Kiefer
tegel-, timmerk:a Ziegel-, Holzkirche
torn .... Turm
utsmyckn.(ing) .... Ausschmückung
valvmåln.(ing) ..... Gewölbemalerei
vattenfall .... Wasserfall
växt .... Pflanze
vik .... Bucht
vikingatid .... Wikingerzeit

Für Wanderungen im Fjäll empfehlen wir Ihnen die ausgezeichneten topographischen "Fjällkartan" des schwedischen Landesvermessungsamtes (Landmäteriet) im Maßstab 1:50.000 bzw. 1:100.000. In Schweden bekommt man sie überall (vor allem auch vor Ort im Supermarkt), Ihre Buchhandlung kann sie beim GeoCenter/ILH in Stuttgart bestellen.

KLIMA/KLEIDUNG

Bei den Schweden gibt es ein Schimpfwort: "Finkultur". Damit wird der übertriebene "chic" bezeichnet. Für den Touristen bedeutet das ganz einfach: Ziehe an, was Dir gefällt – und was vor allem zum Wetter passt.
Übrigens: In jedem Supermarkt liegen vor der Kasse die Tageszeitungen. Auf der letzten Seite findet man immer Bildchen mit den Wettervorhersagen ...

Tipps:

>> *Kein Urlaubsland machte uns solche Probleme mit den Klamotten wie Schweden! Sie müssen für mieses Wetter gewappnet sein, wollen bei Sonnenschein aber auch Luftiges anziehen.*

>> *Zunächst einmal brauchen Sie derbe, warme Kleidung für Regentage und Gebirgswanderungen: Cordhosen, Baumwollhemden, Pullover, warme Anoraks, Regencapes, Gummistiefel. Auch das abendliche Lagerfeuer genießen Sie meist nur gut eingepackt.*

>> *Scheint die Sonne, dann fühlen Sie sich wie an der Riviera, Schutz gegen Sonnenbrand ist dringend angeraten, Badehose oder -anzug (mit oder ohne Oberteil) sind dann die schwedische Standardausrüstung.*

>> *Damit Sie einen objektiven Eindruck vom schwedischen Wetter bekommen, haben wir die wichtigsten Daten von Stockholm mit denen von München verglichen:*

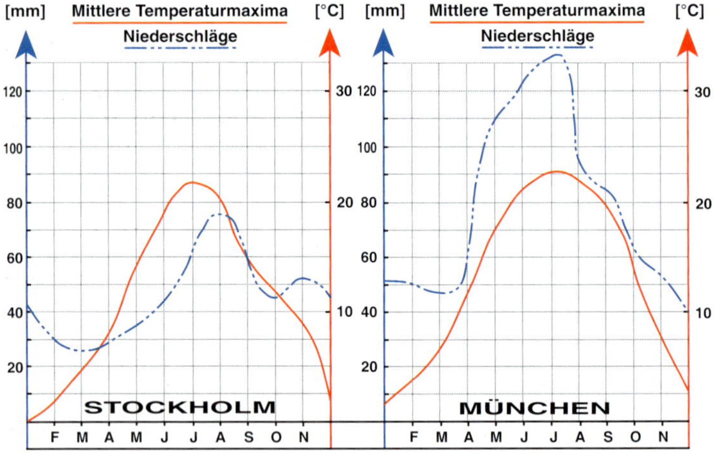

>> *Falls Sie nur zum Baden nach Schweden fahren wollen, dann sollten Sie im August einen südschwedischen See beglücken, denn nur dort wird ab und zu die 20°C.-Schallmauer überschritten:*

Badetemperatur	*Mai*	*Juni*	*Juli*	*Aug.*	*Sept.*
Nordseeküste	*9°*	*14°*	*16°*	*17°*	*14°*
Ostseeküste	*8°*	*14°*	*16°*	*17°*	*14°*
Vänern (See)	*9°*	*14°*	*16°*	*16°*	*13°*
Seen in Småland	*10°*	*17°*	*19°*	*21°*	*16°*

KÜHLSCHRANK

Die Camping-Kühlschränke mit den Anschlüssen für 220 V/12 V/Gas, die in den meisten Wohnmobilen eingebaut sind, haben eine robuste Natur ohne bewegliche Verschleißteile.
Trotzdem sind sie ein Sorgenkind für jeden Camper, denn ohne Kühlung kommt auch ein WOMO-Haushalt kaum noch aus.

Tipps:

>> *Schon bei geringer Schräglage des Fahrzeugs sinkt die Kühlleistung. Abhilfe: Mit Wasserwaage oder voll gefülltem Wasserglas waagerechten Stand des WOMOs kontrollieren, durch Aufbocken eines Rades oder Platzwechsel verbessern.*

>> *Während der Fahrt, vor allem aber beim Tanken, ist der Betrieb mit Gas gefährlich, außerdem geht das Flämmchen oft im Fahrtwind aus. Schaltet man auf 12 V und vergisst nach Ankunft das Ab- bzw. Umstellen, so sind die tiefgefrorenen Schnitzel bald aufgetaut!*

>> *Die beste Erfindung seit Jahren ist das AES-System von Dometic, denn der automatische Energie-Selektor wählt selbständig die beste Energieart und schaltet z.B. automatisch von 12 V auf Gasbetrieb um, wenn der Motor ruht.*

>> *Ist die Kühlleistung bei Gasbetrieb nicht zufriedenstellend, sind folgende Punkte zu überprüfen:*
 * *Liegen die Zu- und Abluftgitter möglichst nach Norden, also nicht im Sonnenschein?*
 * *Ist der Kühlschrank nicht zu vollgestopft?*
 * *Ist überhaupt ein Abluftkanal montiert?*
 * *Liegt überall, vor allem an der Unterseite der Tür, das Dichtgummi an?*
 * *Ist das Flämmchen überhaupt noch an? Von außen kann man das Zischen hören, die Verbrennungsgase riechen und die Wärmeentwickung am oberen Lüftungsgitter fühlen.*

>> *Die im Fachhandel für Campingzwecke angebotenen Kompressorkühlschränke arbeiten nur mit 12 V/220 V. Sie kommen nur in Verbindung mit einer ausreichend dimensionierten Solaranlage in Frage.*

LEBENSMITTEL (siehe auch "Getränke")

Schweden ist kaum noch teurer als Deutschland. Dabei gilt: Im großen Supermarkt ist es billiger als im kleinen Laden auf dem Lande. Einige Preisbeispiele aus dem Supermarkt sollen Ihnen das veranschaulichen:

250 g Butter	ab 1,50 €	500 g Kaffee	ab 2,50 €
1 kg Brot	2-6 €	1 kg Äpfel	2-4 €
1 kg Schnitzel	6-7 €	1 kg Tomaten	2-5 €
1 kg Rindsteak	ab 16 €	1 Eisbergsalat	ab 0,60 €
1 kg Käse	5-15 €	1 schwedische Gurke	ab 0,60 €
1 gebratenes Hähnchen	4-5 €	1 kg Bananen	1-2,50 €
1 Liter Milch 1,5%	ab 0,70 €	0,5 Liter Bier 2,8-3,5%	ab 0,80 €

Tipps:

>> *Im Supermarkt (natürlich auch LIDL) gibt es alles wie daheim (Ausnahme: Alkoholika jeder Art über 3,5%).*

>> *Selbst ist der Mann (Frau)! Eigene Konserven sind immer noch die besten: Rahmschnitzel, Rouladen, Gulasch, Fleischbällchen usw. wie gewohnt zubereiten, in saubere (z. B. Marmeladen-) Gläser füllen, zuschrauben und ca. 15 min. im Dampftopf sterilisieren. Ausführlich beschreiben wir dies (und noch vieles mehr) im "Allgemeinen Wohnmobil Kochbuch".*

>> *Auch in Schweden kauft man kaum noch zu "normalen" Preisen, Sonderangebote sind eher die Regel als die Ausnahme: "REA" heißt Ausverkauf, "Extra Pris" braucht man nicht zu übersetzen, "fynd" soll eine Niederpreisfundgrube anzeigen – es gibt wirklich kaum einen Artikel, der nicht solcher maßen gekennzeichnet ist!*

>> *Essen gehen in Schweden? Das ist kein allzu großer Luxus mehr. Für ein bescheidenes Mahl, vergleichbar etwa Schnitzel mit pommes und Salat, verlangt man, wie in Deutschland, ca. 8-12 €, Getränke extra gerechnet.*

>> *Noch preiswerter ist nur noch – das* ***"Dagens (rätt)"!***

>> *Dieses "Tagesgericht" wird zwar (meist!) nur in der Mittagszeit (11-14 Uhr) angeboten, aber dann bekommen Sie für runde 6-7 E:*
1 Tellergericht + 1 Getränk + Salat + Brot und Butter + 1 Tasse Kaffee.

LITERATUR

Ein wichtiges Buch über Schweden haben Sie schon, mit unserem WOMO-Führer werden Sie nicht verloren gehen, gute Karten haben wir Ihnen auch bereits empfohlen. Wir hatten eine ganze Reihe von Büchern studiert, viele auch dabei, einige möchten wir Ihnen empfehlen.

Tipps:
DuMont: Kunstreiseführer Schweden
Der große Polyglott: Schweden
Sabine Gorsemann: Südschweden, Michael Müller Verlag
Peter Mertz: Rother Wanderführer Schweden (gibt's bei WOMO)
Prestel: Landschaftsbücher: Schweden
Kurt Tucholsky: Schloss Gripsholm, rororo
Selma Lagerlöf: Nils Holgerssons Reise mit den Wildgänsen
Astrid Lindgren: Pippi Langstrumpf
BLV: Reiseführer Natur: Südliches Skandinavien
Grey-Wilson: Pareys Bergblumenbuch, Parey-Verlag
Andrew C. Campbell: Der Kosmos-Strandführer
Kauderwelsch-Sprechführer: Schwedisch (gibt's bei WOMO)

Nordland-Versand (www.Nordland-Shop.de); Bücher, Karten, usw.
Schwedische Touristikinformation: Lilienstraße 19,
20095 Hamburg, Tel. 00800-30 80 30 80 (gebührenfrei): Prospekte usw.

MEDIKAMENTE

Natürlich können wir hier keine ärztliche Voraussage machen, was Ihnen im Urlaub alles passieren kann, aber nach der Statistik wollen wir einige Wahrscheinlichkeiten abwägen.

Tipps:

>> *Schauen Sie nochmals nach, ist Ihr Erste-Hilfe-Koffer noch gut gefüllt (Mullbinden, Heftpflaster, Schere, Pinzette, Zeckenzange, Fieberthermometer)?*

>> *Mittel gegen Durchfall sind ein "Muss" in fremden Ländern, fragen Sie Ihren Arzt. Kohletabletten sind "härteren Sachen" zunächst vorzuziehen.*

>> *Aufregung und langes Sitzen bei der Anfahrt kann aber auch zu Verstopfung führen – führen Sie mit den richtigen Mitteln ab!*

>> *Wie steht es mit Reisekrankheit? Fahren Sie zum ersten Mal mit einem WOMO, könnte Ihnen vielleicht das Schwanken oder die ungewohnte Sitzstellung aufstoßen. Sorgen Sie vor!*

>> *Die Ostsee ist nicht immer ruhig, und mancher wird schon beim Anblick eines Schiffes seekrank. Dagegen gibt es Tabletten, die sehr sicher wirken*

sollen, z. B. Nautisan.

- >> *Kinder sind ein Fall für sich! Nehmen Sie auf jeden Fall die Medikamente mit, die Sie sowieso das Jahr über brauchen.*
- >> *Soventol hilft nicht nur gegen Insektenstiche, sondern lindert auch Sonnenbrand.*
- >> *Zwei Elastik-Binden für verstauchte Füße und Salbe gegen Prellungen (z. B. Mobilat) sollten nicht nur bei der Bergtour dabei sein.*
- >> *Leiden Sie unter Heuschnupfen? Bedenken Sie, dass in Schweden die Grasblüte später beginnt als bei uns, nehmen Sie Ihre Mittel mit.*
- >> *Zwar kein Medikament, aber manchmal die letzte Rettung (statt eines Schlafmittels): Ohropax gegen Straßenlärm.*
- >> *Was brauchen Sie sonst noch alles gegen Erkältungen, Magenbeschwerden, Sodbrennen, Blähungen, Völlegefühl? Schleppen Sie nicht alles mit! Die schwedischen Apotheken (apotek) sind ausgezeichnet sortiert.*
- >> *Last not least: Das Merfen-Orange für die kleine Schürfwunde und gegen den großen Schmerz, ein Wund-Desinfektionsmittel, das nicht brennt, aber wegen der schönen Farbe bei Kindern besonders beliebt ist. Gegen Brennen im Salzwasser hilft Sprühpflaster.*
- >> *Und wenn alles nichts mehr hilft: Beim ADAC-Arzt können Sie sich von Schweden aus Rat holen unter der Nummer:* ***0049-89-22 22 22.***

NACKTBADEN

Vergessen Sie alles, was Sie über die lockere Moral der Schweden bzw. der Schwedinnen gehört haben. An den Stränden geht es ausgesprochen prüde zu, ein fehlendes Bikinioberteil ist das äußerste, was man sich erlaubt. Auskünfte über Nacktbadestrände erhalten Sie beim:
Sveriges Naturistförbund, Box 4279, S-20314 MALMÖ
Allerdings: An den meisten Badeplätzen ist es so einsam, dass jedermann, ohne andere zu stören, nahtlos braun werden kann.

ÖFFNUNGSZEITEN

Da haben uns die Schweden einiges voraus! Zunächst einmal sind die meisten Läden (auch die Post!) durchgehend von 9.30-18 Uhr geöffnet, samstags bis 13 Uhr, teilweise bis 16 Uhr. Viele Kaufhäuser haben aber auch sonntags geöffnet, sie sind mit dem Vermerk "Näröppet" gekennzeichnet. Der Abschuss aber sind viele Tankstellen. Bei manchen hat man das Gefühl, sie verkaufen Benzin nur deshalb, um rund um die Uhr ihr angeschlossenes Kaufhaus offen halten zu können. Verzagen Sie also nicht, wenn Ihnen sonntags das Brot ausgeht – gehen Sie einfach Brot tanken!
Nur die Banken machen's vornehmer: Mo-Fr 9.30 - 15 Uhr!

PACKLISTE

Brieftasche/Handtasche/Geheimfach
Pässe, Personal-, Kinderausweis (gültig!)
Führerscheine
Grüne Karte (gültig, obwohl nicht Vorschrift)
KFZ-Schein
Fährtickets
Bargeld/Brustbeutel
Devisen/Umrechnungstabellen
Eurocheque-Karte
Visa-Karte
Impfbücher
Auslandskrankenscheine
Zusatzversicherungen
Schutzbrief
Fotokopien aller dieser Papiere

Wohnmobilhaushalt
Wecker (Fähre!)
Einkaufstasche (groß)
Kaffee-, Teekanne
Filtertüten/Filter
Geschirr/Gläser
Vesperbrettchen/Bestecke
Brotmesser/Kartoffelschäler
Schöpflöffel/Schneebesen
Töpfe/Dampftopf
Pfannen/Sieb
Topflappen
Butterdose/Plastikdöschen mit Deckel
Flaschentrage
Thermoskanne
Eierbehälter
Küchenpapier/Alufolie
Nähzeug/Schere
Klebstoff/Klebeband
Wäscheleine/Klammern
Waschpulver
Plastikschüssel
Abtreter
Schuhputzzeug
Kabeltrommel
Verbindungskabel CEE-Schuko
Stecker (Ausland)
Doppelstecker
Gasflaschen (voll?)
Handfeger/Kehrschaufel
Putzlappen
Klappspaten
Hammer/Nägel/Axt
Zündhölzer/Feuerzeug
Gasanzünder
Taschenlampen
Kerzen
Petroleumlampe/Petroleum
Ersatzbirnen 12 V/220 V
Ersatzsicherungen für jedes Gerät
Ersatzwasserpumpe
2 m passender Druckwasserschlauch
Feuerlöscher
Insektenspray/Insektenlampe
Moskitogaze für Fenster und Tür
Toilette/Klo-Papier
Toilettenchemikalien (formaldehydfrei!)
Dosen-, Flaschenöffner, Korkenzieher
Spülmittel/Bürste
Scheuerpulver
Geschirrtücher
Leim/5 m Schnur
5 m Schwachstromkabel zweiadrig
Wasserentkeimungsmittel
Müllbeutel
WOMO®-Zapfschlauch (s. S. 232)
WOMO®-Pfannenknecht (s. S. 237)
WOMO®-Knackerschreck (s. S. 237)

Reiseapotheke
Mittel gegen Reise-, Seekrankheit
Soventol (lindert Insektenstiche usw.)
Husten-, Schnupfenmittel
Fieberzäpfchen
Kohle-Kompretten
Mittel gegen Durchfall
Mittel gegen Kopfschmerzen
Mittel gegen Verstopfung
Nasen-, Ohrentropfen
Halsschmerztabletten
Wundsalbe/Brandsalbe
Wunddesinfektionsmittel (Merfen-Orange)
Sprühpflaster
Elastikbinden
Salbe gegen Prellungen
Fieberthermometer
Pinzette
Auto-Verbandskasten o.k..?
Persönliche Medikamente

Auto
Allgemeines Wohnmobil-Handbuch
Bedienungsanleitungen
Bordbuch/Wörterbücher
Reiseführer/Campingführer
Straßenkarten/Autoatlas
Auffahrkeile/Stützböcke
Wasserwaage
D-Schild
Kundendienst gemacht?
Ersatzteilset von der Werkstatt?
Pannenausrüstung komplett?
Reservekanister voll?
1-2 Liter Reserveöl (HD 20/W 50)
Reserverad Luftdruck o.k..?
Abschleppstange, ausprobiert?
Passender Wagenheber, ausprobiert?
Luftpumpe
Warndreieck, reflektierende Warnweste(n)
Arbeitshandschuhe
Werkzeugkoffer komplett?
Kundendienststellenverzeichnis, neu?

Kleidung
Unterwäsche
Socken/Strümpfe
Hemden/Blusen
Schuhe/Sandalen
Hausschuhe
T-Shirts/Shorts
Hosen/Jeans
Kleider/Röcke
Pullover/Jacken/Stola
Anoraks/Windjacken/"Friesennerz"
Regencapes/Wolldecken
Sonnenhüte/Kopftücher
Nachthemden/Schlafanzüge
Bikinis/Badehosen
Gummistiefel/Wanderstiefel
Sonnenbrille/Ersatzbrille

Campingartikel
Stühle/Tisch/Liegestühle
Liegematten/Hängematte
Sonnensegel/Stangen/Häringe/Leinen
Grill/Grillzange
WOMO-Pfannenknecht
Holzkohle

Unterhaltung
KW-Radio/Fernseher
Schreibzeug/Adressbuch
Handarbeitszeug
Kinderspielzeug
Malutensilien
Bücher/Spiele
Kassettenrekorder/Kassetten
Taucherbrillen
Wasserball/Fußball/Wurfringe
Frisby/Indiaca usw.
Schlauchboot/Pumpe/Ruder
Luftmatratzen
Sandspielzeug
Schwimmflügel/Schwimmreif
Surfbrett/Zubehör
Fotoapparat/Filme/Speicherkarten
Videokamera/Kassetten
Ersatzbatterien/Ladegerät für 12 V
Rucksäcke
Kartentasche
Fernglas
Kompass
GPS-Gerät
Iso-Matten/Zelte/Kochtopfset
Feldflaschen/Taschenmesser/Angelzeug
SOS-Kettchen (vor allem für Kinder)

Lebensmittel
Allgemeines Wohnmobil-Kochbuch
Getränke (Limo, Bier, Wein, Schnaps)
H-Milch (gibt's in Schweden selten!)
Dosenmilch/Coffeemate
Milchpulver/Limopulver/Zitronenteepulver
Wurstdosen
H-Käse
Fertiggerichte/Beutelsuppen
Tee/Kaffee/Kaba
Müsli
Butter/Margarine
Brot/Vollkornbrot/Dosenbrot
Reis/Nudeln/Grieß
Kartoffelbrei/Mehl
Babykost
Puddingpulver
Schokolade/Bonbons/Kaugummi
Marmelade/Nutella
Bratfett/Öl/Essig
Mayonnaise, Senf
Gewürze
Ketchup/Maggi/Salz
Zucker/Süßstoff
Kartoffeln
Zwiebeln
Eier
Zwieback/Salzstangen

Toilettenartikel
Hand-, Badetücher, Waschlappen
Geschirrtücher
Tempo-Taschentücher
Kämme/Bürsten
Haarfestiger/Lockenwickel/Haarspangen
12 V-, Akku- oder Nassrasierer
Nageletui/Hygieneartikel
Empfängnisverhütungsmittel
Windeln/Creme/Babycreme
Seife/Rei in der Tube
Sonnencreme, -öl
Fettstift (Labello)
Zahnbürsten/Zahnpasta
Autan gegen Mücken, Zeckenzange
Schlafsäcke/Kopfkissen/Spannlaken

Nicht vergessen!
Post/Zeitung abbestellen
Offene Rechnungen bezahlen
Haustier abgeben
Blumen versorgen
Mülleimer leeren
Kühlschrank abstellen?
Antennen herausziehen
Wasch-, Spülmaschine, Bügeleisen aus?
Wasser, Gas, Heizung, Boiler abgestellt?
Rolläden schließen
Haustür verschließen!
Nachbarn/Verwandte benachrichtigen:
Reiseroute, Autokennzeichen.
Reserveschlüssel abgeben.

REDEWENDUNGEN/VERSTÄNDIGUNG

Wir wollen und können den unter "Literatur" angegebenen Sprachführer nicht ersetzen, aber ein **Dutzend** wichtiger Begriffe sollten Sie eigentlich auswendig können:

Hallo (zu jeder Tageszeit)	Hej!	
Tschüss	Hej! Hej då!	
Guten Morgen	God morgon	(Guh Móronn)
Guten Tag	God dag	(Guh dagg)
Guten Abend	God afton	(Guh Affton)
Gute Nacht	God natt	(Guh natt)
Auf Wiedersehen	Adjö	(Ajöh)
Bitte	Varsågod	(Wársogúhd)
Danke	tack	(Tack)
Verzeihung	Ursäkta	(Ührsäckta)
Ja/nein	Ja/nej	(Jah/neej)
Jag förstår inte.	Ich verstehe nicht.	
Talar du Tyska/engelska	Sprichst du deutsch/englisch?	
Vad heter du?	Wie heißt du?	
Nach rechts/links	Till höger/vänster	
geradeaus	Rakt fram	
Was kostet es?	Vad kostar det?	
Ich hätte gerne	Jag skulle vilja ha ...	
Ist campen erlaubt?	Är camping tillåten?	
Wo ist der nächste Badestrand?	Var ligger närmaste badplats?	

>> *Das wichtigste Wort für den Schwedentouristen aber ist "tack". Es bedeutet eigentlich nur "danke", wird aber auch für "ja, bitte" verwendet und gehört damit im Gespräch an fast jedes Satzende.*

>> *Viele Gaststätten haben mehrsprachige Speisekarten. Englischkenntnisse kann man bei der Bedienung, wie bei den meisten Schweden, voraussetzen.*

>> *Seit dem letzten Krieg sind die Deutschkenntnisse der Schweden stark zurückgegangen, ältere Menschen verstehen mehr deutsch, als sie sprechen (wollen).*

>> ***Wichtiger Unterschied:** Der Artikel wird im Schwedischen, z. B. in den Autokarten und auf den Straßenschildern, **immer** an das Hauptwort angehängt, z. B.: See = sjö, **der** See = sjön; Hafen = hamn, **der** Hafen = hamnen; Fluß = älv, **der** Fluß = älven; Platz = torg, **der** Platz = torget, Bad = bad, **das** Bad = badet; Bucht = vik, **die** Bucht = viken.*

RUNDFUNK

Mancher behauptet, er könne im Urlaub völlig abschalten. Dazu gehören jedoch Ruhe und Zufriedenheit. Ich bin nur ruhig, wenn ich weiß, dass zu Hause in Deutschland alles seinen gewohnten Gang geht. Aktuelle Nachrichten sind für mich unverzichtbar. Zwar gelangen deutsche Zeitungen recht rasch nach Schweden – aber leider nicht an meinen Badeplatz, sondern nur an die Kioske der großen Städte.

Tipps:

>> *Radio Schweden sendet sein fremdsprachiges Programm auf MW 1179 kHz. Deutsche Töne hörten wir ab 18.30 Uhr und von 22 – 23 Uhr, meist jedoch nur in Form von Schwedischkursen.*

>> *Auf Mittel- und Langwelle bekamen wir deutsche Sender meist nur in miserabler Qualität herein – es sei denn, wir befanden uns an der Südspitze Schwedens.*

- >> *Möchten Sie im gesamten Urlaubsgebiet Informationen aus der Heimat und über das Weltgeschehen erhalten, dann brauchen Sie einen Kurzwellenempfänger!*
- >> *Selbst mit preiswerten Geräten kann man zumindest die Deutsche Welle, RTL oder Radio Austria auf dem 49-m-Band empfangen. Wir empfehlen ein Gerät mit digitaler Frequenzanzeige und Senderspeichern. Es bietet als einziges die Gewähr, dass Sie die wichtigsten Sender immer parat haben.*
- >> *Seit neuestem gibt es auch die ersten DRM-Geräte (Digital Radio Mondial), mit denen man (absolut rauschfrei) digitale Kurzwelle hören kann.*
- >> *Um Batterien zu sparen, haben die meisten Geräte einen 6 V oder 9 V-Anschluss. Mit einem DC-DC-Wandler können Sie das Gerät (natürlich auch Kassettenrecorder usw.) an die 12 V-Autobatterie anschließen.*

Gut empfangen haben wir in Schweden		
Deutsche Welle:	*49-m-Band:*	*6075/6245 kHz*
	digital:	*6085/9495 kHz*
Bayrischer Rundfunk (br5-aktuell)	*digital:*	*6085 kHz*
Radio Luxemburg:	*digital:*	*6095 kHz*

- >> *Für "moderne" Urlauber ist der KW-Empfänger nur noch Nostalgie. Satellitenempfang ist das neue Zauberwort – und auf immer mehr WOMO-Dächern sieht man die bekannte Schüssel, mit der man auch eine ganze Reihe von heimatlichen UKW-Sendern in Stereoqualität empfangen kann.*

SURFEN

Ein Land, das nicht nur an zwei Meere grenzt, sondern auch noch tausende von Inseln besitzt, muss ja ein gutes Surfrevier sein!

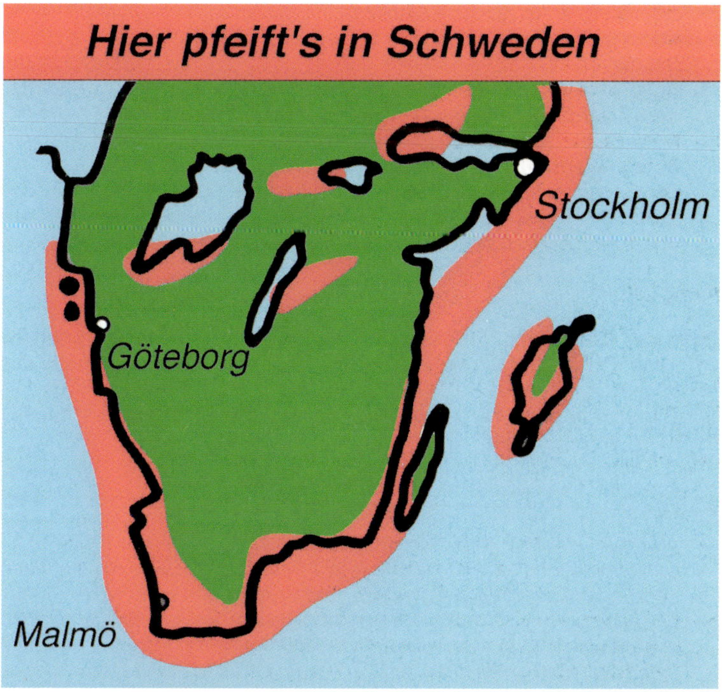

Tipps:

>> *Eigentlich könnten wir uns alle Worte sparen! Wir haben Ihnen die offizielle Karte von "statens energiverk", der schwedischen Energiebehörde abgedruckt (die auch für die Förderung der Gewinnung von Windenergie zuständig ist). Sie zeigt die Stellen in Schweden, an denen mindestens an jedem zweiten Tag des Jahres mehr als 3,6 Beaufort pfeifen.*

>> *Falls Sie sich nicht sicher sind, ob Sie Ihre warmen Surfanzüge brauchen,dann schauen Sie mal unter "Klima"!*

TELEFON

Telefonhäuschen gibt es in Schweden nur noch in Großstädten. Versuchen Sie aber nicht, vom Postamt aus zu telefonieren! Die Post und die schwedische Fernmeldeverwaltung (Televerket) sind zwei völlig getrennte Einrichtungen.

Tipps:

>> *Von Schweden nach Deutschland wählt man 0049, nach Österreich 0043, in die Schweiz 0041.*

>> *Die Landesvorwahl nach Schweden ist 0046. Nach der Landesvorwahl fällt die Null der Ortsnetzkennzahl weg.*

>> *Für ein 3-Minuten-Gespräch müssen Sie (immer) mit einer Gebühr von ca. 3,50 € rechnen.*

>> *Zum Telefonieren braucht man SKr-Stücke, in neuen Telefonhäuschen werden auch Visa-Card usw. akzeptiert.*

>> *Dauertelefonierern sei die "Telefon-Kort" angeraten! Auch in Schweden gibt's inzwischen viele Kartentelefone.*
Die Telefon-Kort erhält man u. a. an Kiosken und in Postämtern zu drei verschiedenen Einheiten.

>> *Falls Ihnen völlig das Geld ausgegangen ist, können Sie ein R-Gespräch nach Hause führen (Deutschland Direkt)! Wählen Sie einfach die Nummer **020-799 049**, und Sie werden von einer deutschsprechenden Telefonistin mit Ihrem Gesprächspartner verbunden, der mit der Gebühr belastet wird. Sie selbst zahlen nur eine Einheit.*

>> ***Wichtige Telefonnummern in Schweden:***
Deutsche Botschaft, Stockholm 08-670 15 00
Österreichische Botschaft, Stockholm 08-23 34 90
Schweizer Botschaft, Stockholm 08-676 79 00
Deutschsprachiger Pannenhilfsdienst 08-24 10 00
Polizei, Unfallrettung und Feuerwehr 112

>> *Ein Handy (schwedisch: Yuppie-Teddy) hat in Schweden anscheinend jeder. Folglich ist die Mobilnetzversorgung in den bewohnten Gebieten ausgezeichnet (nur im einsamen Fjäll gibt's noch Löcher).*

TOILETTE

Einer der Gründe dafür, dass das Freie Camping in so vielen Ländern verboten wird, ist mit Sicherheit die Verunstaltung und Verseuchung der Landschaft mit Fäkalien.
Die Benutzung einer Campingtoilette ist deshalb ein absolutes "Muss" für jeden engagierten Camper.

Tipps:

>> *Schweden ist eines der saubersten Urlaubsländer, die wir kennen. Das liegt nicht zuletzt an den aufwendigen Bemühungen, es den Touristen so schwer wie möglich zu machen, sich schlecht zu benehmen: An jedem Park- oder Badeplatz befindet sich eine Toilette.*

>> *Campingtoiletten sind nicht der Weisheit letzter Schluss, bekämpft man doch die zu erwartenden Düfte selten mit umweltverträglichen Mitteln. Wie verhält sich der umweltbewusste Toilettengänger in Schweden:*

1. *Möglichst nur die aufgestellten Toiletten benutzen.*
2. *Toilettenchemikalien äußerst sparsam einsetzen; wir verwenden – dank unserer SOG-Anlage (www.sog-dahmann.de), nur Schmierseife (Schlecker) – und es geht auch!*
3. *Campingtoiletten entweder in die WCs von Tankstellen, Raststätten (Entsorgung bei Aufschrift "Latrin") oder in große Trockenklos mit Absaugestutzen entleeren.*
4. *Wer den Inhalt seiner Campingtoilette hinters Gebüsch gießt, den soll der Blitz beim Schei... treffen.*

\>> *Abwasserentsorgung siehe "Abwasser".*

TREIBSTOFFE

Schweden war einst ein Land für Dieselfahrer – heute ist (wie in Norwegen) der Preisvorteil gering:

Treibstoffpreise		
Bleifrei (Blyfri)	95 Oktan	ca. 1,30 €/l
Bleifrei (Super plus)	98 Oktan	ca. 1,40 €/l
Diesel		ca. 1,20-1,30 €/l
Autogas (Adapter vorhanden)		ca. 0,60-0,70 €/l

Tipps:

\>> *In Schweden herrscht Wettbewerb an den Tankstellen, Vergleichen lohnt sich! Wir haben die vollautomatisierten Kreditkarten-Tankstellen als besonders preiswert entdeckt, z.B. QStar.*

\>> *Schwedische Tankstellen schließen nach unseren Beobachtungen entweder nie (Nattöppet) oder sehr frühzeitig. Aber nicht verzagen – fast alle haben einen Geldschein - oder Kreditkartenautomaten, der sich entweder mit 20, 50 oder 100-sKr-Scheinen füttern lässt – oder per Kreditkarte bezahlt wird (besonders häufig: Visa-Karte oder Maesto, jeweils mit Pin).*

\>> *Beim Tanken mit Kreditkarte stoppt der Treibstofffluss meist bereits bei 400 SKr. Da ist es gut, wenn man eine zweite Kreditkarte dabei hat.*

\>> ***Tankvorgang:*** *Visa reinstecken, Pin eingeben, "Klar" drücken, Pumpennummer wählen, "Klar" drücken, Visa rausziehen, TANKEN, Visa reinstecken (falls man eine Quittung möchte), Visa rausziehen.*

TRINK-, WASCH-, SPÜLWASSER

Als Trinkwasservorrat muss man pro Person und Tag mindestens 15 bis 20 Liter rechnen.

Tipps:

\>> *In den südlichen Ländern haben wir für Sie nach Trinkwasserbrunnen gesucht. Solche "überkommenen" Einrichtungen gibt es in Schweden nicht.*

\>> *Die Trinkwasserversorgung ist jedoch trotzdem kein Problem: Die Tankstellen mit Personal (nicht jedoch die Automatentankstellen) haben saubere Zapfhähne, wir haben oft erst um Erlaubnis gefragt, nie wurden wir abgewiesen.*

\>> *Manche Camper genieren sich, Tankstellen anzufahren, wenn sie keinen Treibstoff brauchen. Auch für jene haben wir Rat: Schwedische Fischer- und Jachthäfen (aber auch Friedhöfe) sind geradezu üppig mit Wasserhähnen ausgestattet, meist wartet einer direkt an der Straße beim Eingang. Wir haben die Wasserqualität stets getestet: Falls wirklich einmal Teichwasser verwendet wird, befindet sich ein Schildchen mit der Aufschrift "Ej dricksvatten" – "Kein Trinkwasser" am Hahn.*

>> Der verwöhnte Wassertankbesitzer fragt sich: „Wie kriege ich das frische Nass möglichst bequem in den eingebauten Behälter?“ Für ihn haben wir den WOMO®-Zapfschlauch konstruiert. Es handelt sich um 3 - 5 Meter Gartenschlauch, an dessen Beginn man ein Stück Fahrradschlauch der Größe 1 3/8 x 1 5/8 Zoll anflanscht, das über jeden Wasserhahn passt. Am anderen Ende befestigt man einen Karabinerhaken, den man in eine Öse am Einfüllstutzen des Wassertanks hängt, wenn man keinen zweiten Mann zum Halten hat.
>> Mehr aus Gewohnheit haben wir auch in Schweden unser Trinkwasser mit Entkeimungsmitteln behandelt – jedoch in erster Linie, um eine Nachverkeimung im Tank zu verhindern.
>> Irgendwann geht an jedem Platz das Trinkwasser aus. Wie kann man sparen?
1. Salzwasser: Geschirrspülen klappt wunderbar, wenn das "Spüli" keine "Anionischen Tenside" enthält. Auf der Flasche nachschauen oder einfach probieren.
Haarewaschen geht prima! Auch hier ist Seife nicht geeignet. Man nehme flüssige Seife, die keine Alkalien enthält, z. B. "Eubos" (Apotheke).
2. See-, Flusswasser: Wenn das Wasser optisch rein ist, kann man es zum Spülen, Waschen und Haarewaschen verwenden. Nur zum Zähneputzen muss man es vorher abkochen oder entkeimen.
Eine Bitte noch: Steigen Sie zum Haarewaschen nicht in den Badesee, auch wenn das in Schweden üblich ist, sondern holen Sie sich eine Schüssel Wasser heraus – Fische vertragen kein Haarwaschmittel (auch wenn sie Schuppen haben).

VERKEHR

Dem WOMO-Fahrer kann es nur darum gehen, sein großes und Schweres Gefährt unbehelligt bis zum Urlaubsziel und zurückzu transportieren. Dabei kann ihm allerhand passieren.

Tipps:

>> Geschwindigkeitsbegrenzungen nötigen uns nur ein müdes Lächeln ab:

Autobahnen	110 km/h	über 3,5 to 90 km/h
außerorts	70 (90) km/h	über 3,5 to 70 km/h
innerorts	50 km/h	
Beruhigte Wohngebiete	30 km/h	

>> Promillegrenze: **0,2.**
>> Es besteht **Anschnallpflicht** auf Vorder- und Rücksitzen, Kinder haben hinten zu sitzen.
>> **Abblendlicht** ist auch am Tage einzuschalten.
>> Gelbe Linien am Straßenrand: Halteverbot.
>> Unverständliche Verbotsschilder sind häufig:
"Gäller ej behörig trafik" = gilt nicht für Anlieger
"Gäller ej fordon med tillstånd" = gilt nicht für Fahrzeuge mit Erlaubnis

>> **ACHTUNG WILDWECHSEL!** Vor allem in der (langen) Dämmerung und in Waldpassagen. Im Norden auch Rentierherden auf den Straßen.
>> **Straßenverhältnisse:**
Kurz gesagt: Die Verkehrsdichte ist sehr gering, die Straßen sind sehr gut. Auf der Suche nach schönen Plätzchen befuhren wir selbst entlegenste Nebenstrecken. Sie sind auch im Süden häufig geschottert, jedoch meist gut eingeebnet, Schlaglöcher sind selten.
>> Pannenhilfe (Larmtjänst) Tel.: 020-91 00 95

WUPS – der WOMO-Urlaubs-Parner-Service

Regelmäßig zur Vorurlaubszeit liest man sie in Zeitungen und einschlägigen Zeitschriften, die Suchannoncen der Wohnmobilfamilien, die sich nicht allein auf weite Tour wagen wollen:

> Portugal, 4 Wo. Jul./Aug. Wir 42/43/12 männl./Hund, mit Wohnmobil suchen Begleitfamilie/n mit Kindern 9-13 J. u. eig. Wohnmobil, Tel.....

Ob sie wohl Erfolg haben? Wir wünschen es ihnen!
Was aber sind die Beweggründe für die "Partnersuche auf (Ferien-) Zeit"? Sie können sich selbst die Gründe zusammensuchen, denn Sie hatten ja auch schon mal diese Idee. Da ist die lange Fahrt mit ihren Tücken, bei der man sich bei Problemen helfen kann. Übernachtungen in einsamer Umgebung – mit einem Partner wäre einem da viel wohler.
Gemeinsame Unternehmungen machen viel mehr Spaß; den Grill wirft man abwechselnd an (und nimmt nur einen mit), Einkäufe und Wasserholen, gemeinsam oder im Wechsel, aber nur mit einem Auto; abends, da hat man den passenden Gesprächspartner und ganz wichtig: die Kinder haben Spielgefährten im passenden Alter.

Die Liste der Vorteile gemeinsamen Reisens ließe sich noch erheblich verlängern – und so waren wir auch gar nicht verwundert, dass wir geradezu mit der Nase darauf gestoßen wurden:

„WOMO-Verlag, unternehmt da mal etwas!“

Wir haben uns zusammengesetzt und beraten, entwickelt, verworfen und verbessert. Was wir schließlich ausgebrütet haben, lässt sich am einfachsten mit folgendem Sätzchen umschreiben:
Durch **WUPS** soll jedem Interessenten ohne den geringsten finanziellen Aufwand eine passende Urlaubspartnerfamilie vermittelt bekommen.
Das ideale Medium dafür ist das Internet!

Wie nimmt man teil?

In unserem Internetforum unter: **http://wups.womo.de** können Sie sich kostenlos mit allen wichtigen Daten wie Urlaubsziel, Reisezeit, eigenem Alter (und dem evtl. mitreisender Kinder), eMail-Adresse sowie Lieblingsaktivitäten eintragen (oder von Freunden mit Internetanschluss eintragen lassen).
Es liegt nun an jedem einzelnen, den passenden Partner aus den angegebenen Daten, ergänzenden eMails oder Kurznachrichten zu ermitteln.
Jedem Teilnehmer ist es selbst überlassen, wie viele Daten er angeben möchte oder nicht (bei uns ist jeder sein eigener Datenschützer). Selbst ohne Angabe von Telefonnummer oder eMail-Adresse ist eine Kontaktaufnahme per Kurznachricht möglich, die kein anderer lesen kann!
Wir wünschen schon jetzt doppelten Spaß im gemeinsamen WOMO-Urlaub.

ZAUBEREI – OUTDOOR-NAVIGATION MIT GPS

Das GPS (Global Positioning System) ist ein vom US-Verteidigungsministerium entwickeltes Satellitensystem zur weltweiten Standortbestimmung. Bereits ab 150 € bekommt man ein handy-kleines Gerät, mit dem man auch bei Nacht und Nebel jederzeit feststellen kann, wo man sich befindet – und wie man zu einem Platz findet, von dem man die Koordinaten hat.
In diesem Reiseführer sind für alle Übernachtungsplätze die Koordinaten (Kartendatum: WGS 84 = World Geodetic Survey 1984) angegeben. Besitzer

von GPS-Geräten (bei denen man Koordinaten eingeben kann, z.B. der Fa. Garmin oder TomTom) geben sinnvollerweise die Koordinaten vor dem Urlaub per Hand in das Gerät ein.
Wer es bequemer haben möchte, erwirbt beim WOMO-Verlag die "GPS-CD zum Buch" – und die GPS-Daten werden in Sekundenschnelle vom Computer aufs GPS-Gerät überspielt.
GeoCaching ist ein neues, weltweites Spiel, bei dem ein "Schatz" (üblicherweise in einer Plastikschachtel) versteckt wird (siehe auch: www.geocaching.com). Wir haben im Verlauf der Touren für dieses Buch zwei Geo-Schätze versteckt und die Koordinaten (nur für Sie!) notiert. Viel Spaß beim Suchen!

Zum Schluss: IN EIGENER SACHE – ODER DER SACHE ALLER!?

Urlaub mit dem Wohnmobil ist etwas ganz besonderes. Man kann die Freiheit genießen, ist ungebunden, dennoch immer zu Hause, lebt mitten in der Natur – **wo man für sein Verhalten völlig selbst verantwortlich ist!**

Seit mehr als 20 Jahren geben wir Ihnen mit unseren Reiseführern eine Anleitung für diese Art Urlaub mit auf den Weg. Außer den umfangreich recherchierten Touren haben wir viele Tipps allgemeiner Art zusammengestellt, unter ihnen auch solche, die einem WOMO-Urlauber eigentlich selbstverständlich sein sollten. Weil wir als Wohnmobiler die Natur in ihrer ganzen Schönheit und Vielfalt hautnah erleben dürfen, haben wir auch besondere Pflichten ihr gegenüber, die wir nicht auf andere abwälzen können.

Jährlich erhalten wir viele Zuschriften, Grüße von Lesern, die mit unseren Reiseführern einen schönen Urlaub verbracht haben und sich herzlich bei uns bedanken. Wir erhalten Hinweise über Veränderungen an den beschriebenen Touren, die von uns bei der Aktualisierung der Reiseführer helfen.

Aber: Wir erhalten auch Zuschriften über das Verhalten von Wohnmobilurlaubern, die sich egoistisch, rücksichts- und verantwortungslos der Natur und ihren Mitmenschen – Urlaubern und Einheimischen – gegenüber verhalten. In diesen Briefen geht es um die Themen Müllbeseitigung, Abwasser- und Toilettenentsorgung. Es soll immer noch Wohnmobilurlauber geben, die ihre Campingtoilette nicht benutzen, dafür lieber den nächsten Busch mit Häufchen und Toilettenpapier "schmücken", die den Abwassertank nicht als Tank benutzen, sondern das Abwasser unter das WOMO trielen lassen, die ihren Müll neben dem Wohnmobil liegenlassen und davondüsen, alles frei nach dem Motto: "Nach mir die Sintflut!"

Liebe Leser!

Wir möchten Sie im Namen der gesamten WOMO-Familie bitten: Helfen Sie aktiv mit, diese Schweinereien zu unterbinden! Jeder Wohnmobilurlauber trägt eine große Verantwortung, und sein Verhalten muss dieser Verantwortung gerecht werden. Bestimmt hat mancher, dem Sie auf Ihrer Tour begegnen und der sich unwürdig verhält, das gleiche Büchlein in der Hand wie Sie. Er weiß zumindest jetzt, worum es geht. Sprechen Sie ihn an und weisen Sie ihn auf sein Fehlverhalten hin.
Der nächste freut sich, wenn er den Stellplatz sauber vorfindet, denn auch er hat sich seinen Urlaub verdient!
Vor allem aber: Wir erhöhen damit die Chance, dass uns unsere über alles geliebte Wohnmobil-Freiheit noch lange erhalten bleibt.

Helfen Sie mit, den Ruf der Sippe zu retten! Verhindern Sie, dass einzelne ihn noch weiter in den Schmutz ziehen!
Wir danken Ihnen im Namen aller WOMO-Freunde –

Ihr WOMO-Verlag

Stichwortverzeichnis

Info-Blatt für das WOMO-Buch: Süd-Schweden '09
(ausgefüllt erhalte ich 10% Info-Honorar auf Buchbestellungen direkt beim Verlag)

Lokalität: Seite: Datum:
(Stellplatz, Campingplatz, Wandertour, Gaststätte, usw.)
unverändert gesperrt/geschlossen folgende Änderungen:

Lokalität: Seite: Datum:
(Stellplatz, Campingplatz, Wandertour, Gaststätte, usw.)
unverändert gesperrt/geschlossen folgende Änderungen:

Lokalität: Seite: Datum:
(Stellplatz, Campingplatz, Wandertour, Gaststätte, usw.)
unverändert gesperrt/geschlossen folgende Änderungen:

Lokalität: Seite: Datum:
(Stellplatz, Campingplatz, Wandertour, Gaststätte, usw.)
unverändert gesperrt/geschlossen folgende Änderungen:

Lokalität: Seite: Datum:
(Stellplatz, Campingplatz, Wandertour, Gaststätte, usw.)
unverändert gesperrt/geschlossen folgende Änderungen:

Lokalität: Seite: Datum:
(Stellplatz, Campingplatz, Wandertour, Gaststätte, usw.)
unverändert gesperrt/geschlossen folgende Änderungen:

Meine Adresse und Tel.-Nummer:
(nur komplett ausgefüllte Infoblätter können berücksichtigt werden)